普通高等教育“十二五”规划教材

现代教育技术应用

李丙春　主编

周永强　李　智　邓　伟　张宗虎　副主编

電子工業出版社
Publishing House of Electronics Industry
北京 · BEIJING

内 容 简 介

本书分为素材获取、素材加工处理和素材应用三部分。素材获取篇包括文本素材获取、图像素材获取、音频素材获取和视频素材获取；素材加工处理篇包括 Photoshop CS5 图像处理、GoldWave 音频处理和 Premiere CS5 视频处理；素材应用篇包括 Flash 多媒体课件制作和 PowerPoint 2010 在教学中的应用。本书采用案例式和任务驱动的思路编写，目的是通过相关软件基本功能的学习和典型案例的分析演练，使学生掌握利用现代教育技术和手段处理教学素材的方法，形成个性化的教学媒体，最终为教学活动服务。

本书可以作为高等学校本、专科学生教育技术公共课教材和中小学教师继续教育教育技术课程培训教材，也可供从事信息技术、教育技术教学的教师参考。

图书在版编目 (CIP) 数据

现代教育技术应用 / 李丙春主编. —北京：电子工业出版社，2014.1
（普通高等教育“十二五”规划教材）
ISBN 978-7-121-22044-9

I. ①现… II. ①李… III. ①教育技术学－师范大学－教材 IV. ①G40-057

中国版本图书馆 CIP 数据核字（2013）第 284468 号

策划编辑：张小乐
责任编辑：张小乐
印　　刷：北京虎彩文化传播有限公司
装　　订：北京虎彩文化传播有限公司
出版发行：电子工业出版社
　　　　　北京市海淀区万寿路 173 信箱　　邮编：100036
开　　本：787×1092　1/16　印张：12　　字数：307 千字
版　　次：2014 年 1 月第 1 版
印　　次：2018 年 8 月第 4 次印刷
定　　价：26.00 元

凡所购买电子工业出版社图书有缺损问题，请向购买书店调换。若书店售缺，请与本社发行部联系，联系及邮购电话：(010)88254888。

质量投诉请发邮件至 zlts@phei.com.cn，盗版侵权举报请发邮件至 dbqq@phei.com.cn。

服务热线：(010)88258888。

前　　言

随着信息技术和互联网的广泛普及，数字化的图像、音频、视频资源的获取已变得非常容易，如何有效地利用这些多媒体资源为教师的教学和学生的学习服务是师范类学生的必备技能之一。同时，教育技术学是高等师范院校师范类学生的一门公共必修课程，该课程的教育目的是使师范类学生能够熟练掌握现代教育技术的基本理论和基本技术，通过该课程的学习，提高学生的信息素养，使学生能够利用现代信息技术进行教学设计，丰富教学内容，创新教学手段，进而提高学生的职业素养。

由于目前信息技术高度发达，大学生对信息技术已不再陌生，此外，在学习本课程之前学生已学习过“计算机基础”课程，具备了计算机的基本应用能力。因此，如果还按原有的教学大纲和教学模式，显然已不能满足学生对知识的需求。基于此，我们组织多年来长期从事教育技术专业课和公共课的教师编写了本教材，并组织相关教师对书的结构和内容进行了论证，并对本书的编写提出了宝贵的意见和建议，在此，表示衷心的感谢。在教材的编写过程中，考虑到这门课程的课时量有限，不可能面面俱到，我们挑选了应用性较强的内容来组织教材，使学生学以致用，达到有所提高的目的。

良好的素材是多媒体作品的来源，因此，本书以“素材”为线索来组织教材内容。第一部分是素材的获取，主要介绍文本素材、图像素材、音频素材和视频素材的获取技术；第二部分是素材的加工处理，主要介绍 Photoshop 图形图像处理技术、GoldWave 音频处理技术和 Premiere 视频处理技术；第三部分是素材的应用，即如何合理地使用加工处理好的素材创作出自己的多媒体教学作品，主要介绍了 Flash 动画制作和 PowerPoint 2010 高级应用。本书中的案例素材可参见华信教学资源网站（http:// www.hxedu.com.cn/hxedu/fg/book/bookinfo.htm?code = G0220440）。

本书由李丙春老师组织策划并统稿。第 2～5 章和第 10 章由邓伟老师编写，第 7、8 章由张宗虎老师编写，第 1 章和第 9 章由李智老师编写，第 6 章由周永强老师编写。

由于时间关系和编者水平有限，书中可能存在许多不足之处，恳请广大师生批评指正。

编　者

2013 年 11 月

前言

目　录

素材加工处理篇

素材应用篇

第 1 章　现代教育技术概述

当前人类社会已经进入信息时代。在信息时代，以计算机网络技术、通信技术、多媒体技术为代表的信息技术被应用到了社会各个领域，这极大地改变了人们的生产和生活方式，对公民的素质提出了新的、更高的要求。以信息技术为支撑的现代教育技术在教育教学中的应用，是教育信息化发展的必然趋势。

1.1　现代教育技术的基本概念

教育技术是在教育实践活动中产生和发展的，它是关于如何促进学习者学习的理论与实践。“教育技术”这个名词产生于美国，随着时代的发展，它的内涵不断地发展，定义不断地变化。这个名词是国际上通用的专业术语，至今仍在使用。电化教育是具有中国特色的教育技术。“电化教育”这个名称使用了半个多世纪，它随着时代、科技、理论的发展将渐渐被“现代教育技术”这个名称所取代。

1.1.1　教育技术

19 世纪末 20 世纪初，美国的工业化大生产需要大量懂技术、有知识的劳动者。当时以语言、文字、书籍为主的教学手段已经不能满足美国工业化大生产的需要，照相、幻灯投影等技术被应用到了教育领域，美国掀起了一场视觉教学运动，这场视觉教学运动就是现代教育技术的开端。此后，广播、电影、录音、录像等新技术相继被应用到了教育领域，从而突破了视觉教学的局限，视觉教学发展为视听教学。经过一段时间的视听教学的实践经验积累，一些专家学者在吸取了系统论、信息论、控制论、传播理论、教育学和心理学理论的研究成果的基础上，于 1963 年第一次提出了“教育技术”的概念，这就是教育技术的“AECT'1963 定义”（Association for Educational Communication and Technology，美国教育与技术协会，简称 AECT）。此后，相继产生过 AECT'1970 定义、1972 定义、1977 定义、1994 定义、2004 定义等。当“AECT'94 定义”出现时，教育技术开始被人们广泛地接受。虽然教育技术的定义在内容表述上不断地发展变化，但是它的核心思想没有变。这个核心思想是：教育技术的目的是为了促进学习。例如，著名的“AECT'94 定义”是这样表述的：教育技术是关于学习过程与学习资源的设计、开发、利用、管理和评价的理论与实践。从这个定义中可以看出：教育技术研究的对象是学习过程和学习资源，教育技术的五个范畴是设计、开发、利用、管理和评价，如图 1-1 所示。

教育技术的内涵十分丰富，简要介绍如下：

教育技术的中心任务是促进学习，它研究的对象是学习过程和学习资源。其中，学习过程是指为了实现学习目标所进行的一切活动，包括学习者自主学习活动、同伴协作学习活动、教师引导下的教学活动等。学习资源是指一切能够被学习者用来学习的资源，如学习材料、多媒体课件、网络课程等。

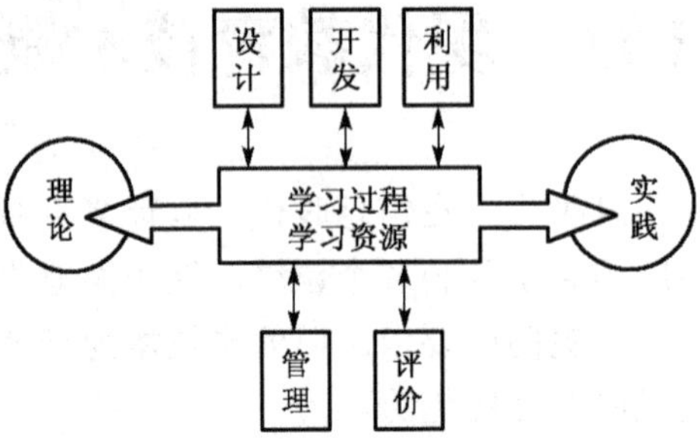

图 1-1 教育技术的研究对象和五个范畴

教育技术定义中的“设计”在现阶段主要是指教学系统设计（Instructional System Design，ISD），它也称为教学设计（Instructional Design，ID）。教学设计是联系理论和实践的桥梁，其产品是实施教学活动的方案。方案中的内容包括：选择学习内容，分析学习者的特点，确定学习目标，制定教学策略与教学方法，设置教学环境，选择教学媒体，设计教学过程等几个方面。影响“设计”的主要因素是设计者的知识与经验。

教育技术定义中的“开发”过程是指将设计好的方案转化成可以供学习者使用，能够开展学习活动的产品的过程。影响“开发”的主要因素是开发者的技术能力，如多媒体课件设计与制作能力、网络课程开发能力等。

教育技术定义中的“利用”是指对学习资源的利用，例如，对教学媒体的利用，对新技术成果的利用，对课程改革成果的利用等。

教育技术定义中的“管理”是指利用技术手段获得教学活动的可靠信息，并以这些信息为依据对教学活动进行合理地调控，从而保障学习质量。例如，利用计算机管理教学（Computer-Managed Instructional，CMI）技术手段可以帮助学校管理者搜集和分析教学管理方面的信息，对教学活动进行调控。又例如，利用计算机辅助教学（Computer-Assisted Instructional，CAI）技术手段可以帮助老师生成试卷，帮助学习者自动测验等。

教育技术定义中的“评价”是指利用技术手段，对教学活动过程的有效性，教学质量等进行测量和评判。例如，利用信息技术记录学习者的学习过程，实现自动评价等。

1.1.2 电化教育

我国的教育技术产生于“五四”新文化运动后的社会背景下，起步于 20 世纪 30 年代出现的电化教育。当时一些有识之士为了强国救民、唤醒民众，将幻灯、电影、播音等技术应用到教育教学过程中，人们将这些利用用电设备进行的教育活动称为“电化教育”。当时人们研究电化教育的重点是媒体应用的方法和手段。后来，由于时代的进步和科学技术的发展，广播、电视、卫星通信等技术相继被应用到了我国的大众化教育、社会教育和学校教育过程中，电化教育的内涵不断地发展。不同时期“电化教育”的定义不同，主要有以下几种定义：“电化教育，简单地说，就是指利用现代化的声、光、电设备进行教育、教学活动”（萧树滋，1983）；“运用现代化教育媒体，并与其他传统教育媒体恰当结合，传递教育信息，以实现教育最优化就是电化教育”（南国农，1985）；“结合 AECT'94 定义，可以将教育技术的概念理解为应用现代信息技术对学习资源和学习过程进行设计、开发、利用、管理和评价的理论与实践，包括教育技术学的理论基础、媒体与教学、教学资源的开发与应用、教学过程的理论与实践、教学设计与开发、远程教学技术、教学评价技术等内容”（祝智庭，2001），等等。“电化教育”名称具有鲜明的中国特色和广泛的群众基础，它长期与“教育技术”这个名称并用，在某些地方和特殊场合一直沿用至今。

1.1.3 现代教育技术

进入 20 世纪 90 年代，随着计算硬件技术、软件技术、网络技术和多媒体技术的快速发展，计算机辅助教育在我国迅速推广应用。在这种情况下，我国的一些学者专家提出了现代教育技术这个概念，例如，“所谓现代教育技术，就是运用现代教育理论和现代信息技术，通过对教与学过程和教学资源的设计、开发、利用、评价和管理，以实现教学优化的理论和实践”（李克东，1998）。综合诸位专家学者的观点，可以认为：现代教育技术是指在现代教育理论的指导下，利用信息技术优化教学过程的教育手段和方法的体系。

现代教育技术的内涵具有以下鲜明的时代特点：

第一，现代教育技术包含现代教育思想和理念。它的理论基础包括：（1）系统科学。系统科学认为教学活动是一项复杂的系统工程，影响教学效果的各种因素相互联系。需要整体系统分析，设计最优方案，才能获得最好的教学效果。（2）学习理论。学习者是学习的主体，学习者通过体验主动建构知识，形成技能。（3）教学理论。现代教学理论认为教学过程具有非线性、复杂性，可以利用现代教育技术帮助学生开展研究性学习、协作学习、自主学习，在学习中开展讨论交流，提高学生的实践能力、创新能力。

第二，现代教育技术应用了现代信息技术。教学过程实质上是信息的获取、加工、存储、传输、应用的过程。现代信息技术是指利用计算机硬件和软件及其网络技术，对文字、图形与图像、声音、视频与动画等信息进行获取、加工、存储、交流、应用的技术，包括对多媒体素材的加工和集成技术。利用现代信息技术可以帮助人们方便地处理信息。当前，互联网上有着丰富的信息资源，其中包含大量的教学资源，通过资源下载可以创建个人教学资源库。利用 Word 和 WPS 等文本处理软件、Photoshop 和 CorelDRAW 等图形与图像编辑软件、GoldWave 和 CoolEdit 等声音编辑软件、Premiere 和 Edius 等非线性编辑软件、Flash 和 3DSMax 等动画制作软件可以创建文字、图形与图像、声音、视频与动画等素材。然后，利用 PowerPoint、Flash、Authorware、Dreamweaver 等多媒体编辑软件可以将上述的文字、图形与图像等素材制作成交互式教学软件。计算机网络技术的出现还改变了信息传播的方式，出现了网络课程，它有利于个别化学习、协作学习和交流。开源软件，如 Linux、PHP、Apache、MySQL、Moodle 等软件，使得搭建网络课程变得比较容易。

第三，现代教育技术的任务是优化教学过程。优化教学过程是指在一定的教学条件下寻求合理的教学方案，使教师和学生花最少的时间和精力获得最好的教学效果，使学生获得最好的发展。

1.2 现代教育技术的意义和作用

现代教育技术属于现代社会特有的文化生活内容。它的根本目标是培养和促进人的社会化。

1.2.1 人的社会化需要现代教育技术

社会化是人与社会的矛盾统一。现代社会不同于以往，当今社会人与人的交往比以前更加密切，社会组织更加严密。社会上已经建立了庞大而且复杂的网络系统，如互联网、银行网、通信网、交通网、远程教育网等各种承载信息的网络直接与人们的生活相连，把人与社会紧密地联系在一起。信息素养已成为现代公民必须具备的基本素质。现代公民需要具备获取信息、判断信息、创造信息、表达信息、利用信息解决问题和进行学习的能力，还要具备信息道德。青少年儿童不是生来就具备这些能力的，现代教育技术作为一种先进技术，被应用于各种类型的教育，如义务教育、普通高中教育、职业教育、高等教育，它伴随着青少年的成长，促进人的社会化。

1.2.2 教师的专业化需要现代教育技术

教师的专业化是指教师通过专门训练和学习，获得专业知识与技能，并在教育教学实践中不断提高自身的从教素质，使自己成为一名合格的专业教育工作者。教师是从事教育行业的专业人员，需要具备教师素质。现代教育技术是一名合格教师必须掌握的职业技能。

为了促进教师专业能力的发展，提高我国中小学教师的教育技术能力水平，2004 年 12 月 25 日，国家教育部颁布了《中小学教师教育技术能力标准（试行）》。对中小学教师教育技术能力标准做了以下 4 个方面的规定和要求：意识与态度、知识与技能、应用与创新和社会责任。其中，（1）在意识与态度方面要求教师“认识到教育技术应用能力是教师专业素质的重要组成部分”；（2）在知识与技能方面要求教师“掌握现代教学媒体特别是计算机与网络通信的原理与应用”；（3）在应用与创新方面要求教师“能够设计与开发本单位的信息化学习环境”；（4）在社会责任方面要求教师“能够通过有效的统筹安排保障所有的教师和学生均能利用学习资源得到良好发展”。

1.2.3 师范类学生的全面发展需要现代教育技术

师范院校是以培养未来教师为主要目标的高等学校。师范院校的学生大多数是师范生，是未来的教师。为了使师范生达到《中小学教师教育技术能力标准(试行)》的要求，通常学校开设了关于现代教育技术的公共课。开设现代教育技术公共课的目的是要让师范生完善知识结构，全面发展，要让学生在掌握专业知识的同时获得现代教育技术的知识和技能。

长期以来，现代教育技术公共课的教学存在如下问题：（1）学习目的不明确。部分学生认为现代教育技术不属于专业知识，不重要，学与不学都一样，没有必要认真学。其实，这门课对师范生非常重要，掌握现代教育技术的知识和技术是合格教师必要的条件。师范生学习现代教育技术不仅可以获得知识与技能，还会获得先进的教育思想与理念，有助于培养良好的教师素养。（2）不重视学习方法。与其他课程相比，现代教育技术的公共课具有较强的实践性。因此，要注意学习方法，注重实践学习。一方面，要主动学习，勇于实践，在学习过程中及时归纳总结。另一方面，要多与同学交流，相互促进，共同提高。只有这样才能掌握知识培养能力。

素材获取篇

现代教育技术的应用离不开教学资源。随着现代科学技术的发展，特别是网络技术的发展，使得数字化教学资源在现代教育技术应用中占据重要位置，而如何有效获取优质的数字化教学资源，为教育、学习活动的开展提供保障，又是现代教育技术应用中必不可少的一项重要技能。本篇主要介绍数字化教学资源的获取，并通过一些典型的范例使大家熟悉常见的数字化教学资源类型获取的方法和技巧。

随着计算机和网络技术的发展，构建了日益丰富的数字化教学环境，其中，数字化教学资源的使用更是必不可少。数字化教学资源是指经过数字化处理，可以在计算机及网络环境下运行和传播的多媒体教学材料。包括数字化文本、数字化图形图像、动画、数字化音频、数字化视频等。

本篇共有四章。其中第 2 章介绍文本获取技术，包括图像文件中文本的提取、通过扫描仪获取、从 PDF 文件中获取以及从网页中获取等技术；第 3 章介绍图像获取技术，包括通过数码照相机获取、屏幕截图、从视频中获取、从网络上获取等；第 4 章介绍音频获取技术，包括利用 Windows 自带的录音机采集声音、从网络上获取等；第 5 章介绍视频获取技术，包括通过摄像机录制、用屏幕录像软件录制、从网络上获取等。

第 2 章　文本素材获取

在现代教育教学活动中，大量的教育教学信息是用文字、字符及特殊符号来表现的，如各种科学原理、概念、计算公式、命题、说明等课程内容。这类教育教学信息在多媒体计算机系统中均处理为数字格式的字符数据，通常把这些数字格式的字符数据叫做“文本”。文本素材的获取有很多渠道，本章主要讲解各种获取文本素材的方法。

2.1　数字图像中文本的获取

在制作教学资源时，有的数字图像中含有所需要的文本，而数字图像中的文本又不能像 Word 文档中那样直接选择后进行复制。那么如何把图像中的文本提取出来呢？用 Microsoft OneNote 2010 就可以轻松实现数字图像中文本的提取。Microsoft OneNote 2010 是安装 Microsoft Office 2010 时自带的一个组件，是一套用于自由形式的信息获取以及多用户协作工具。下面简要介绍使用 OneNote 2010 提取数字图像中文本的方法。

（1）启动 Microsoft OneNote 2010，如图 2-1 所示。

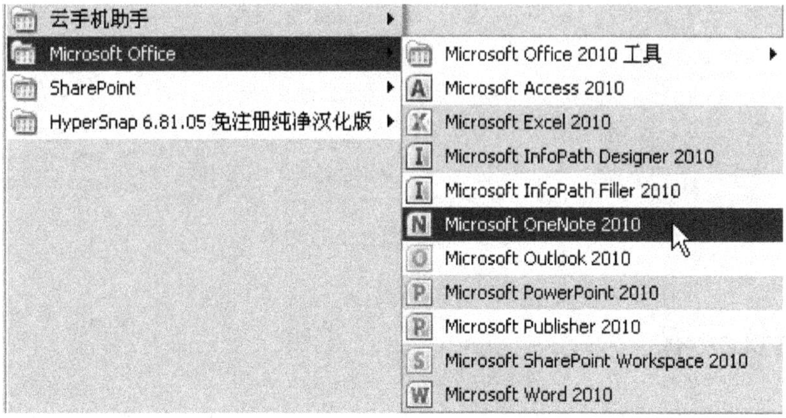

图 2-1　启动 Microsoft OneNote 2010

（2）打开 Microsoft OneNote 2010 后，选择“插入\图片”选项，插入事先准备好的要提取文本的数字图像，如图 2-2 所示。One Note 2010 中间的内容部分是笔者利用截屏功能截取的含有文本的数字图像。

（3）在图片上单击鼠标右键，在弹出的对话框中选择“复制图片中的文本”，实现图片中文本的复制，这样就可以粘贴到 Word 进行编辑，如图 2-3 所示。

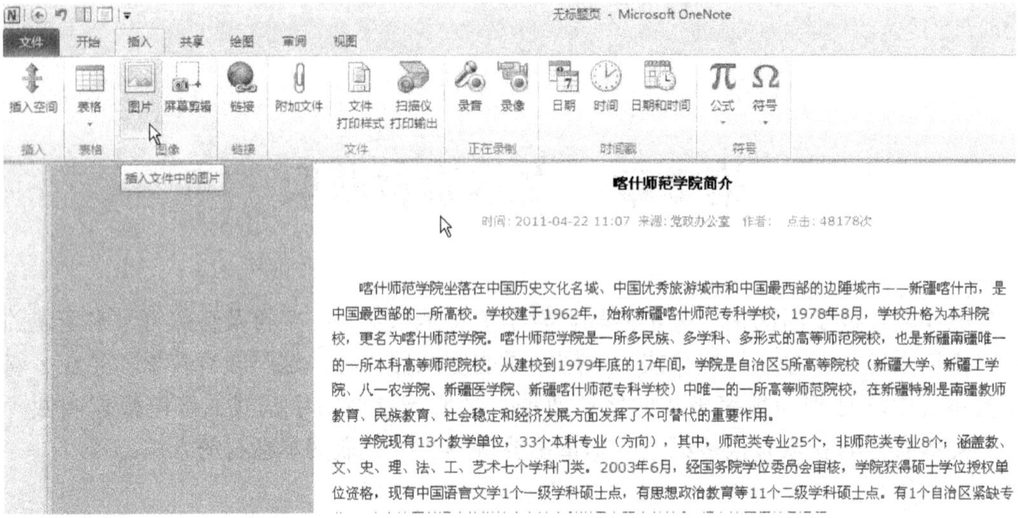

图 2-2 打开数字图像

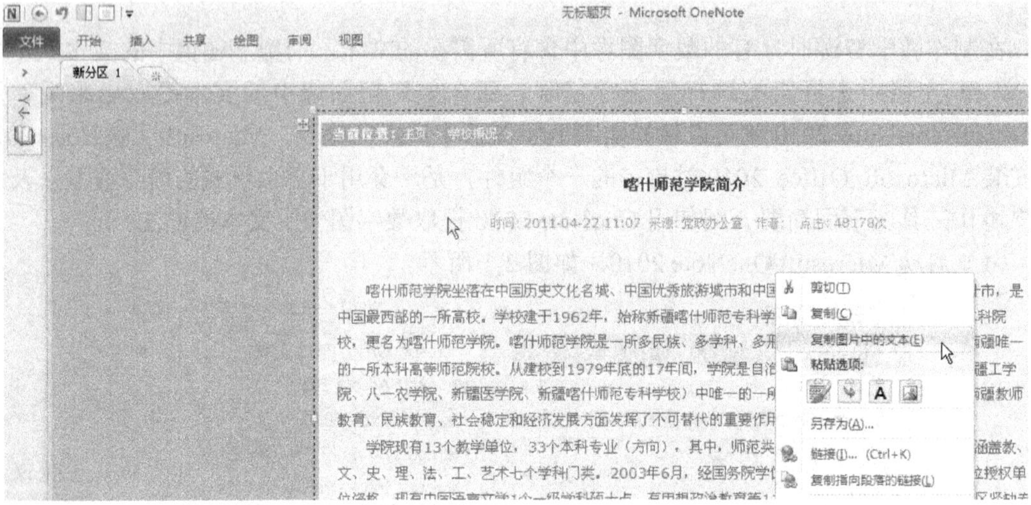

图 2-3 复制图片中的文本

2.2 扫描仪获取

如果有一些纸质的文稿，要把文字输入到电脑中，是非常烦琐的事情。利用扫描仪和 Microsoft OneNote 2010 中的扫描打印输出功能可以方便地实现文字的获取。使用方法如下：

（1）连接好扫描仪，确保扫描仪可用，将纸质文档放入扫描仪。

（2）启动 Microsoft OneNote 2010，选择“插入\扫描仪打印输出”命令，如图 2-4 所示。

（3）在打开的“插入来自扫描仪或照相机的图片”窗口中，选择要用的扫描仪，其他选择默认，如图 2-5 所示。单击“插入”按钮，扫描仪开始扫描纸质文档，如 2-6 所示。

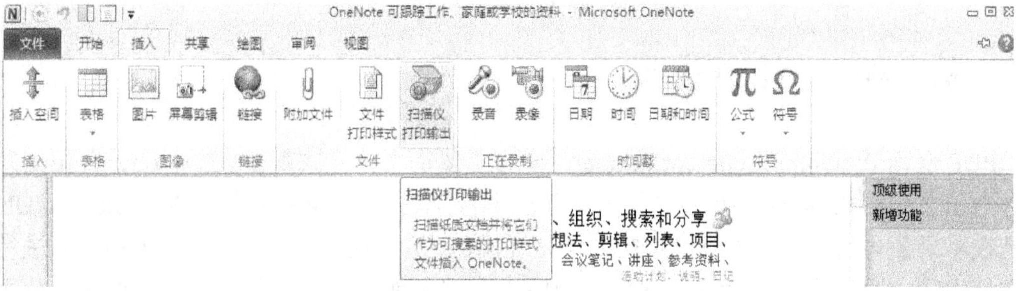

图 2-4 “扫描仪打印输出”命令

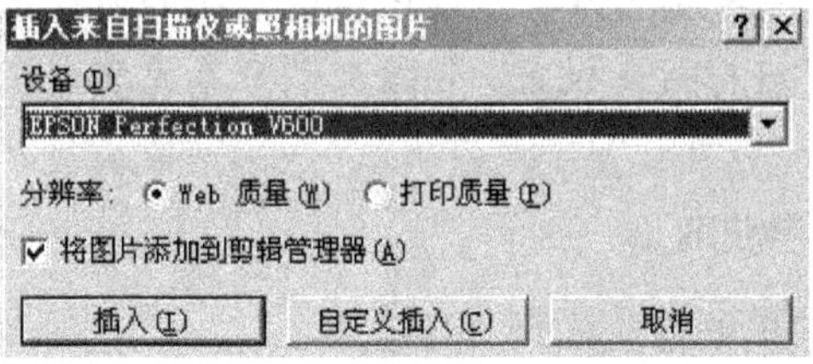

图 2-5 插入来自扫描仪或照相机的图片

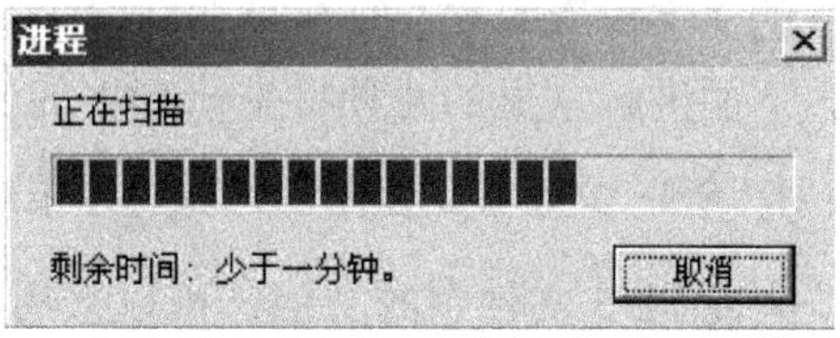

图 2-6 扫描进程

（4）扫描完毕后，在 Microsoft OneNote 2010 里，会出现扫描完的文档图像，这时在该图像上单击鼠标右键，选择“复制图片中的文本”命令，如图 2-7 所示。

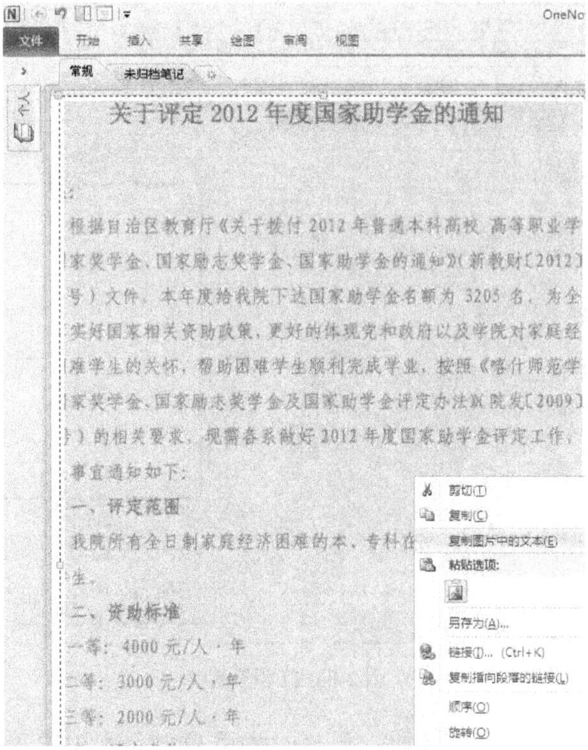

图 2-7 复制图片中的文本

（5）将复制的文本保存到 Word 或记事本等文本编辑软件。

2.3 从 PDF 文件中获取

PDF 全称 Portable Document Format，译为“便携文档格式”，是由 Adobe 公司开发的一种电子文件格式。这种文件格式与操作系统平台无关，PDF 文件不管是在 Windows、UNIX 还是在苹果公司的 Mac OS 操作系统中都是通用的。这一性能使它成为在 Internet 上进行电子文档发行和数字化信息传播的理想文档格式。越来越多的电子图书、产品说明、公司文告、网络资料、电子邮件开始使用 PDF 格式文件。

PDF 中的文字可以通过多种方法提取出来，最普通的方法是通过直接复制的方法把文档中的文字提取出来。但有时 PDF 文档在制作时进行特殊设置，导致文档文本无法直接复制。下面讲解常见的两种特殊情形下的文字获取。

1．PDF 文字禁止复制但可以打印情形下的文字获取

复制 PDF 文件中的文字，可以采用虚拟打印机的方法实现文字获取。

（1）启动 Microsoft OneNote 2010，打开要获取文字的 PDF 文件，选择“文件\打印”命令，在打开的“打印”窗口中将“打印机”栏中的名称设置为“发送至 OneNote 2010”，如图 2-8 所示。

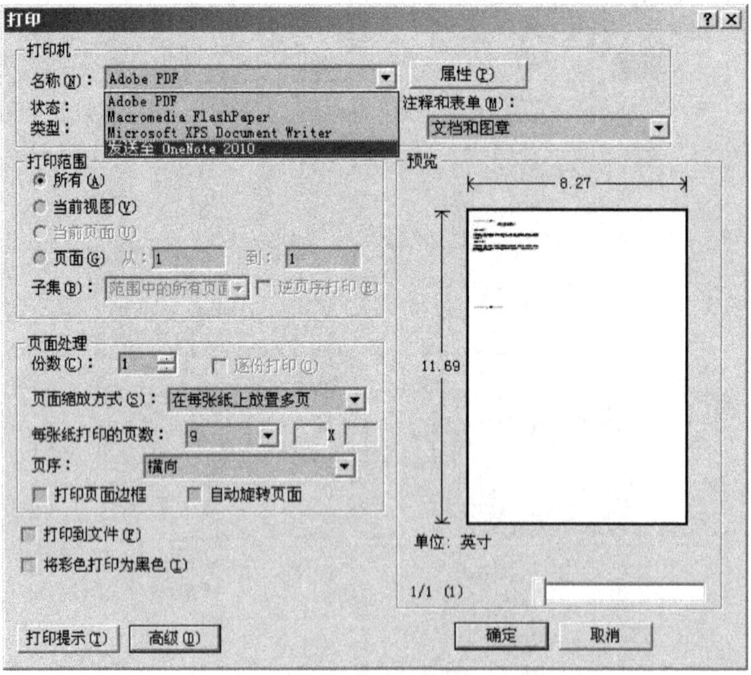

图 2-8 打印设置

（2）单击“打印”\“确定”按钮，在 Microsoft OneNote 2010 窗口里就出现了要获取文本的 PDF 文件内容，如图 2-9 所示。在文本上单击鼠标右键，选择“复制所有打印输出页中的文本”命令，如图 2-10 所示。

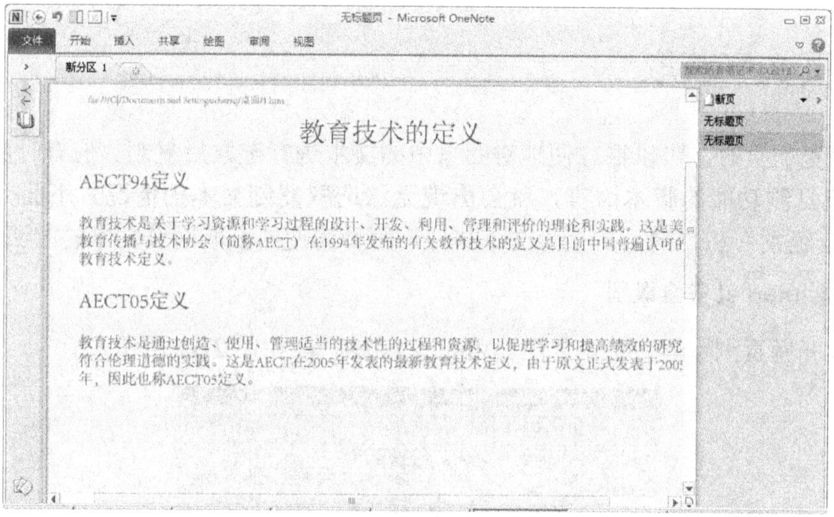

图 2-9　OneNote 2010 窗口

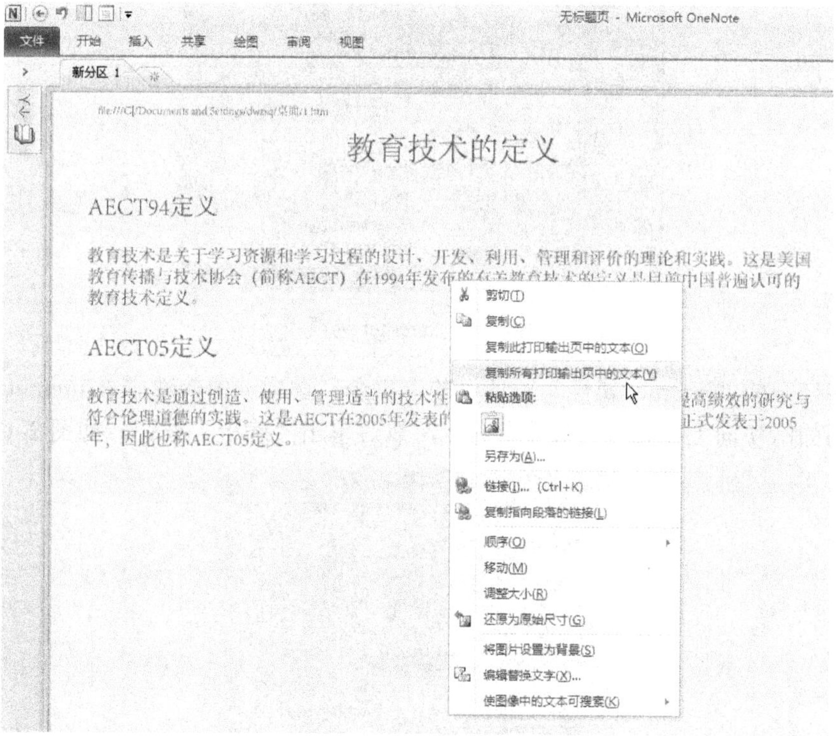

图 2-10　复制所有打印输出页中的文本

（3）将复制的内容粘贴到记事本或者 Word 里。

2．PDF 文字禁止复制、禁止打印情形下的文字获取

如果 PDF 文档设置了文字禁止复制，禁止打印，那么就不能通过设置虚拟打印机的方法来获取文字，这时可以把 PDF 文档截取成图片格式后，利用 2.1 节讲解的从数字图片中获取文字的方法来实现。

2.4 网页文字获取

一般浏览网页时，可以很方便地对网页中的文本进行选取后复制。但有时由于网页中嵌入了屏蔽复制功能的脚本语言，就会出现无法选取复制文本的情况。下面介绍“设置 Internet 安全级别”和“网页另存为文本文件”两种简便的获取网页文本的方法。

1. 设置 Internet 安全级别

（1）打开网页浏览器，单击“工具\Internet 选项”，如图 2-11 所示。

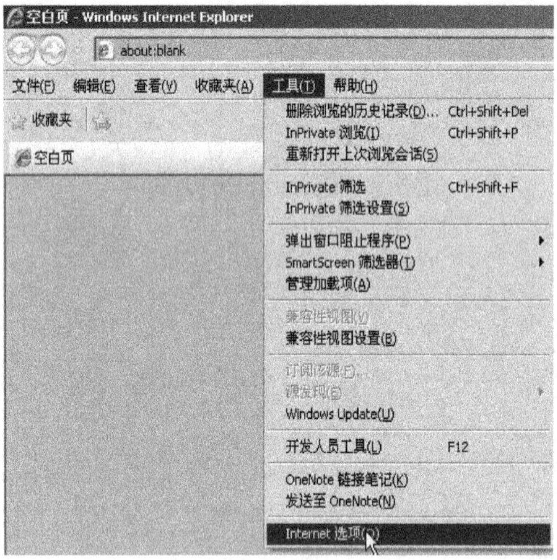

图 2-11 Internet 选项

（2）在打开的“Internet 属性”对话框的“安全”选项卡中，选中“Internet 区域”，将其安全级别的滑块向上拉动到“安全级-高”，然后单击“确定”按钮，如图 2-12 所示。

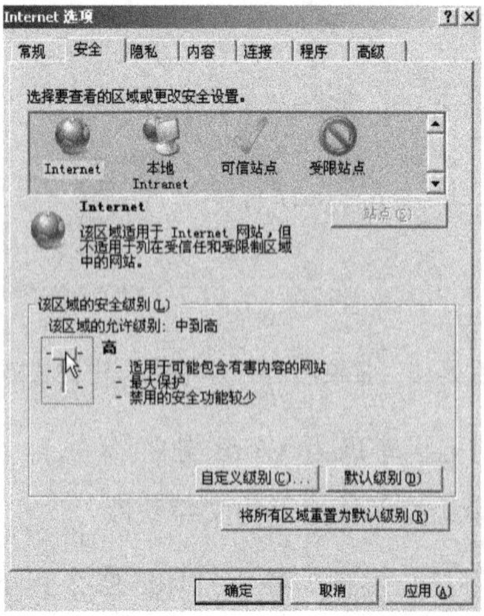

图 2-12 更改 Internet 安全级别

（3）按 F5 键刷新网页，这时就可以选取文本进行复制了。在获取所需文本后，参照图 2-12，拉动安全级别的滑块，重新设置恢复到原来的安全级别，否则会影响浏览网页。

2．网页另存为文本文件

（1）选择所在网页浏览器的“文件\另存为”命令，如图 2-13 所示。

（2）在打开的“保存网页”对话框中，“保存类型”选择为“文本文件（*.txt)”，命名保存，如图 2-14 所示。

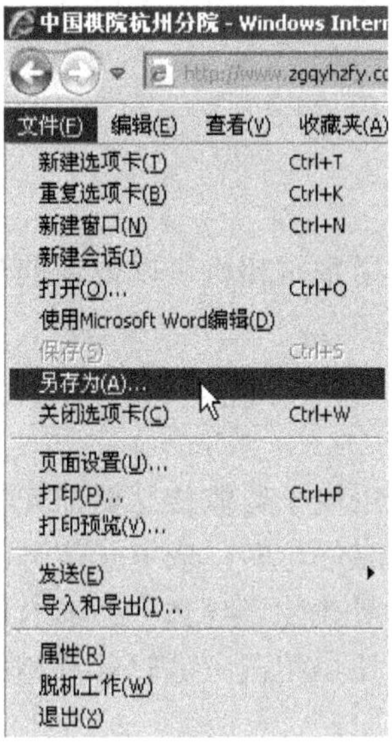

图 2-13　“另存为”命令

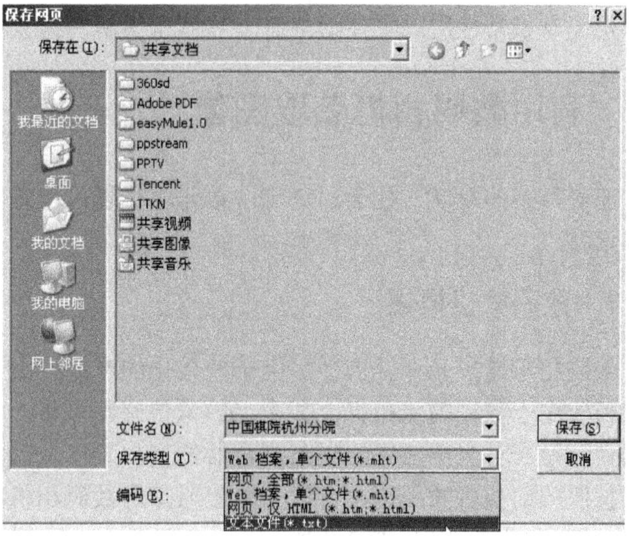

图 2-14　网页保存为文本文件

（3）用记事本打开所保存的文本内容，选择需要的文本即可。

练习

1．用手机拍照功能从课本摄取一页文字图像，然后提取其中的文字，并复制到 Word 文档中。

2．打开一个含有文本的网页，然后从网页中提取需要的文本。

第 3 章　图像素材获取

图像是教育教学活动中用到的非常重要的媒体形式，也是学生最易感知和接受的表达方式，一幅图像可以形象、生动、直观地表现出大量的信息，它也是分析教学内容，解释概念及现象最常使用的媒体形式之一。本章讲解图像素材的获取方法。

3.1　利用数码相机获取图像

随着科技的发展与社会的进步，数码相机越来越普及，利用数码相机可以方便地获取图像素材。

3.1.1　数码相机概述

数码相机是集光学、机械、电子一体化的产品，是一种利用电子影像传感器把光学影像转换成电子数据的照相机。其中，影像传感器可将入射的电磁信号转化成电子信号的电子器件，是一种光感应式的电荷耦合器件（CCD）或互补金属氧化物半导体（CMOS）。

按照数码相机的用途，可以分为普通家用数码相机、数码长焦相机、数码单反相机三类。如图 3-1、图 3-2、图 3-3 所示。

图 3-1　普通家用数码相机

图 3-2　数码长焦相机

图 3-3　数码单反相机

普通家用数码相机一般具有时尚的外观、大屏幕液晶屏、小巧纤薄的机身，操作便捷，但手动功能相对薄弱，超大的液晶显示屏耗电量较大，镜头性能较差。

数码长焦相机适于拍摄远处的景物或者是被拍摄者不希望被打扰的情况，长焦端对焦较慢，手持时抖动影响大，画面质量较差，重量与体积较大。

数码单反相机的传感器尺寸大，像素数较高，单个像素面积大，镜头可替换，响应速度快，手控能力强，附件丰富。但其体积和重量一般比较大，操作时噪声大，有机震。

使用数码相机，在拍照之后可以立即看到图片，而且对不需要的照片可以删除，冲洗对拍摄效果比较满意的照片。由于数码相机不需要胶卷，这样色彩还原和色彩范围就不再依赖胶卷的质量，感光度也不再因胶卷而固定，光电转换芯片能提供多种感光度选择。当然，由于通过成像元件和影像处理芯片的转换，成像质量相比光学相机缺乏层次感，而且由于各个厂家的影像处理芯片技术不同，成像照片表现的颜色与实际物体会有区别。

3.1.2 利用数码相机获取素材的方法

对于一般的图像要求，利用普通的家用数码相机功能完全可以满足。所有数码相机都有自动模式，用来设置焦点、曝光率和白平衡。下面介绍如何在自动模式下使用相机获取图像素材。

首先，开启相机，设置为自动模式。为了节省电能，关闭 LCD 显示器，通过光学取景器取图。如果相机有镜头盖，一定要把它打开。

其次，框定图像，这时取景器会显示出所要拍摄的景色。调整取景器里的图像，保证想要的对象位于取景器中间的焦点区域。调整镜头框定图像，按下放大按钮或操控杆扩展景色的角度，按下缩小按钮或操控杆对物体进行放大。如果取景器中的图像模糊不清，可查看一下相机是不是有屈光度调整钮，可用它来调整图像效果。

再次，按下快门按钮半程时，相机就可自动设置焦距、曝光率和白平衡。其中，取景器中间焦点部分所放置的区域是用来决定景物的最清晰的部分。聚焦距离的范围取决于相机的类型。程式自动曝光测量从景物反射出的光，设置最佳的曝光效果。如果光线太暗，自动曝光系统将会启动相机的内置闪光灯，照亮景物。摄影中的色彩通常受照明景物的光的影响，相机可自动调整色彩平衡，使景物中的白色对象在照片中看起来为白色。相机在进行上述操作后，会有灯光闪动或相机会鸣叫。

最后，按下快门按钮全程，拍摄照片。进行上述操作时，相机会鸣叫，这时图像获取完毕，相机的存储卡上又会存储一张新的图像。

现在，一般手机通常也内置有数码相机功能，随着手机的配置与性能不断提升，拍照摄像头像素也大幅度提高，如今一般的智能手机摄像头像素在 500 万左右。手机小巧方便，如果没有数码相机在身边，也可以用手机拍出需要的图片来。

3.2 利用 Windows 自带截屏工具截取图像

要截取电脑屏幕上的图像，可以利用 Windows 自带截屏工具截取，该方法简单实用。

1. 截取图片

把电脑屏幕窗口调到要截取的画面，在电脑键盘的“回车”键的右上方，直接按下“Print Screen”键（不同的键盘可能该键的位置会不同），这时系统会将整个屏幕截取下来并存放在电脑内存中。

2. 粘贴图片

单击电脑左下角“开始\所有程序\附件\画图”命令，如图 3-4 所示。打开 Windows 系统自带的“画图”软件后，单击“编辑\粘贴”命令，或者按下“Ctrl+V”快捷键，将前面截取的画面粘贴到“画图”面板中，如图 3-5 所示。单击“文件\另存为”命令，保存图片。

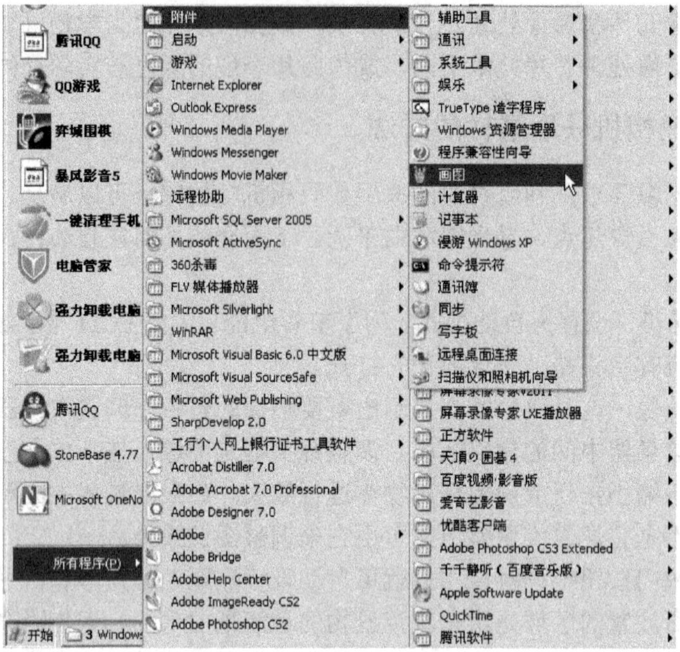

图 3-4　运行画图软件

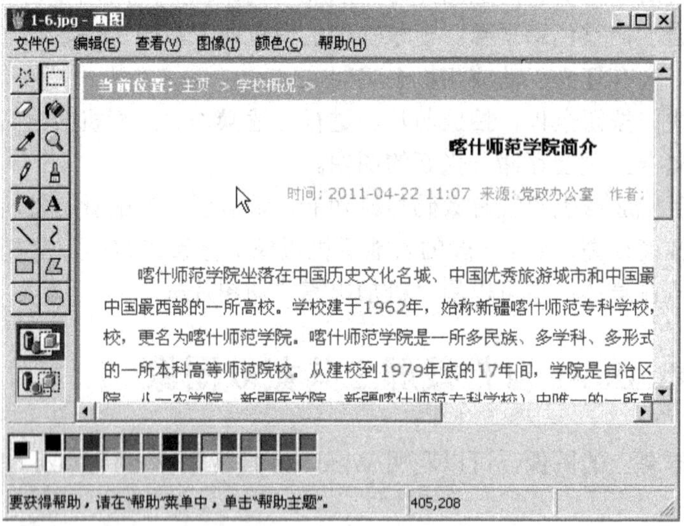

图 3-5　粘贴图像文件

3.3　从视频中截取图像

为了满足教育教学活动的需要，可能要从视频中截取视频画面的图像。如果使用电脑键盘自带的截取图像“Print Screen”键功能，往往截取出来的图像是黑色的，里面没有视频画面。这时可以用 HyperSnap 屏幕截图软件来实现。

HyperSnap 是目前认为最好的屏幕截图软件之一，该软件界面如图 3-6 所示。该软件不仅可以截取静态窗口的图片，也可以截取视频图片。

图 3-6　HyperSnap 界面

使用方法如下：

（1）对 HyperSnap 软件进行设置。选中“捕捉\启用视频或游戏捕捉”选项，如图 3-7 所示。

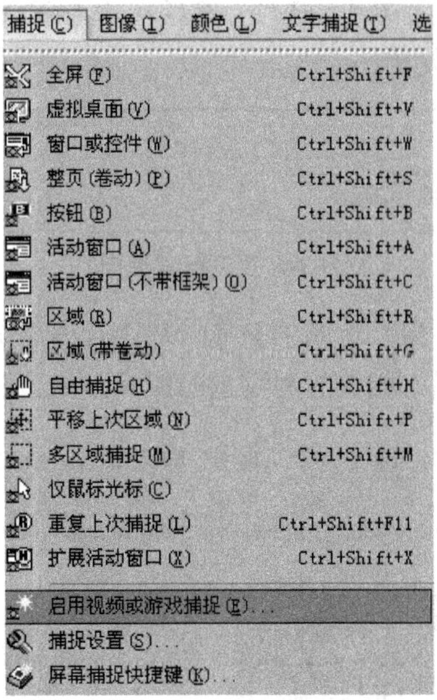

图 3-7　运行“启用视频或游戏捕捉”命令

（2）在弹出的“启用视频或游戏捕捉”窗口中勾选“视频捕捉”选项，如图 3-8 所示。单击“确定”按钮，以后在播放视频时，按下键盘上的“Print Screen”键，可以发现抓取的视频图像已经被存放在 HyperSnap 中了。

（3）单击“文件\另存为”命令，保存图片。

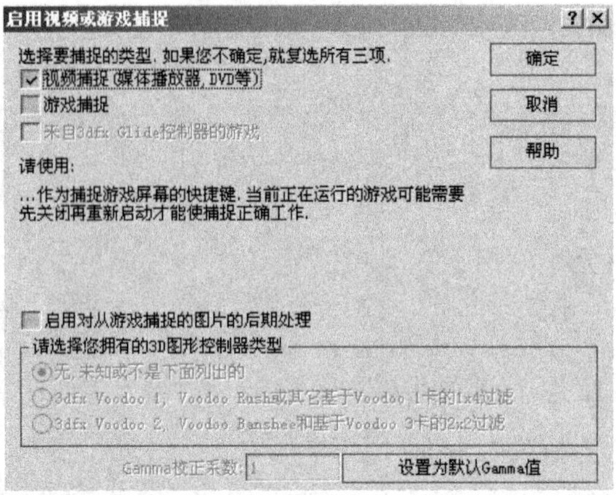

图 3-8 “启用视频或游戏捕捉”窗口

3.4 网络图片获取

网络上的图片信息十分丰富，借助于网络，可以搜寻获取图片素材，为教育教学活动服务。本节讲解从网络上搜索获取图片的方法。

（1）打开搜索引擎，以“百度网站”为例，打开网址 http://www.baidu.com，选择百度首页里的关键词输入框上方的“图片”选项，然后在输入框内输入所需的图片名字关键词，如“清明上河图”，如图 3-9 所示。

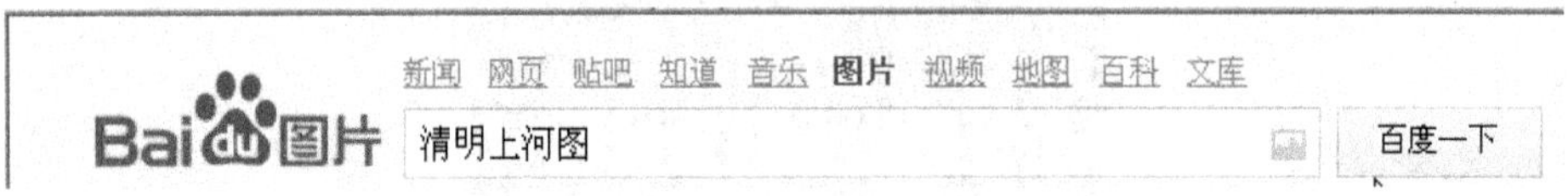

图 3-9 百度搜索页面

（2）单击“百度一下”按钮，页面上会显示与图片名字关键词相关的图片信息，这里可以发现都是与“清明上河图”相关的网页上的图片，如图 3-10 所示。

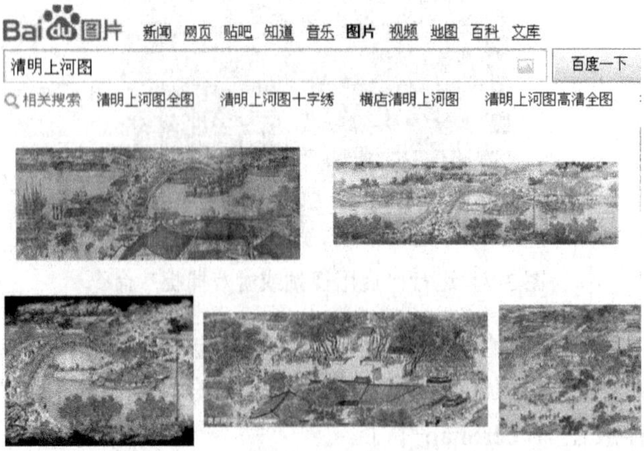

图 3-10“清明上河图”搜索结果页面

（3）在搜索的图片结果中，在想要的某个图片上单击鼠标右键，在弹出的选项卡中选择“图片另存为”，就可以保存所需的图片了。

练习

1．利用 HyperSnap 软件从视频中截取图像，并保存为“.JPG”文件格式。

2．在网络上搜索以“新疆风景”为关键词的图片，并保存。

第 4 章　音频素材获取

音频素材是一种常见的多媒体素材，是多媒体作品中的一个重要组成部分，它可以渲染气氛，烘托主题，增强作品的表现力和感染力。本章讲解常见的音频素材获取方法。

4.1　录音软件获取

1．利用系统自带录音机采集声音

（1）录音准备。录制声音，首先要确保声卡驱动程序已经安装，其次要准备好麦克风。台式电脑一般要单独配置麦克风，笔记本电脑一般都自带麦克风。双击电脑右下角的小喇叭图标，打开主音量对话框，单击“选项\属性”选项，打开“属性”对话框，选中“混音器”中的“Realtek HD Audio Iuput”选项，具体设置如图 4-1 所示。

（2）声音录制与保存。单击电脑左下角“开始\所有程序\娱乐\录音机”命令，打开电脑自带动录音机程序，如图 4-2 所示。单击录音机的红色按钮，即开始录音，通常录音时录音机中间的绿色波纹会有波动，如果没有波动，说明录音有问题，要仔细检查原因。一般录音长度为 60 秒，录制完毕后，单击“停止”按钮，然后单击“文件\另存为”，可以把声音保存为 WAV 格式的文件。

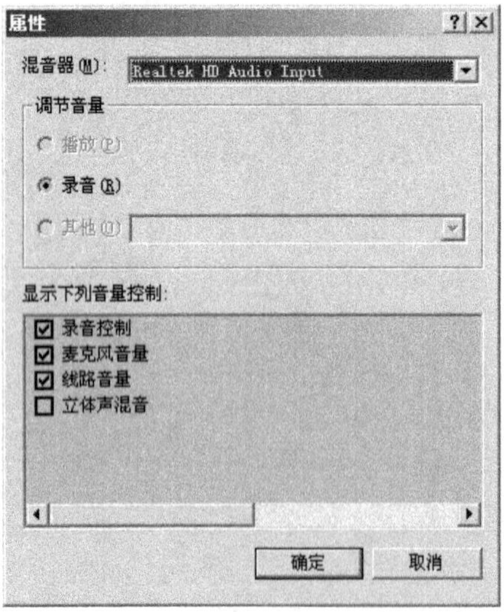

图 4-1　“属性”窗口

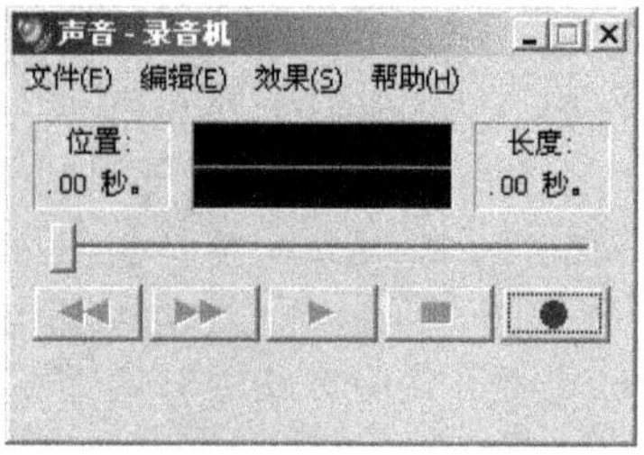

图 4-2　录音机录制声音

2．利用 GoldWave 软件录制声音

GoldWave 软件是一个功能强大的数字音乐编辑器，是一个集声音编辑、播放、录制和转换功能的音频工具。打开 GoldWave 软件后的界面如图 4-3 所示。

图 4-3　GoldWave 软件界面

GoldWave 既可以录制外部声音也可以录制电脑内部声音。在后面的章节中会详细介绍该软件的使用，下面简要介绍用 GoldWave 录音的方法。

（1）建立一个空白声音文件。单击工具栏上的“新建”按钮，打开“新建声音”对话框，其中，“声道数”和“采样速率”为默认属性，“初始化长度”选择“5:00”，表示声音录制时间为 5 分钟，如图 4-4 所示，单击“确定”按钮。考虑到后期的编辑，通常设置的时间要比所需要的录音的时间长一些。

（2）设置录音类别。单击软件菜单中的“选项\控制器属性”选项，打开“控制属性”窗口，选择“音量”选项，如图 4-5 所示。如果选择“麦克风音量”，则是录制外部声音。如果选择“立体声混音”则可以录制电脑内部播放的声音。

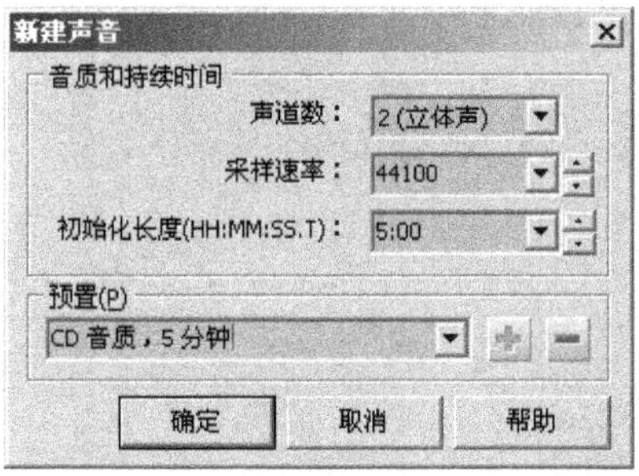

图 4-4　“新建声音”窗口

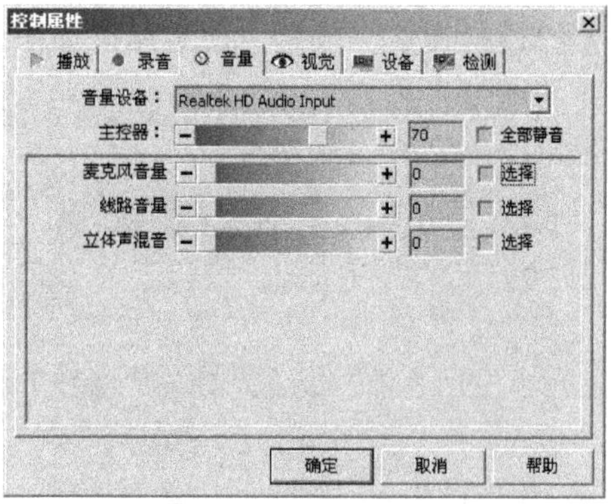

图 4-5　“控制属性”窗口

（3）录制声音。在新建的空白声音文件上，单击“录音”按钮，如图 4-6 所示。这样就开始录制声音了。

（4）保存声音。录制完毕后，选择菜单栏中的“文件\保存”命令，在弹出的“保存声音为”窗口中，选择要保存的目录，输入文件名，在“保存类型”中选择要保存的声音文件格式，单击“确定”按钮。

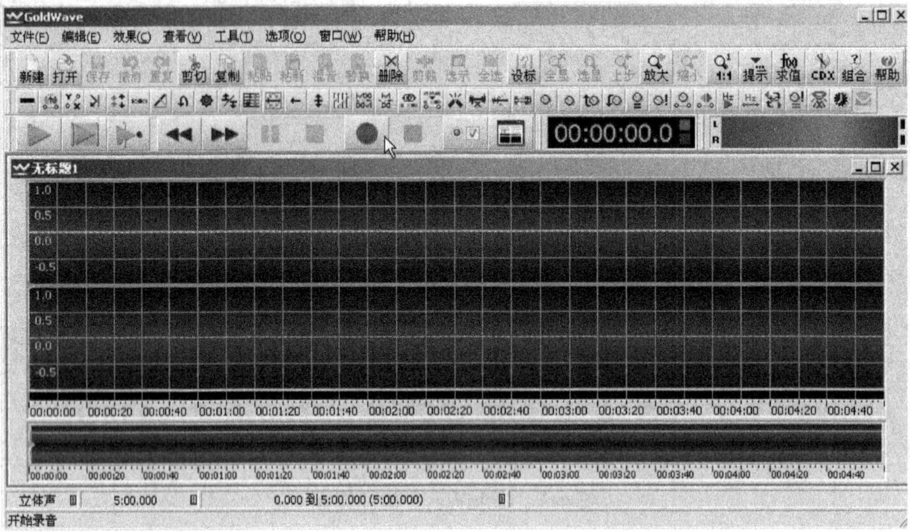

图 4-6　录制声音

4.2　网络音频获取

网络上的音频信息十分丰富，借助于网络，可以搜寻获取音频素材，为教育教学活动服务。本节讲解从网络上搜索获取音频的方法。

（1）搜索音频文件。以“搜狗网站”为例，打开网址 http://www.sougou.com，选择搜狗首页里的关键词输入框上方的“音乐”选项，在输入框内输入所需的音频名字关键词，例如，想搜索一个成语“狐假虎威”的寓言故事，就可以在输入框内输入“狐假虎威”，然后单击“搜狗搜索”按钮，搜索结果如图 4-7 所示。

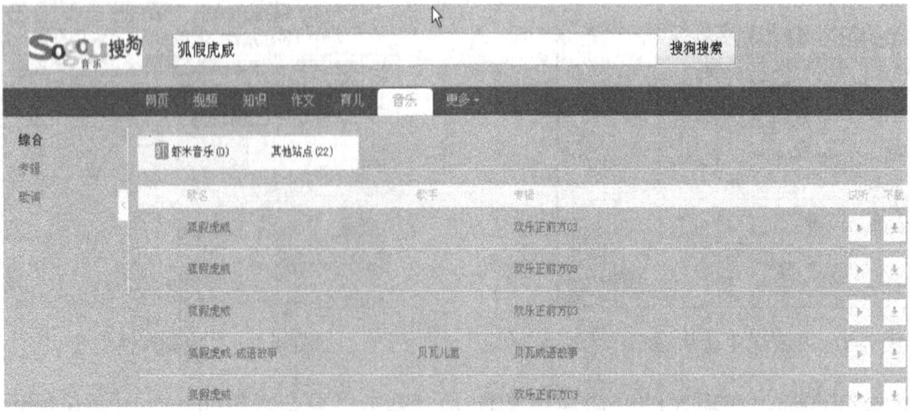

图 4-7　“狐假虎威”音频搜索页面

（2）选择下载保存音频。从搜索的音频结果，可以发现都是与“狐假虎威”相关的网上音频。下载前可以先单击音频文件名后面的“试听”按钮，挑选合适的音频文件，再单击音频文件名后面的“下载”按钮，然后进行保存就可以了。

练习

1．利用系统自带录音机软件录制声音，保存音频文件。

2．利用 GoldWave 软件录制声音，保存音频文件。

3．在网络上搜索以“感恩的心”为关键词的音乐，保存音乐文件。

第5章　视频素材获取

在日常的教育教学活动中，经常会使用数字视频资源来丰富知识内容，刺激学生的视听感官，吸引学生的注意力，从而提高教学效果。数字视频能客观记录现实，真实再现事物发生、发展的动态变化过程，表现事物细节，跨越时空限制，展现比较陌生的事物，拓宽人的视野，画面形象逼真，声画同步，变抽象理论为形象画面等特性，能帮助学生建构知识理解的情境，提高学习的效率与效果。本章主要讲解视频素材的获取。

5.1　摄像机获取

如果需要进行原创性的视频资源制作，必须要使用数码摄像机进行拍摄。根据存储媒介的不同，数码摄像机可分为DVCam型、MiniDV型、光盘型和硬盘型。硬盘式数码摄像机的工作原理是通过摄像镜头将光线变成电荷，通过模数转换器芯片转换成数字信号，数字信号经过压缩以后存储到硬盘里。在这里，主要以硬盘式摄像机（JVC GZ-MG575AG/AH）为例来介绍用数码摄像机拍摄数字视频的方法。

（1）准备工作。首先将电池安装到摄像机中。然后，插入高速SD卡。打开SD插卡舱盖，将插卡斜角边向下将其插入，关闭SD插卡舱盖。按压一下SD卡，即可取出SD卡。注意：请在电源关闭时，插入或取出SD卡，否则SD卡上的数据会丢失。首次使用SD卡时，应先格式化。

（2）录制视频。正确握好摄像机，打开镜头盖，使用液晶显示监视器。按PUSH OPEN键，将监视器外拨约90°。打开电源，选择视频模式，按PLAY/REC键选择记录模式，按REC键开始记录（连续拍摄每4GB就会创建一个新文件）；再次按REC键停止记录。用W/T变焦柄推拉镜头（推拉时监视器上显示变焦倍数）。W——用于广角拍摄（拉远）；T——用于特写镜头（推近）。

（3）视频文件播放。选择视频模式，按PLAY/REC键选择“播放”模式，视频索引画面出现。上下左右推动设定杆，选择所需文件，然后按下设定杆确定。

现在，一般手机通常内置有数码摄像机功能，随着手机的配置与性能不断提升，用手机也可以拍摄出需要的视频来。

5.2　使用屏幕录制软件获取

“屏幕录像专家”是一款优秀的屏幕录像软件，上手简单，操作方便，它可以将电脑中的屏幕操作过程录制下来，是很好的视频教学资源的获取工具。下面以屏幕录像专家V2011版为例介绍使用方法。

（1）录制前的设置。打开“屏幕录像专家”软件，保持系统默认状态，可以直接进入录制阶段，如图 5-1 所示。需要注意的是，一般录制屏幕操作时常常要录下同步语音，所以必须配备一个麦克风。另外，设置软件上面的“声音”选项，单击“声音”选项按钮，可以看到具体的声音设置，如图 5-2 所示。录制前，单击“试录”按钮，然后单击“播放”，检测在录制屏幕操作的同时声音是否录进去。最后要设置录制的快捷键，这样可以方便地控制录制进程，而不影响屏幕的正常操作进程，具体设置可以参见图 5-3。

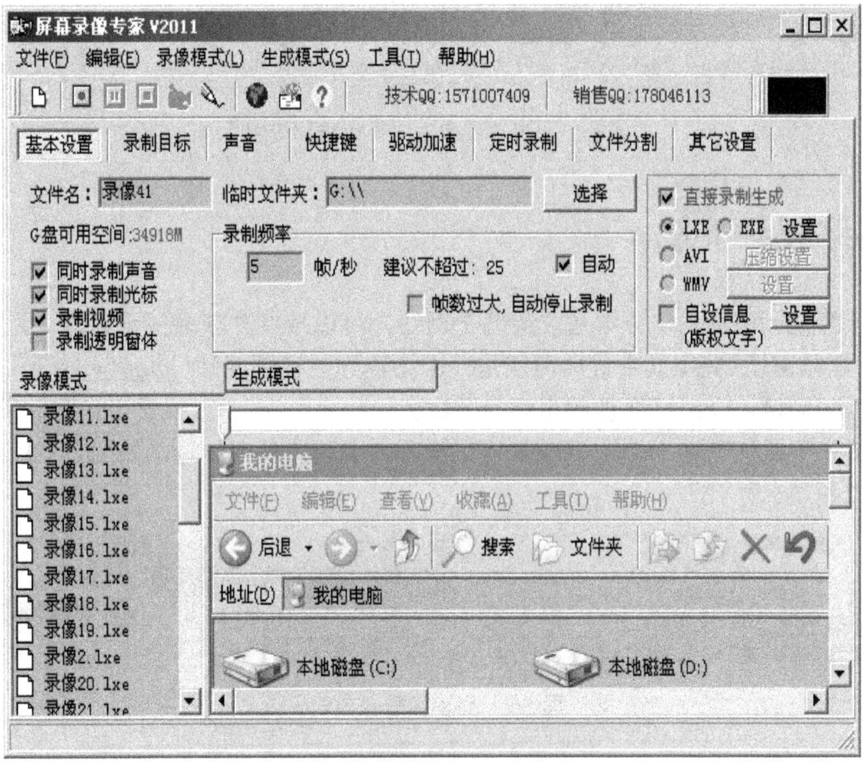

图 5-1　“屏幕录像专家”软件界面

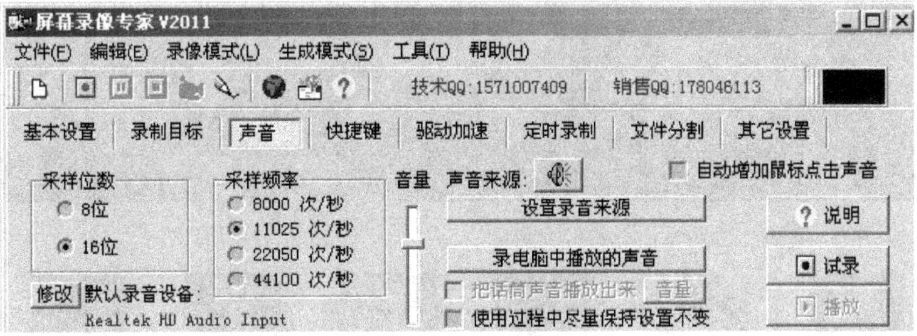

图 5-2　“屏幕录像专家”声音设置

（2）视频文件的录制及保存。启动屏幕录像专家软件后，按照图 5-3 设置的快捷键，按一下 F2 键就开始录制了，如果要结束录制，可以再按一下 F2，然后文件自动保存到“录制目标”按钮设置下的文件夹目录。录制过程中间如果要暂停可以按下 F3 键，然后再按下 F3 键继续录制。

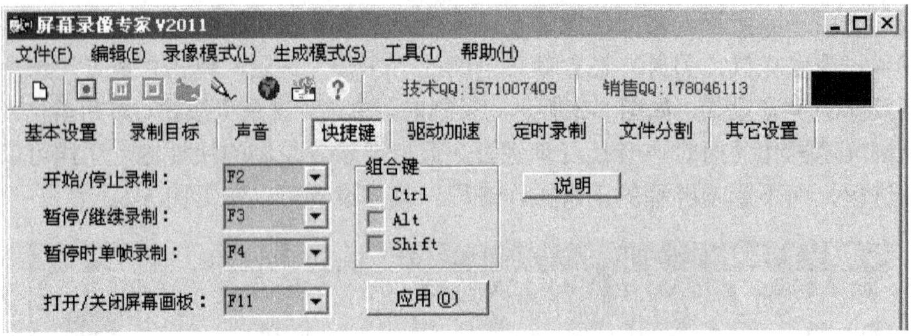

图 5-3 “屏幕录像专家”快捷键设置

5.3 网络视频下载

网络上的视频信息也十分丰富，借助于网络，可以搜寻并获取视频素材，为教育教学活动服务。视频网站很多，其中优酷网就是一个比较好的视频网站（http://www.youku.com），下面以优酷网为例，介绍网络视频资源的下载。

（1）首先下载优酷客户端，下载安装完毕后，启动优酷客户端，如图 5-4 所示。打开后的界面如图 5-5 所示。

图 5-4 启动优酷客户端

图 5-5 优酷客户端界面

（2）以查找“建党伟业”视频为例，在优酷客户端右上角输入“建党伟业”关键字，如图 5-6 所示。

图 5-6　搜索“建党伟业”视频

（3）单击输入框右边的搜索按钮，可以搜索到与关键词相关的视频信息，如图 5-7 所示。然后单击所选视频，可以播放视频，在播放视频窗口的左下角，有一排按钮，其中标有下箭头图标的是下载按钮，如图 5-8 所示。

图 5-7　“建党伟业”视频相关信息

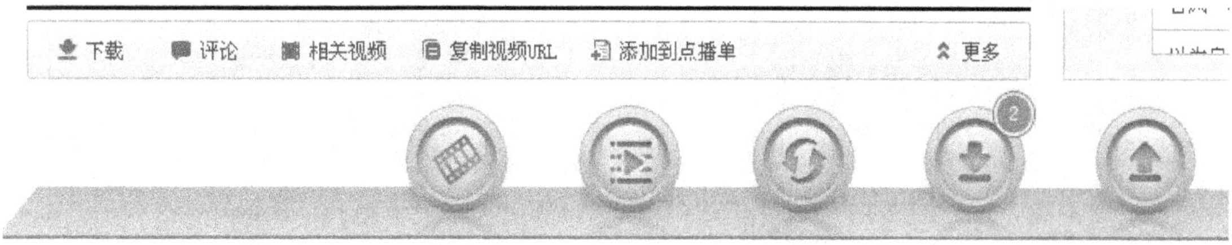

图 5-8　“建党伟业”视频下载按钮

（4）单击图 5-8 中的下载按钮，打开“新建下载”窗口，保存视频文件存放目录，然后单击“开始下载”按钮就可以了，如图 5-9 所示。

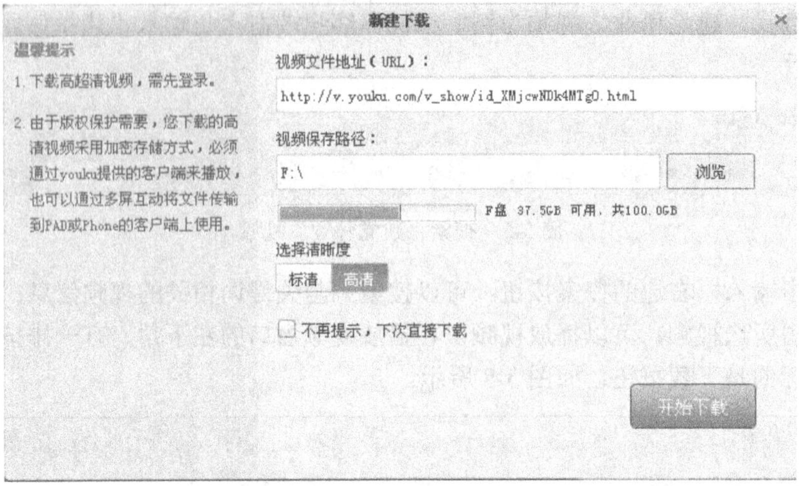

图 5-9 “建党伟业”视频下载

5.4 在临时文件夹中提取视频文件

很多视频网站没有提供直接下载视频文件的功能，那么有没有办法将网站播放的视频下载到自己的电脑中呢？其实，在线播放视频时，网上的视频播放文件已经自动下载到自己的电脑上了，放置在 Internet 临时文件夹中，打开临时文件夹，就可以找到视频文件并复制出来。

（1）当网页上的视频播放结束后，单击网页上面的“工具\IE 选项”，打开“Internet 选项”窗口。

（2）在“Internet 选项\浏览历史记录”选项中，有一个“设置”按钮，如图 5-10 所示。单击“设置”按钮打开“Internet 临时文件和历史记录设置”对话框，如图 5-11 所示。单击“查看文件”按钮，可以打开临时文件夹，临时文件夹里的所有文件都是在浏览网页时自动下载到电脑中的临时文件。

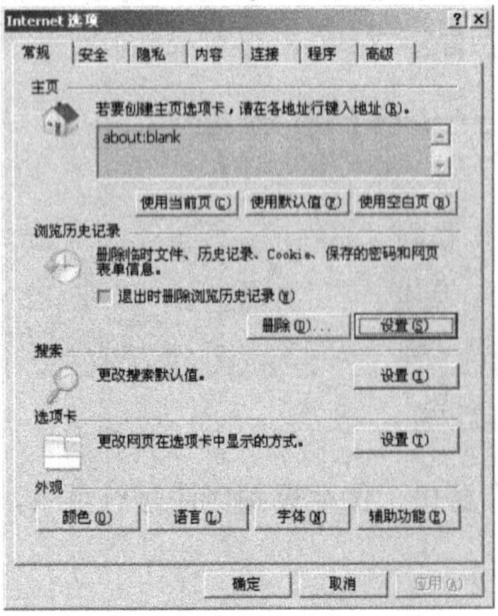

图 5-10 浏览历史记录设置

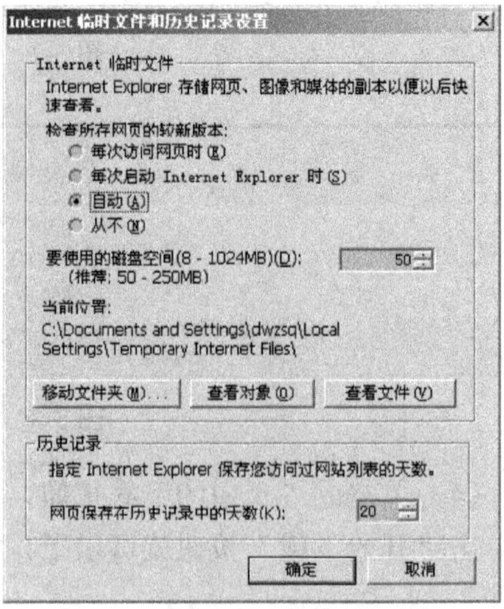

图 5-11 Internet 临时文件和历史记录设置

（3）在打开的临时文件夹里，根据视频文件类型、播放的时间、文件大小，可以找到需要的视频文件，如图 5-12 所示。

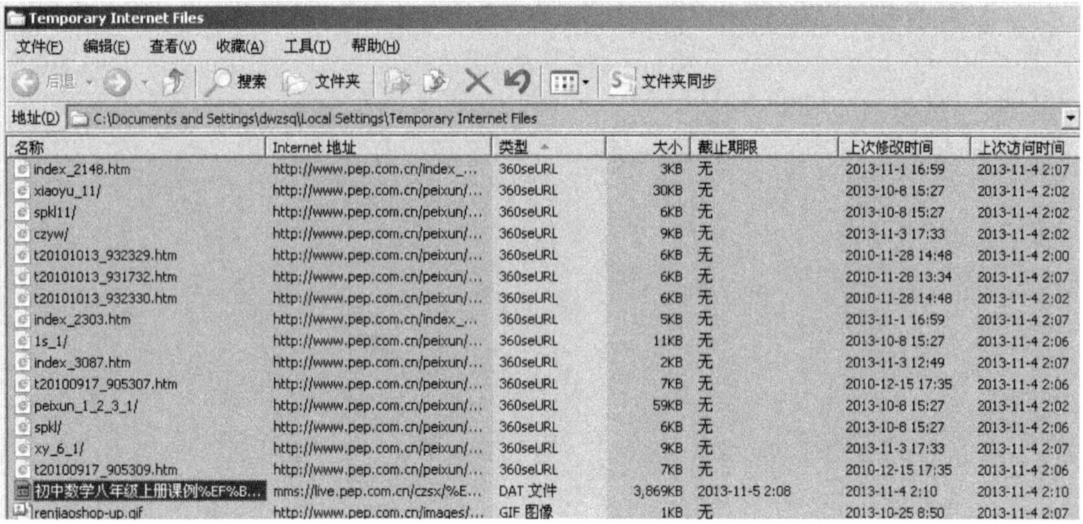

图 5-12　Internet 临时文件夹里的视频文件

（4）复制视频文件，保存到选定的文件夹，选择合适的视频播放器，就可以打开视频了。

练习

1．在网络上搜索以“感恩的心”为关键词的视频，并保存。

2．利用“屏幕录像专家”软件，对上一题的操作过程进行录制，保存视频文件。

3.访问网页 http://www.pep.com.cn/czsx/jszx/jcpx/jxkl/201008/t20100824_713107.htm（人民教育出版社中的一个视频网页），在临时文件夹中找出在网页中播放完的视频文件，并保存。

素材加工处理篇

良好的素材是创作优秀教学作品的基础。获得的原始素材总会有这样或那样的问题，如图片太大、图片上有瑕疵、音频有噪声、视频太大（有时只需要其中一小段内容）等。另外，有的素材难以通过其他渠道获取，必须自己动手创作。如果直接使用原始素材做教学作品，就会使用制作出来的作品很粗糙，达不到制作要求。因此，需要对获取的素材进行加工处理，为后期素材的应用做准备。

本篇有三章，其中第 6 章以 Photoshop CS5 为例介绍数字图像处理，主要包括图像的大小调整、图像裁剪、图像变形、选区操作、图层操作、图像修补、图像特效等基本技术；第 7 章以 GoldWave 为例介绍音频处理技术，包括音频的录制、音频的选择、音频的删除、降噪、音频的剪裁、淡入淡出特效以及音频的合成、音量的调节等技术；第 8 章通过完成一个案例，学习 Adobe Premiere Pro CS4 软件编辑制作视频素材的基本操作，包括项目的新建、素材的导入、素材的剪辑、视频特效的生成、字幕的添加、音频的添加以及视频的导出等主要技术。

第 6 章　数字图像处理

数字图像处理（Digital Image Processing）又称为计算机图像处理，它是利用计算机对图像信息进行加工以满足人的视觉心理。本章首先简要介绍与数字图像有关的基本概念，以及常用的图像处理软件，然后以目前广泛使用的 Photoshop 软件为例讲解图像文件处理的基本方法和技术。

6.1　数字图像处理概述

6.1.1　数字图像处理基础知识

1．位图与矢量图

位图（bitmap），亦称为点阵图像或绘制图像，位图是由一个一个的点组成的。这些点可以进行不同的排列和染色以构成不同的样式。当放大位图时，可以看到构成整个图像的若干小方块。位图主要通过拍摄工具获得，如数码相机、扫描仪等。位图常见的文件格式有 JPG、GIF、PNG、BMP 等。

矢量图是根据几何特性绘制的图形。矢量可以是一个点或一条线，矢量图只能靠软件生成，文件的存储空间较小。由于这种类型的图像文件包含独立图像元素，因此可以自由组合。矢量图可以无极缩放，对图像放大或缩小不会引起质量的变化，适用于图形设计、文字设计和一些标志设计等。最大的缺点是难以表现色彩层次丰富的逼真图像效果。常用的矢量图片有 CDR、AI、WMF、EPS 格式。

2．像素与分辨率

位图上的一个点就是一个像素。

分辨率是和像素相关的一个重要概念，它是衡量图像细节表现力的技术参数。通常用每英寸中所包含的像素个数来表示，分辨率越高，图像表现的细节越丰富逼真，图像质量越好，相反图像清晰度下降，细节缺失，图像粗糙。

一幅图像可以理解为由水平与垂直方向上等间距的许多像素组成。以一张分辨率为 800×600 的图片为例，它表示有 600 行和 800 列，共 480 000 个像素点。

3．图像文件格式

图像文件要以一定的格式进行保存，图像文件格式与图像信息的编码方法与压缩技术有关，常见的图像文件格式如下：

（1）BMP 格式

BMP 文件是 Windows 采用的图像文件格式，在 Windows 环境下运行的所有图像处理软件都支持 BMP 图像文件格式，文件扩展名为 bmp 或 BMP。它是一种较原始的格式，不支持压缩，占用存储空间也比较大。

（2）TIFF 格式

TIFF 图像文件是由 Aldus 和 Microsoft 公司为桌面出版系统研制开发的一种图像文件格式，文件扩展名为 tiff 或 tif。它采用无损压缩方式来存储图像信息，图像质量较高。

（3）GIF 格式

GIF 格式图像文件采用无损压缩技术，压缩率很高，文件体积很小，支持透明背景，且支持多帧，特别适合作为网页图像或网页动画，文件扩展名为 gif。

（4）JPEG 格式

JPEG 图像文件格式是最常用的一种格式，使用非常广泛，它的文件体积适中，图像质量较好，文件扩展名为 jpg。

（5）PSD 格式

这是 Photoshop 图像处理软件的专用文件格式，文件扩展名是 psd，可以支持图层、通道、蒙板和不同色彩模式的各种图像特征，是一种非压缩的原始文件保存格式。PSD 文件比较大，但由于可以保留所有原始信息，在图像处理中对于尚未制作完成的图像，下次还可以继续完善和修改。

4. 颜色模型

颜色模型是一种用于定义颜色的方法。每种模型都是通过使用特定的颜色组件来定义颜色，但是任何一个颜色模型都无法包含所有的颜色。

（1）RGB 颜色模型

RGB 颜色模型也称为红绿蓝三基色模型，是一种最常见的模型，它是将红、绿、蓝三基色的色光以不同的比例混合，从而产生各种各样的颜色。红、绿、蓝三种基本色中的每一种的取值范围都在 0～255 之间。

（2）Lab 颜色模型

Lab 颜色模型是由 CIE（国际照明委员会）制定的一种色彩模式。自然界中任何一种颜色都可以在 Lab 空间中表达出来，它的色彩空间比 RGB 大，因此其色彩效果更好。另外，Lab 颜色模型与设备无关。

（3）CMYK 颜色模型

CMYK 颜色模型主要应用于印刷工业，其中四个字母分别指青（Cyan）、洋红（Magenta）、黄（Yellow）、黑（Black），在印刷中代表四种颜色的油墨，由光线照到有不同比例 C、M、Y、K 油墨的纸上，部分光谱被吸收后，反射到人眼的光所产生颜色。

6.1.2 数字图像处理常用软件

1. CorelDRAW

CorelDRAW 是加拿大 Corel 公司的开发的矢量图形制作工具软件。这个软件给设计师提供了矢量动画、页面设计、网站制作、位图编辑和网页动画等丰富的功能。而 CorelDRAW

中的 X4 及以上的版本更是在之前的版本基础上增加了临描功能，使 CorelDRAW 可以将位图轻松地转化为矢量图，从而摆脱了位图分辨率的问题。CorelDRAW 的颜色管理方案可以使显示、打印和印刷达到颜色的一致，目前 CorelDRAW 也被广泛地用于印刷喷绘打印处理，被认为是最好的平面广告设计软件。CorelDRAW 现已升级到 CorelDRAW Graphics Suite X6 套装，基本功能包括强大的矢量绘画工具和良好的版面设计能力。GoreDRAW 界面如图 6-1 所示。

图 6-1　CorelDRAW 界面

CorelDRAW 软件的特点主要有：界面设计友好，功能强大，兼容性极好，操作精微细致，应用广泛，包括商标设计、标志制作、模型绘制、插图描画、排版及分色输出等诸多领域。

2．可牛影像

可牛影像图像处理软件主要使用对象为普通用户，软件使用操作非常简单。

可牛影像具有补光、柔和等 6 大自动修复能力，素描、黑白、怀旧等数十种另类效果，强大的文字及水印编辑功能，支持文字的竖排、任意旋转，编辑很方便。对存储在计算机上的所有照片可以按照日期、文件夹顺序自动整理，智能化的分类，查找很方便。可牛影像界面如图 6-2 所示。

可牛影像软件的特点主要有：对软件的操作简单易学，软件本身预存 50 余种照片特效，另有图片编辑、人像美容、场景日历、添加水印饰品、添加各种艺术字体、制作动感闪图、摇头娃娃、多图拼接等功能。

图 6-2 可牛影像界面

3. 光影魔术手

光影魔术手（nEO iMAGING）是一个对数码照片画质进行改善及效果处理的软件。其简单、易用，不需要任何专业的图像技术就可以制作出专业胶片摄影的色彩效果，是摄影作品后期处理、图片快速美容、数码照片冲印整理时必备的图像处理软件。界面如图 6-3 所示。

图 6-3 光影魔术手界面

光影魔术手软件的特点主要有：简单、易用，能制作精美相框、艺术照、专业胶片效果，而且完全免费，尤其是模拟反转片的效果，令照片反差更鲜明，色彩更亮丽。

4. ACDSee（奥视迪）

ACDSee 是由加拿大 ACDSystems 公司研发的图片浏览、编辑、管理软件。它提供了良好的操作界面（如图 6-4 所示），简单操作方式，支持丰富的图像格式，强大的文件管理功能，此外 ACDSee 也是一款图片编辑软件，具有去除红眼、剪切图像、锐化、浮雕特效、曝光调整、旋转、镜像等功能，还支持批量处理。

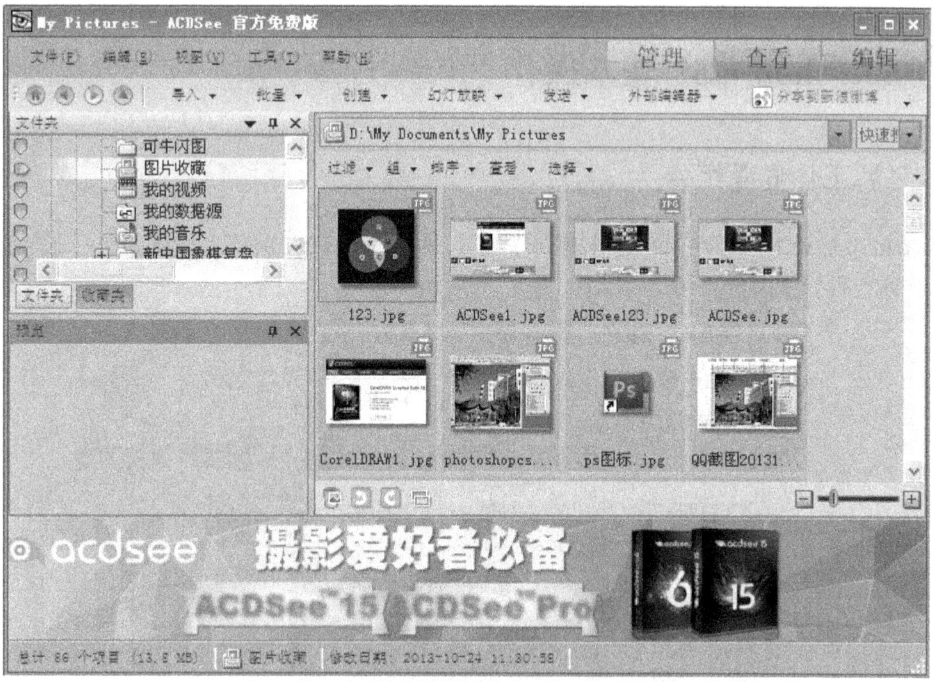

图 6-4　ACDSee 工作界面

ACDSee 软件的特点主要有：简单、灵活，运行速度快，切换图片没有延迟，支持 20 余种常见的图片格式，如 BMP、GIF、JPEG、PNG、TGA、TIFF、WBMP、PCX、PIC、WMF、EMF 等。

5. Photoshop

Adobe 公司出品的 Photoshop 是目前最广泛的图像处理软件，常用于广告、艺术、平面设计等创作。也广泛用于网页设计和三维效果图的后期处理，业余图像爱好者也可利用它将自己的照片扫描到计算机，做出精美的效果。Photoshop 是一个功能强大，集图像扫描、编辑修改、图像制作、广告创意，图像输入与输出于一体的图形图像处理软件。

该软件功能主要有图像编辑、图像合成、校色调色及特效制作等。图像编辑是图像处理的基础，可以对图像做各种变换，如放大、缩小、旋转、倾斜、镜像、透视等，也可以对图像进行修补，以去除斑点等残损，在婚纱摄影、艺术处理、人像处理等领域得到广泛应用。图像合成则是将几幅图像通过图层操作、工具应用合成完整的、具有艺术感染力的精美图像。校色调色是该软件的特色之一，可方便快捷地对图像的颜色进行明暗、色偏的调整和校正，也可在不同颜色之间进行切换以满足图像在不同领域如网页设计、印刷、多媒体等方面的应用；特效制作在该软件中主要由滤镜、通道及工具综合应用完成，包括图像的特效创意和特效字的制作，如油画、浮雕、石膏画、素描等常用的传统美术技巧都可由该软件的特效制作功能完成。

2003 年，Adobe 将 Adobe Photoshop 8 更名为 Adobe Photoshop CS，目前新版本为 Photoshop C6。

本书以 Photoshop CS5 介绍数字图像处理软件的基本使用。

6.2 Photoshop CS5 基本操作

6.2.1 了解工作界面组件

Photoshop CS5 的工作界面主要由程序栏、菜单栏、文件窗口、工具箱、工具选项栏，以及面板等组件，如图 6-5 所示。

图 6-5 Photoshop CS5 的工作界面

程序栏：可以调整 Photoshop 窗口大小，将窗口最大化、最小化或关闭，还可以直接访问 Bridge、切换工作区、显示参考线、网格等。

菜单栏：菜单中包含可以执行的各种命令。单击菜单名称即可打开相应的菜单。

文件窗口：文件窗口是显示和编辑图像的区域。

工具箱：包含用于执行各种操作的工具，如创建选区、移动图像、绘画、绘图等。

工具选项栏：用于设置工具的各种选项，它会随着所选工具的不同而变换内容。

面板：可以帮助编辑图像。有的用来设置编辑内容，有的用来设置颜色属性。

6.2.2　设置工作区

Photoshop CS5 可以通过各种元素（如面板、栏以及窗口）来创建和处理文件。这些元素的排列方式称为工作区设置。Photoshop CS5 自带了几种预置工作区，适用于色调和颜色校正、绘画和修饰等工作需求。设置工作区就是为了方便使用各种应用程序。

（1）双击桌面 Adobe Photoshop 图标，启动 Adobe Photoshop CS5。另外也可以通过“开始\所有程序\Adobe Photoshop CS5”启动程序。

（2）执行“窗口\工作区”下拉菜单中的命令，如图 6-6 所示。单击基本功能命令，切换为 Photoshop CS5 提供的预设工作区，如图 6-7 所示。

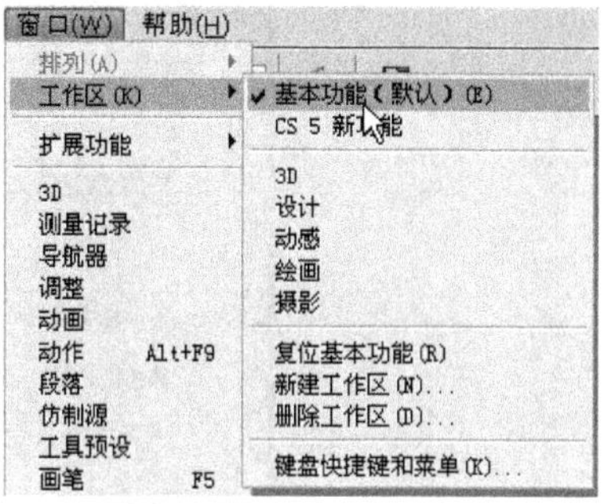

图 6-6　工作区菜单

图 6-7　预设工作区

6.2.3　创建空白文件、打开文件和保存文件

（1）执行“文件\新建”命令，或按下“Ctrl+N”快捷键，会弹出新建文件对话框，如图 6-8 所示，分别在对话框中输入文件的名称，设置文件尺寸、分辨率、颜色模式和背景内容等选项，单击“确定”按钮，即可创建一个空白文件。

（2）执行“文件\打开”命令，弹出“打开”对话框，选择一个或几个文件（几个文件同时选取时按住“Ctrl”键），如图 6-9 所示。也可以将图像文件拖动到 Photoshop 应用程序图标上，同样也可以打开图像文件。

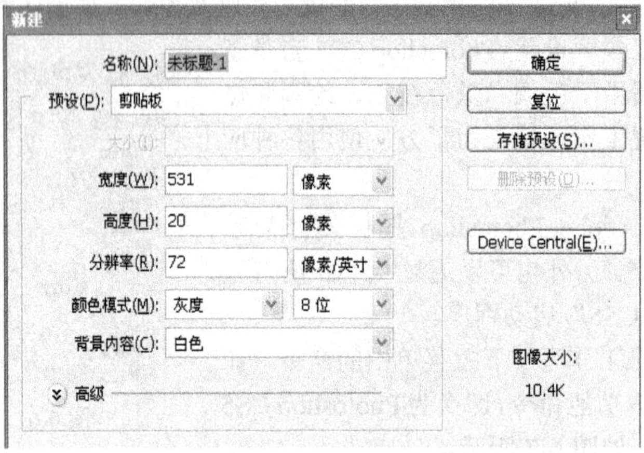

图 6-8 新建文件对话框

图 6-9 打开文件对话框

（3）当对打开的图像文件编辑完成之后，执行“文件\存储”命令，或按下“Ctrl+S”，快捷键，保存所编辑的图像文件，图像将以原有的格式存储。如果要将文件保存为其他名称、格式或位置时，执行“文件\存储为”命令，会弹出“存储为”对话框，选择需要的存储格式，如图 6-10 所示。

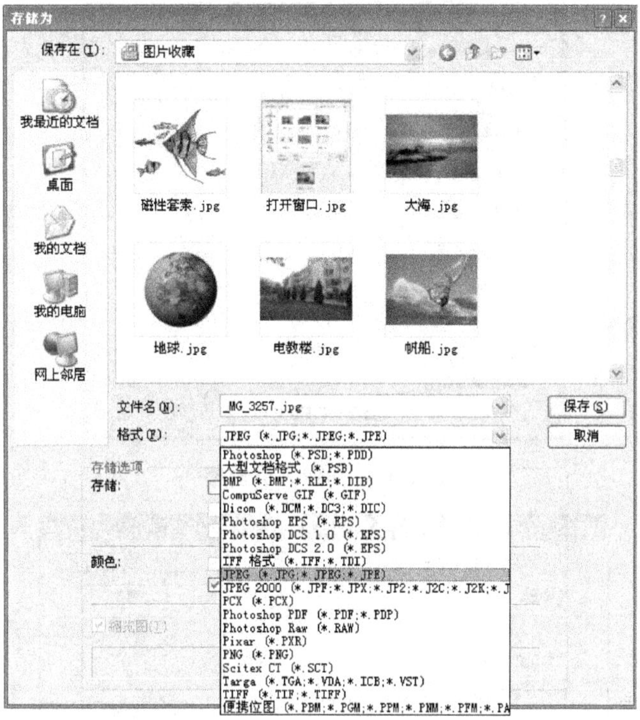

图 6-10　文件保存对话框

6.2.4　修改图像尺寸与画布大小

1. 修改图像尺寸

图像处理中经常会涉及根据具体的需要对图像的大小及分辨率进行调整。下面以制作一寸照片为例，介绍如何调整图像的大小。

执行“文件\打开”命令（或按下“Ctrl+O”快捷键），打开一个图像文件。执行“图像\图像大小”（或按下“Ctrl+Alt+ I”快捷键）命令，在弹出的对话框中设置图像的大小，如图 6-11 所示。在图像大小对话框中，首先取消约束比例，再将宽度设为 2.5cm，高度设为 3.5cm，按下“Ctrl+S”快捷键保存文件，将文件命名为“一寸照片”，格式为 JPEG 。至此一寸照片尺寸调整完成。

2. 画布大小设置

画布是指整个文件的工作区域大小。画布大小的设置有两种方法，一是通过新建新文件设置；二是可以修改已有文件的画布大小。下面将以一寸照片三行三列排版为例，介绍如何设置画布大小。

（1）通过新建文件设置画布。执行“文件\新建”命令（或按下“Ctrl+N”快捷键），弹出新建对话框，并按图 6-12 所示设置文件名称、画布大小以及颜色模式。单击“确定”按钮。按下“Ctrl+O”快捷键打开一个文件，单击工具箱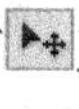工具，将一寸照片拖入新建的“一版照片”工作区中 9 次，并排列为 3×3 样式，如图 6-13 所示。按下“Ctrl+S”快捷键保存图像。

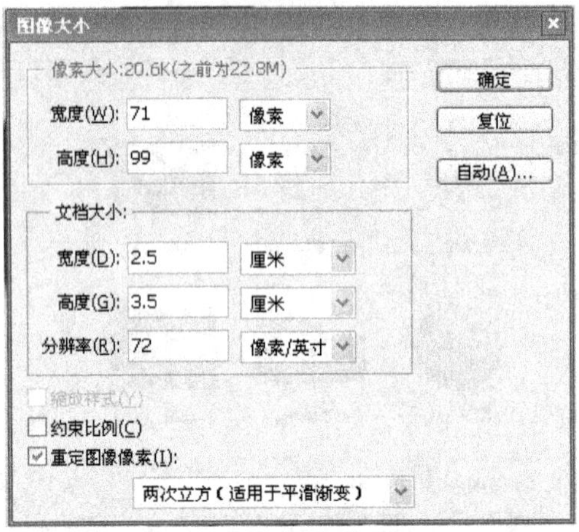

图 6-11 图像大小调整

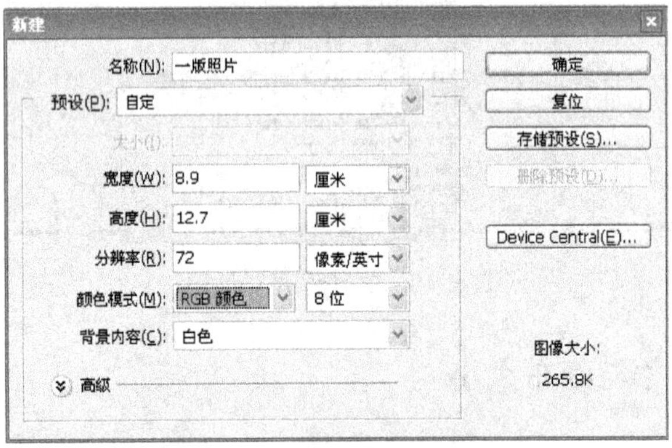

图 6-12 画布大小设置

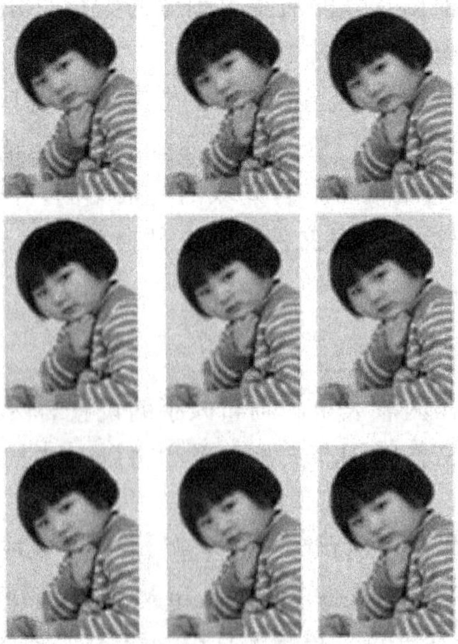

图 6-13 排列多幅图片

（2）对已有图像设置画布大小。执行“Ctrl+O”打开一个文件，执行“图像\画布大小”（或按下“Ctrl+Alt+C”快捷键）命令，打开画布大小对话框，并按图 6-14 所示选择“相对”，设置宽度为 10 像素，设置高度为 10 像素，画布扩展颜色为黄色。效果如图 6-15 所示。

图 6-14　设置画布大小

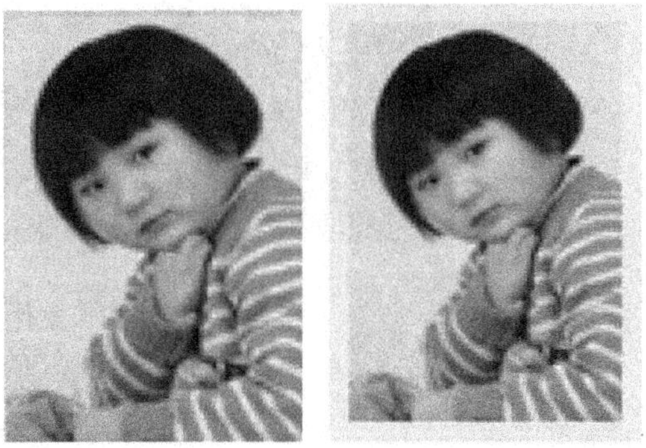

图 6-15　设置加边效果

6.2.5　图像的变形操作

在 Photoshop 中对图像变形提供了旋转、扭曲和缩放等变换操作。

1. 移动图像

移动图像使用移动工具操作，移动工具是最常用的工具之一。移动图像分为同一文件内部对象的移动和不同文件之间对象的移动。

（1）同一文件内部移动

执行“Ctrl+O”打开一个 PSD 文件，该文件包含两个图层，在图层面板上选中“图层 1”，使用移动工具在工作区“鱼”对象上单击并拖动鼠标来移动图像，如图 6-16 和图 6-17 所示。

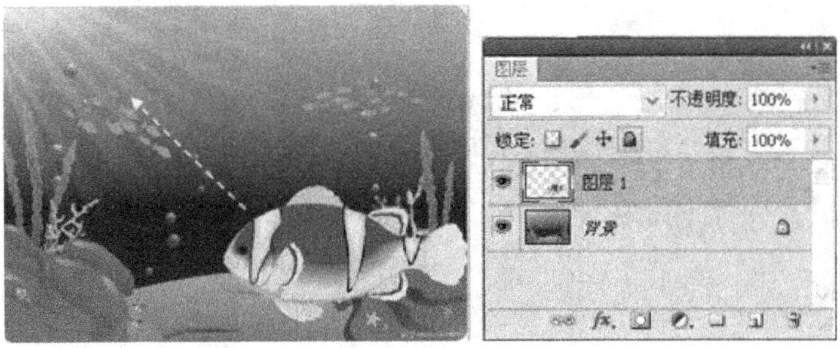

图 6-16　同一文件内移动图像对象

（2）不同文件间移动图像

打开两个图像文件，其中一个文件是背景图片，另一个文件中有一条鱼，单击鱼文件标题，通过魔棒选择工具，选中鱼文件中的白色背景，执行“Ctrl+Shift+I”反选功能，这样就把鱼选中了，如图 6-18 所示。选择移动工具，将光标放置到所要移动的鱼对象上，单击并拖动鼠标至目标文件的标题栏，停留片刻直到工作区切换到目标文件，移动鼠标将鱼对象移到目标文件合适的位置，如图 6-19 所示。

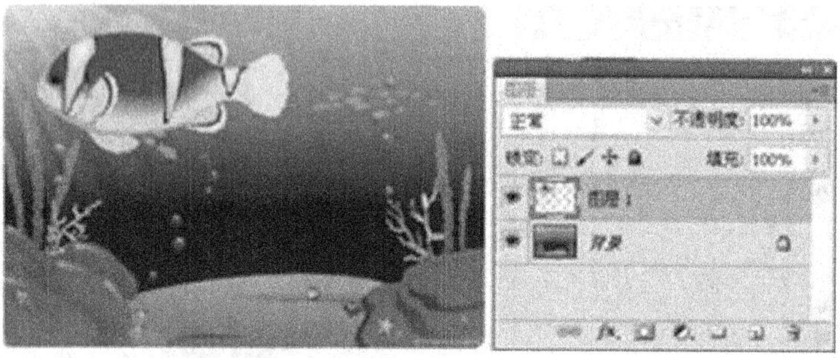

图 6-17　文件内部对象移动结果

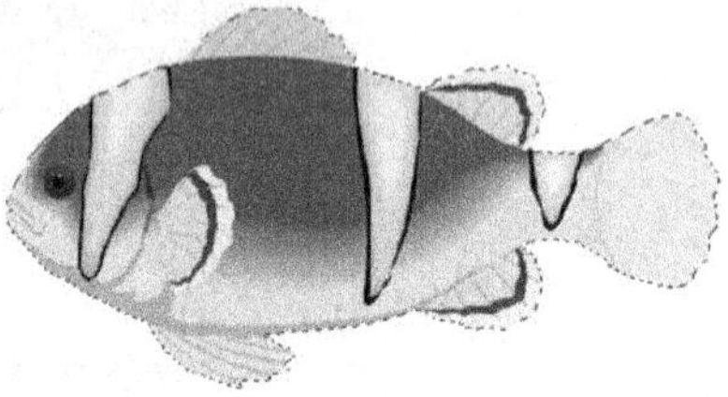

图 6-18　选择鱼对象

图 6-19　不同文件间对象移动结果

2．旋转与缩放图像

（1）旋转图像

执行“Ctrl+O”打开一个文件，单击要旋转的目标图层，执行“编辑\自由变换”命令（或按下“Ctrl+T”），如图 6-20 所示，将光标放置到定界边框边线及四角外侧，当光标变为 状态时，单击并拖动鼠标旋转对象，通过回车键确定操作。如需撤销，则按 Esc 键。

图 6-20　图像旋转示意图

（2）缩放图像

将鼠标光标放置到定界边框边线四角外侧，当光标变为 状态时，单击并拖动鼠标缩放对象，如果需要宽与高等比例缩放，可以在缩放前按住 Shift 键。

3．斜切与扭曲

（1）斜切图像

打开一个图像文件，通过“Ctrl+T”显示定边界，将光标放置在定边界外侧中心点的位置，按住“Ctrl+Shift”，光标变为 （或 ）状，单击并左右或上下移动，可以实现斜切的功能，如图 6-21、图 6-22 所示。

图 6-21　水平斜切

图 6-22　垂直斜切

（2）扭曲图像

通过 Esc 键取消斜切操作，将光标放置到定边界四角上，按下 Ctrl 键，当光标变为 状，单击并拖动鼠标可以实现扭曲效果，如图 6-23、图 6-24 所示。如果效果满意，则按回车键确定。

图 6-23　原图像

图 6-24　扭曲后的图像

6.2.6 选区工具

1. 选区的基本操作

在学习选择工具和选择命令之前，先来了解一些选取的基本操作方法，包括创建选取前需要设定的内容，以及创建选区后的基本操作。

（1）全选与反选

全选：执行“选择\全部”命令，或按下“Ctrl+A”快捷键，可以选择当前文件边界内的全部图像，如图 6-25 所示。如果需要复制整个图像，可执行该命令，再按下“Ctrl+C”快捷键复制图像。

反选：先用魔棒工具在空白区域单击，就选中了空白区域，执行“选区\反向”命令，或按下“Ctrl+ Shift+I”快捷键，可以实现反选功能，即选中球体，如图 6-26 所示。

图 6-25 全选图像

图 6-26 反选球体

（2）取消选择与从新选择

创建选区后，执行“选择\取消选择”命令，或按下“Ctrl+D”快捷键，可以取消选择。如果要恢复被取消的选区，可以再执行“选择\取消选择”命令（或按下“Ctrl+Z”组合键）。

（3）选区的运算

如果要选择的对象或区域比较复杂，一次无法全部选中，这时需要通过选区的运算来完成。Photoshop 提供了四种运算方法，如图 6-27 左图所示。其中表示新建选区，表示添加到选区，表示从选区减去，表示与选区交叉。

图 6-27 新建一个区域

新建选区：按下按钮后，新创建的选区会替换掉原有的选区。如图 6-27 所示为新创建的矩形选区。

添加到选区：按下该按钮后，可在原有选区的基础上添加新的选区，如图 6-28 所示。

从选区减去：按下按钮后，可在原有选区中减去新建选区。

与选区交叉：按下该按钮后，新建选区时只保留新建选区与原有选区相交的部分。

图 6-28　添加一个区域

（4）移动选区

创建了选区以后，可以通过按下键盘中的→、←、↑、↓键来操作。如果选区运算按钮处于按下状态，则使用选框、套索和魔棒工具时，只要把光标放在选区内，单击并拖动鼠标就可以移动选区。

（5）显示与隐藏选区

创建选区以后，执行“视图\显示\选区边缘”命令，或按下“Ctrl+H”快捷键，可以隐藏选区。但在操作时要注意，选区虽然看不见了，但它仍然存在，并限定操作的有效区域。需要重新显示选区，可以按下“Crtl+H”快捷键，恢复选区的显示。

2. 基本选择工具

Photoshop 提供了多种选择工具，包括矩形选框、椭圆选框、单行选框、和单列选框等工具用于创建规则形状的选区，另外有套索工具、多边形套索工具、磁性套索工具用于创建不规则选区。

（1）矩形选框工具

矩形选框工具用于创建矩形和正方形选区。

按下“Crtl+O”快捷键，打开一个文件。选择矩形选框工具，单击相框左上角拖动鼠标创建矩形选区。如需对矩形选框工具属性进行调整，可以通过矩形选框工具栏实现，如图 6-29 所示。按下“Ctrl+D”快捷键取消选择。

图 6-29　矩形选框工具栏

羽化：用来设置选区边缘的羽化范围。

样式：用来设置选区的创建方法。选择“正常”，通过拖动鼠标创建任意大小的选区；选择“固定比例”可在右侧的“宽度”和“高度”文本框中输入数值，创建固定比例的选区；选择“固定大小”可以在“高度”和“宽度”文本框中输入选区的高度和宽度值，则创建的选区大小是固定不变的。

调整边缘：单击该按钮，可以打开“调整边缘”对话框，对选区进行平滑、羽化等处理。

（2）椭圆选框工具

按下“Ctrl+O”快捷键，打开一个文件。选择椭圆选框工具，按住 Shift 键在画面中单击并拖动鼠标创建一个椭圆形选区（直接拖动创建的为椭圆），选中钱币（同时按住键盘方向键移动选区，使选区与钱币对齐），如图 6-30 所示。

图 6-30　使用椭圆选框工具选中钱币

椭圆选框工具与矩形选框工具的选项完全相同，只是该工具可以使用“消除锯齿”功能。

在创建圆形、多边形等不规则选区时容易产生锯齿，主要原因是像素以是正方形表现的。勾选“消除锯齿”后，Photoshop 会在选区边缘 1 个像素宽的范围内添加与周围图像相近的颜色，使选区看上去光滑。

（3）套索工具

① 打开一个卡通猫图像文件，如图 6-31 所示。

② 选择套索工具，在画面中单击并拖动鼠标绘制选区，将光标移至开始处，放开鼠标按键可以形成封闭选区。如果在拖动鼠标的过程中放开鼠标，则会在终点与起点间创建一条直线来封闭选区，如图 6-32 所示。

图 6-31　卡通猫原图

图 6-32　用封闭选区选中卡通猫

（4）利用多边形套索工具制作选区并实现图像合并

① 打开一个窗户素材文件，选择多边形套索工具，在窗口内的一个边角上单击，然后沿着边缘的转折处继续单击鼠标，定义选区范围，将光标移至起点处，单击可封闭选区，如图 6-33 所示。

② 调出图层面板，双击图层解锁工具，将背景图层转变为普通图层，单击 Delete 键删除选区图像，如图 6-34 所示。

③ 打开一个卡通猫图像文件，使用移动工具将它拖入窗户文件中，按下“Ctrl+T”快捷键执行缩放，如图 6-35 所示。

图 6-33　用套索工具选择窗户区域

图 6-34　删除选区图像

④ 在图层调板中选择图层 1（单击图层 1），拖动图层 1 将其放置到图层 0 的下方，就可以在窗口内看到一只猫，如图 6-36 所示。

图 6-35　将卡通猫移动到窗户图像中

图 6-36　调整后的结果

（5）磁性套索工具

磁性套索工具可以自动识别对象的边界。如果对象与周围图像色彩差异较大，边缘较为清晰，可以使用该工具快速选择对象

① 打开一个素材文件，如图 6-37 所示。选择磁性套索工具，在鱼的边缘单击，松开鼠标按键后，沿着鱼的轮廓边缘移动光标，Photoshop 会在光标经过处放置一定数量的锚点来连接选区，如图 6-38 所示。如果想要在某一位置放置锚点，可以在该处单击；如果锚

点的位置不准确可以按下 Delete 键将其删除，连续按下 Delete 键可以依次删除前面的锚点。按下 Esc 键可以清除所有选区。

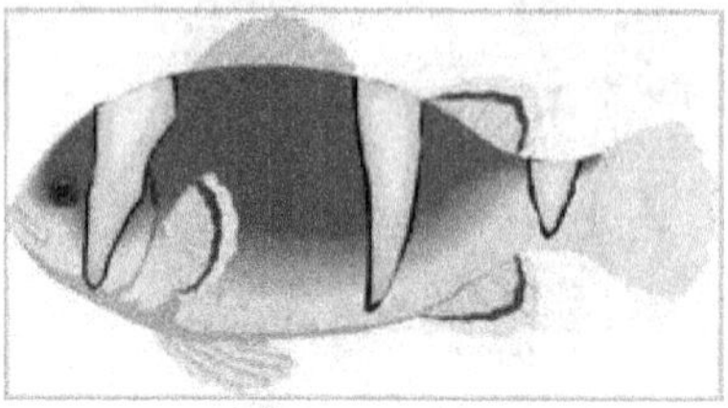
图 6-37 打开的鱼素材图像

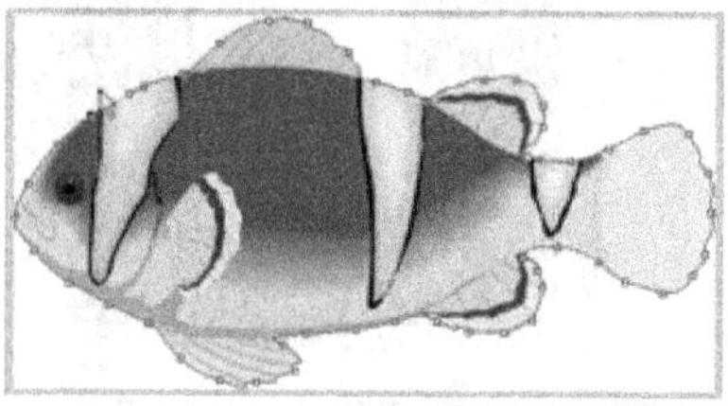
图 6-38 用磁性套索选择鱼边缘

② 磁性套索工具选项栏

磁性套索工具选项栏如图 6-39 所示。其中，“羽化”用来控制选区的羽化范围，“消除锯齿”与椭圆工具选项的功能相同。

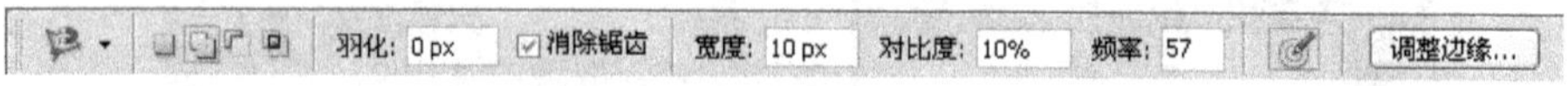

图 6-39 磁性套索工具选项栏

宽度：该值决定以光标中心为基准，其周围有多少个像素能被工具检测到，如果对象的边界清晰，则需要使用一个较大的宽度值；如果边界不是特别清晰，则需要使用一个较小的宽度值。

对比度：用来设置工具感应图像边缘的灵敏度。较高的数值只检测与它们的环境对比鲜明的边缘；较低的数值则检测低对比度的边缘。如果图像边缘清晰，可以将该值设置得高一些；如果边缘不是特别清晰，则设置得低一些。

频率：磁性套索工具创建选区的过程中会生成许多锚点，“频率”决定了锚点的数量。该值越高，生成的锚点越多，捕捉到的边界越准确，但是过多的锚点会造成选区边缘不够光滑。

钢笔压力：如果计算机配置有位数板和压感笔，可以按下该按钮，Photoshop 会根据压感笔的压力自动调整工具的检测范围，增大压力将导致边缘宽度减小。

（6）魔棒与快速选择工具

魔棒工具和快速选择工具可以快速选择色彩变化不大，且色调相近的区域。魔棒工具通过单击来创建选区，快速选择工具则需要像绘画一样绘制选区。

① 打开一个素材文件，选择魔棒工具，在工具选项栏中将“容差”设置为 90、选中“连续”，如图 6-40 所示。在四角白色背景上单击，选中背景，如图 6-41 所示。执行“选择\反向”（“Ctrl+Shift+I”）命令反转选区，选中鱼身，如图 6-42 所示。

图 6-40 魔棒工具选项栏

② 打开一个卡通儿童图像文件。选择快速选择工具，在工具选项栏中设置笔尖大小，如图 6-43 所示。在女孩头发上单击并沿身体拖动鼠标，将女孩选中，如图 6-44 所示。选

区中有多余的背景。按下左方括号键“[”减小笔尖大小至 10px，按住 Alt 键在选中的背景上单击并拖动鼠标，将其从选区中去掉，如图 6-45 所示。

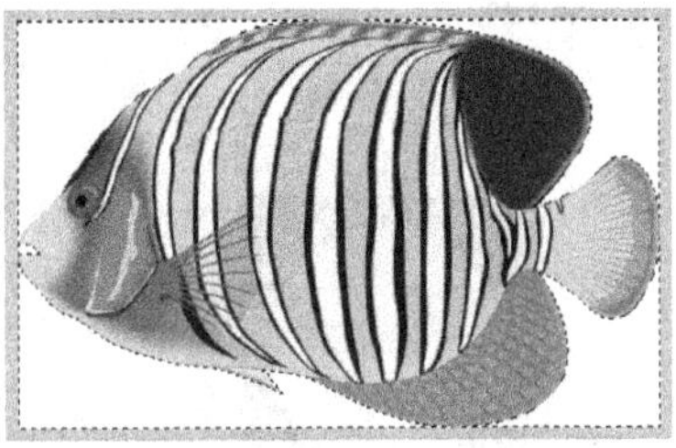

图 6-41　选中空白区域

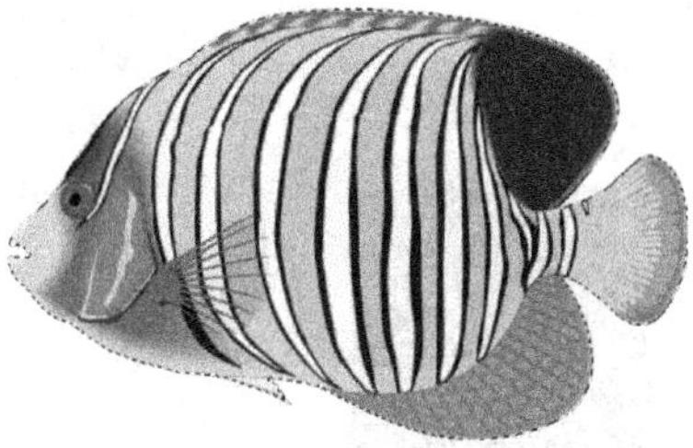

图 6-42　反选结果

图 6-43　设置笔尖大小

图 6-44 初次选择

图 6-45 细调后的结果

（7）“色彩范围”命令

“色彩范围”命令可根据图像的颜色创建选区，在这一点上与魔棒工具有着很大的相似之处，但该命令提供了更多的控制选项，因此，具有更高的选择精度。

打开一个地球图像文件，执行“选择\色彩范围”命令，打开“色彩范围”对话框，如图 6-46 所示，勾选“选择范围”，颜色容量设为 40，单击添加颜色，如图 6-47 所示。在地球上单击黑色区域，预览区域的图像中，白色代表了被选择区域，黑色代表了未选择区域，灰色代表了部分被选择区域（带有羽化效果的区域）。如果勾选“图像”，则预览区域内会显示彩色图像。

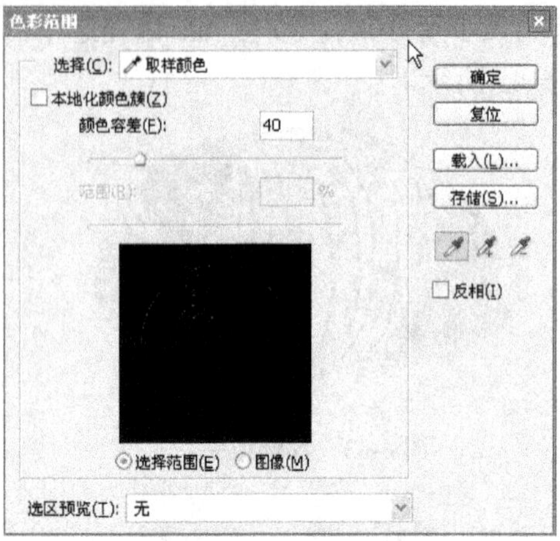

图 6-46 设置颜色容量

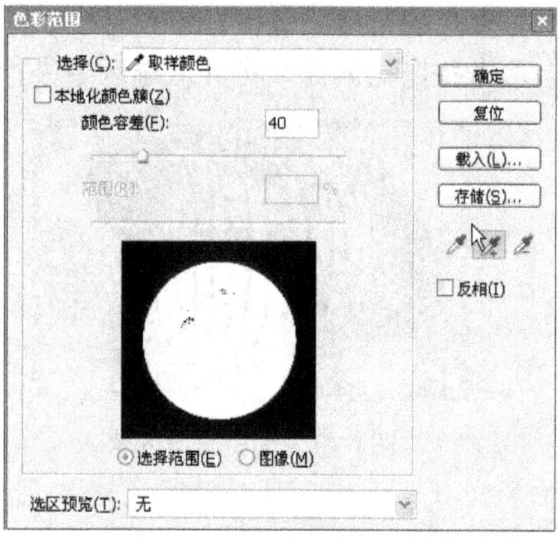

图 6-47 调整颜色容量后的结果

6.2.7 裁剪图像

“裁剪工具”是删除不需要的图像部分，以调整图像的整体构图，改变图像样式。

（1）打开一个图像文件，选择裁剪工具，拖动鼠标，在图像中创建裁剪选区，如图 6-48 所示。拖动鼠标以调整裁剪框大小，按回车键确定，如图 6-49 所示。

图 6-48 选择区域

图 6-49 裁剪后的结果

（2）如果需要设置区域大小及图像质量，可以通过裁剪工具栏来实现，如图 6-50 所示，其属性栏的参数如下：

图 6-50 裁剪工具栏属性

① 宽度和高度。可以设置被裁剪区域的宽度和高度，得到固定大小的图像。

② 分辨率。可以设置裁剪后图像的分辨率，没有对分辨率进行设置，则保持原图像分辨率大小。

③ 前面的图像。单击此按钮后，会按上一次设置的图像长宽比例进行裁剪。

④ 清除。单击此按钮后，可以删除已经在文本框中输入的“高度”和“宽度”的数值。

6.2.8　画笔工具

“画笔工具”用于制作出各种特殊的图像。在“画笔”面板中，可以对不同的画笔属性进行设置，包括画笔笔触的形状、大小以及材质等。在选择“画笔工具”后，可以在属性栏中对其属性进行设置，如图 6-51 所示。

图 6-51　设置画笔工具属性

画笔：主要包括直径、硬度和样式的设置。在“画笔”下拉列表中，用户可以根据自己的需要对画笔的大小、硬度和样式各项参数进行设置。“大小”是对画笔大小的设置；“硬度”用于控制画笔在绘图中的柔软程度，数值越大画笔越清晰；“样式”是对画笔形状进行设置。

模式：需要先设置好画笔的模式再进行绘图才会显示效果。用户可选择不同的画笔模式，创作出不同的绘图效果。

不透明度、流量：“不透明度”用于设置画面中的透明效果；“流量”用于设置图像颜料的多少，设置的数值越小，绘制的图像效果越不明显。

“铅笔工具”的使用方法与“画笔工具”相似，但使用“铅笔工具”绘制的是硬边的直线。“铅笔工具”中有一项特殊的“自动抹除”功能，在使用“铅笔工具”时，属性栏中将提供“自动抹除”复选框提供用户选择，若选中此复选框，则能够在使用铅笔绘制时将与前景色颜色相同的图像部分以背景色替换。选中工具箱中的“铅笔工具”后，可以在属性栏中对其属性进行设置，如图 6-52 所示。

图 6-52　设置铅笔工具属性

6.2.9　图像的修复和修补

修复和修补图像是将图像中有瑕疵的地方修复完整，使图像效果更自然。通常的修复和修补工具有 4 种，分别为“污点修复工具”、“修复画笔工具”、“修补工具”和“红眼工具”，各种工具都可以针对图像进行修复操作。

1. 污点修复画笔工具

“污点修复工具”可以迅速修复图像存在的瑕疵和污点。该工具会在单击处自动寻找相似颜色区域，再进行自动匹配，并能自动调节明暗度和图像。使用“污点修复工具”修复图像时不需要取样，直接对图像进行修复即可。选择工具箱中的“污点修复画笔”后，属性栏中常见的参数如图 6-53 所示。

图 6-53　污点修复画笔属性设置

画笔：设置修复画笔的直径、硬度和间距。所选画笔最好比需要修复的区域稍大一些。

模式：在其下拉菜单中可以选择多种混合模式。

类型：常见的修复类型有两种，分别为“近似匹配”和“创建纹理”，它们的作用分别是将所涂抹的区域以周围像素进行覆盖或者以其他的纹理进行覆盖。

对所有图层取样：勾选该复修框，可从所有的可见图层中提取数据；取消该复选框，则只能从被选取的图层中提取数据。

下面举例说明“污点修复画笔工具”的使用。

打开一个脸部有瑕疵的图像文件，如图 6-54 所示。图片中女孩的脸部有一些斑点，选择污点修复画笔工具清除斑点，鼠标单击污点修复画笔工具栏中画笔设置按钮，设置其笔触大小和方向等参数，如图 6-55 所示。将画笔中心对准斑点单击（在设置画笔大小时要稍大于斑点的面积），即可得到最终效果，如图 6-56 所示。

图 6-54　有斑点的原图像

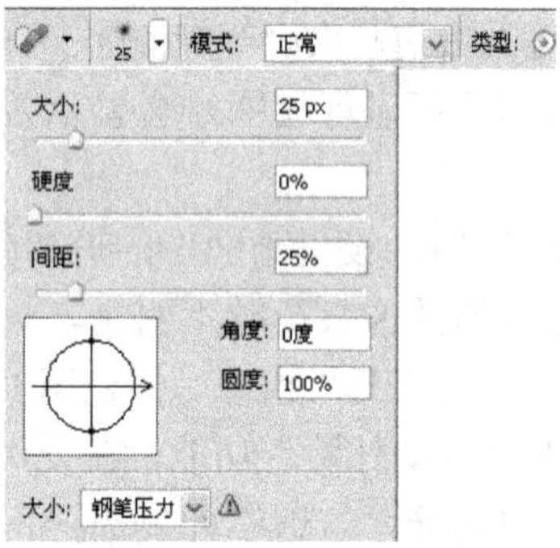

图 6-55　属性设置

图 6-56　修复后的结果

2.“修复画笔工具”

“修复画笔工具”在修饰小部分图像时会经常用到。一般用于对数码照片中的瑕疵进行校正，利用图像或图案中的样本像素对图像中需要校正的图像进行修复，从而使修复后的像素不留痕迹地融入图像中。

打开一个带鱼尾纹的图像文件。图片中的男孩脸部有几条鱼尾纹，选择“修复画笔工具”清除鱼尾纹，设置属性栏中的各项参数及模式如图 6-57 所示。按住 ALT 键，单击鼠标定义源点，然后拖动鼠标进行对鱼尾纹图像进行修复，拖动鼠标反复涂抹，即可消除鱼尾纹，效果对比如图 6-58、图 6-59 所示。

图 6-57

图 6-58　带鱼尾纹的图像

图 6-59　修复后的结果

3. 修补工具

“修补工具”可以使用其他区域或图案中的像素来修复选中区域。和“修复画笔工具”一样，“修补工具”会将取样像素的纹理、光照和阴影与源像素进行匹配，还可以使用“修补工具”来仿制图像的隔离区域。在选择“修补工具”后，其属性栏中的常见参数如图 6-60 所示。

图 6-60

修补：用于设置修复图像的源点，有两种选项可供选择，分别为“源”和“目标”。

透明：用于设置所修复图像的透明度。

使用图案：可以应用图案对所选择的区域进行修复。

下面列举“修补工具”的一个应用示例。

按下“Ctrl+O”快捷键，打开一个有两只羊的图像文件，如图 6-61 所示。选择工具箱中的“修补工具”，在工具栏中将修补设置为“目标”，在图像的草地区域单击并拖动鼠标创建选区，如图 6-62 所示。将光标放置到选区上，单击并向左侧拖动选区，用该选区替换其中的一只羊，如图 6-63 所示。按下“Ctrl+D”快捷键取消选择，效果如图 6-64 所示。

图 6-61　原图像

图 6-62　在右边选择一片草地

图 6-63　用选择的草地替换一只羊

图 6-64　最后结果

4. 红眼工具

“红眼工具”的主要作用是消除闪光灯拍摄的人物照片中红眼现象。将人物眼睛中因光线太暗而形成的“红眼”消除。选择工具箱中的“红眼工具”后，其属性栏中常见的参数如图 6-65 所示。

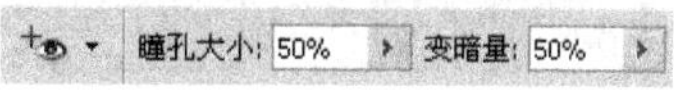

图 6-65　红眼工具属性设置

瞳孔大小：用于设置“红眼工具”作用于眼部的范围，数值越大范围越大。

变暗量：用于设置瞳孔变为黑色的程度，数值越大变为正常的效果越明显。

“红眼工具”的具体操作方法如下：

按下“Ctrl+O”快捷键，打开一个带红眼斑点的图像文件，如图 6-66 所示。选择工具箱中的“红眼工具”，将鼠标放置到红眼区域，单击鼠标即可消除红眼，如图 6-67 所示。如果不满意，可以执行“编辑\还原”命令，撤销操作，重新设置瞳孔大小与变暗量参数再次尝试。

图 6-66　带红眼斑点的图像

图 6-67　修复后的结果

6.2.10　调整图像色彩

在 Photoshop 中对图像色彩的调整命令十分丰富，可以通过“图像\调整”菜单选择，最常用的命令有“自动色调”、“自动对比度”和“自动颜色”，这些命令可以自动对图像的颜色和色调进行简单的操作。另外，经常使用到的调整图像色彩命令还有“亮度/对比度”、“曝光度”和“自然饱和度”等。

1．亮度/对比度命令

“亮度/对比度”命令可以对图像的色调范围进行调整。

打开一张照片，如图 6-68 所示，执行“图像\调整\亮度/对比度”对话框，如图 6-69 所示，向左拖动滑块可以降低亮度和对比度，如图 6-70 所示；向右拖动滑块可以增加亮度和对比度，如图 6-71 所示。

图 6-68　原图像

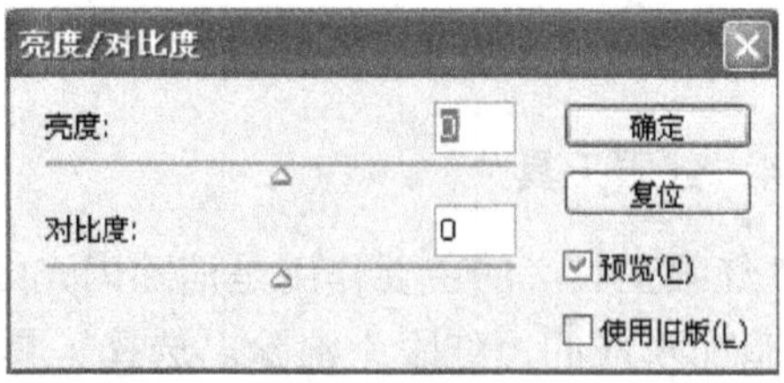

图 6-69　亮度/对比度调整

图 6-70　降低亮度和对比度

图 6-71　增加亮度和对比度

2. 曝光度命令

“曝光度”命令是专门用于对图片拍摄中曝光过量或不足形成的质量不好的图片进行调整。

（1）按下“Ctrl+O”快捷键，打开一张曝光度不足的照片，如图 6-72 所示，树和湖水由于曝光度不足而显得较暗。

图 6-72　曝光度不足的图像

（2）执行“图像\调整\曝光度”命令，打开“曝光度”对话框，如图 6-73 所示，向右拖动“曝光度”滑块，将画面调亮；向左拖动“位移”滑块，增加对比度，如图 6-74 所示。

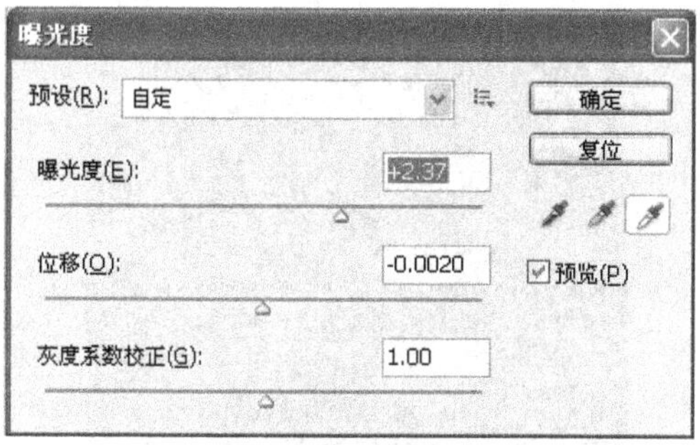

图 6-73　曝光度属性设置

图 6-74　调整后的结果

（3）介绍“曝光度”命令选项。

曝光度：调整色调范围的高光端，对极限阴影的影响很轻微。

位移：使阴影和中间色调变暗。

灰度系数校正：使用简单的函数调整图像灰度系数。

吸管工具：用黑场吸管工具在图像中单击，可以使单击点的像素变为黑色；用白场吸管工具可以使单击点的像素变为白色；用灰场吸管工具可以使单击点的像素变为中性灰色。

3．自然饱和度命令

“自然饱和度”用于调整色彩饱和度，它的特别之处是可在增加饱和度的同时防止颜色过于饱和而出现溢色，一般用于处理人像照片，可以让人物照片色彩鲜艳。

（1）按下“Ctrl+O”快捷键，打开一张照片，如图 6-75 所示。这张照片由于树荫遮到阳光，女孩的肤色不够红润，色彩有些暗。

图 6-75 原图像

（2）执行“图像\调整\自然饱和度”命令，打开“自然饱和度”对话框。对话框中有两个滑块，向左侧拖动可以降低颜色的饱和度，向右拖动可以增加饱和度。拖动“饱和度”滑块时，可以增加（减少）所有颜色的饱和度。如图 6-76 所示为增加饱和度时的效果，色彩过于鲜艳，女孩皮肤的颜色显得不自然。而拖动“自然饱和度”滑块增加饱和度时，女孩皮肤的颜色变得红润之后，仍能保持自然、真实的效果，如图 6-77 所示。

图 6-76 色彩过重

图 6-77 最后效果

6.2.11 文字工具

文字是平面图像设计中的重要工具，好的文字设计既能够起到美化图像的作用，还能起到强化主题的效果。

1. 文字工具栏

在 Photoshop 中使用文字工具输入文本时，需要选中文字工具，设置文字工具栏，如图 6-78 所示。

图 6-78 文字工具属性

2. 创建文字

（1）打开一张请柬图片，如图 6-79 所示，选择直排文字工具（或横排文字工具）；在工具栏中设置字体为隶书，大小为 30 点，锯齿方式为浓厚等属性。在图像上单击鼠标会出现一个闪烁的“I”型光标，输入文字，如图 6-80 所示；文字输入完毕后，单击工具栏中按钮或按“Ctrl+Enter”结束操作。需要在其他位置输入文字时，单击鼠标再次输入文字。文字输入完成后，图层面板中会产生文字图层，如图 6-81 所示。

图 6-79 原图片

图 6-80 添加文字

图 6-81 产生的文字图层

（2）编辑文字

以图 6-80 为例，单击直排文字工具；在图层面板中选中“陈某某”图层，在图像中选中需要编辑的文字“陈某某”，如图 6-82 所示；重新输入“王某某”；在工具栏中修改文字的字体、颜色和大小等，效果如图 6-83 所示。

（3）创建段落文字

打开一张风景图片，如图 6-84 所示，选择横排文字工具；在工具栏中设置字体、大小、颜色等属性，在图像中单击鼠标拉出一个定界框，释放鼠标，在框中有闪烁的光标，这时直接输入文本，输入结束后，单击工具栏中✓按钮或按“Ctrl+Enter”结束操作，结果如图 6-85 所示。

图 6-82 编辑文字图层

图 6-83 修改后的结果

图 6-84 原图片

图 6-85 添加段落文字

（4）创建变形文字

打开一张灯笼图片，如图 6-86 所示，选择横排文字工具 T；在工具栏中设置字体、大小、颜色等属性；在定界框输入文本，单击工具栏中 按钮或执行“图层\文字\文字变形”命令，打开“变形文字”对话框，如图 6-87 所示，设置参数，文字变形效果如图 6-88 及图 6-89 所示。最后会在图层面板中增加变形文字图层。

图 6-86 原图

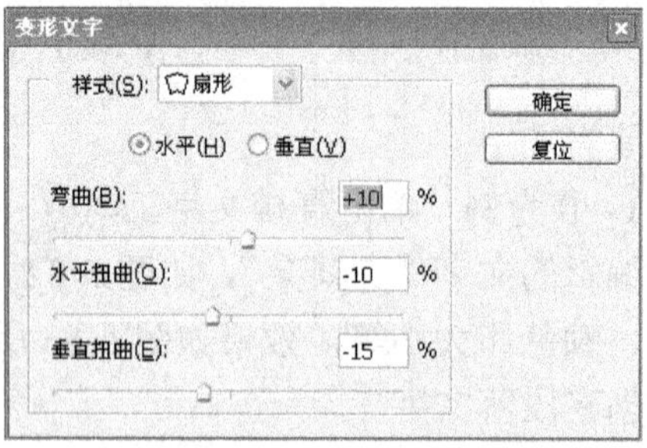

图 6-87 变形文字属性设置

图 6-88　增加变形文字

图 6-89　最后效果

6.3　图层

6.3.1　认识图层

图层是 Photoshop 创作综合性图像的核心。一般而言，平面设计作品中元素众多，没有图层对它们的管理与编辑，图像的合成是难以完成的。

1. 图层的概念

通俗地讲，将图层看做一张张独立的透明胶片，每一张胶片上都存储有图像的内容，将所有胶片按顺序叠加起来观察，便可以看到完整的图像。

2. 图层面板

在 Photoshop 中对图层的编辑、管理及调整一般通过图层面板来完成，调出图层面板可以通过选择“窗口\图层”菜单命令，即可将“图层”面板显示出来，如图 6-90 所示。

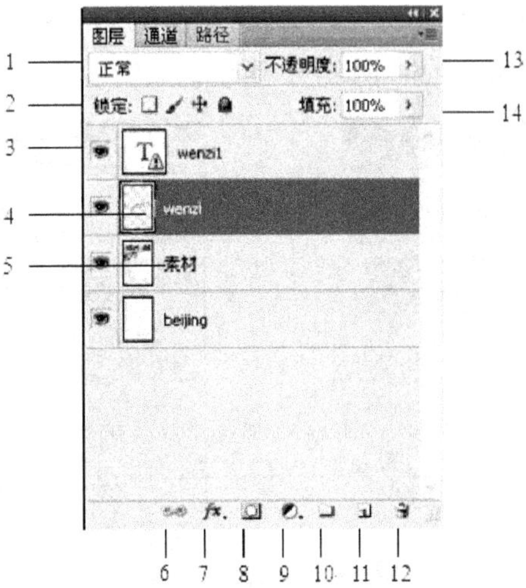

图 6-90　图层面板

（1）图层混合模式：通过下拉列表，可以选择不同的混合模式，以决定当前工作图层中的图像与其他图层混合在一起的效果。

（2）锁定：在该选项组中可以指定需要锁定的图层内容，其选项包括“锁定透明像素”、“锁定图像像素”、“锁定位置”和“锁定全部”。

（3）“眼睛”图标：用于显示或隐藏图层。当不显示该图层时，表示这一图层中的图像将被隐藏；反之，表示显示这一图层中的图像。用鼠标单击该图标，可以切换显示或隐藏图层。

（4）图层缩览图：显示当前图层图像的缩览图，通过它可以迅速辨识每一个图层。

（5）图层名称：每个图层都要定义不同的名称，以便区分。

（6）“链接图层”按钮：选中两个或两个以上图层，单击该按钮，可以创建图层链接。

（7）“添加图层样式”按钮：单击该按钮，弹出面板菜单，从中可以选择一种样式应用于当前工作图层。

（8）“添加图层蒙版”按钮：单击该按钮，可以为当前工作图层添加一个图层蒙版。

（9）“创建新的填充或调整图层”按钮：单击该按钮，弹出面板菜单，从中选择某选项可以创建一个填充图层或者调整图层。

（10）“创建新组”按钮：单击该按钮，可以创建一个新图层组。

（11）“创建新图层”按钮：单击该按钮，可以创建一个新图层。

（12）“删除图层”按钮：单击该按钮，可以删除当前工作图层。

（13）不透明度：用于设置图层的总体不透明程度。

（14）填充：与“不透明度 ”选项相似，都是用于设置图层的不透明度。

6.3.2 图层基本操作

1. 创建图层

Photoshop 中创建图层的方法有很多种，下面介绍常用按钮新建图层的方法，其具体操作如下。

单击图层面板底部的“创建新图层”按钮新建图层，Photoshop 自动命名为“图层 1”，位于“背景”图层上方，如图 6-91、图 6-92 所示。

图 6-91　背景图层

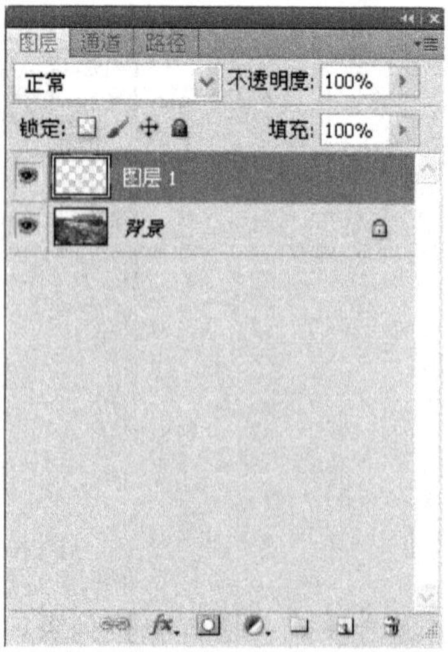

图 6-92　创建了一个新图层

2. 复制图层

复制图层是将现有图层进行复制的一种方法，将某个图层复制后，该图层的图像也将同时被复制。单击要复制的图层，将其拖拽至“创建新图层”按钮上，即可完成对图层的复制，如图 6-93、图 6-94 所示。

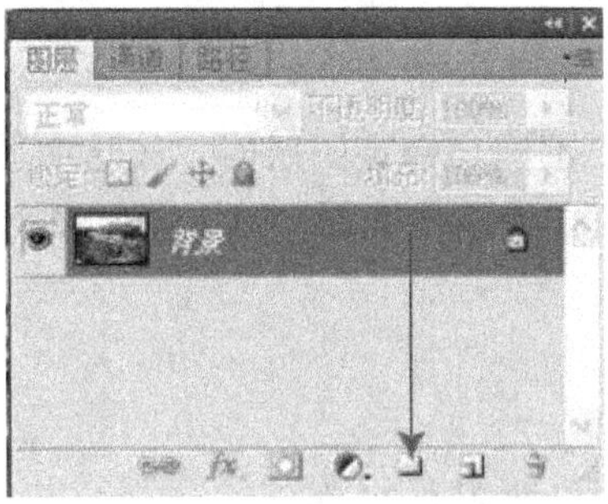

图 6-93　拖动复制图层

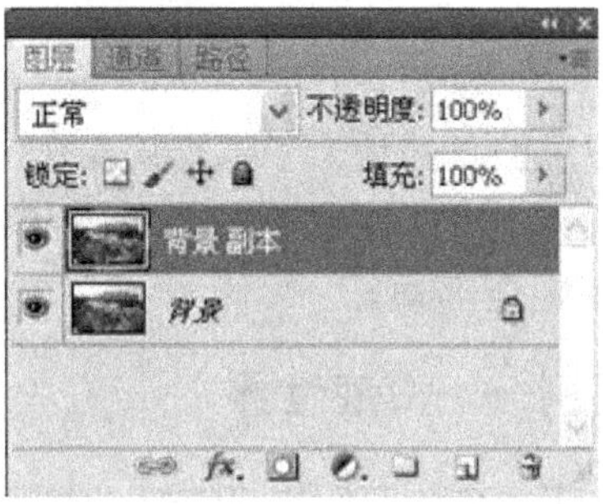

图 6-94　复制成功

3. 移动图层

在 Photoshop 中图层按照一定的顺序堆叠起来，通过面板还可以直接选择并移动图层。移动图层的具体操作如下：

单击选中需要移动的图层，拖动图层到移动的目标位置，释放鼠标即可将所选图层移动到目标位置；或者通过快捷键移动图层，按“Ctrl+[”快捷键向下移动一层，按“Ctrl+]”快捷键向上移动一层，按“Ctrl+Shift+]”快捷键移动至顶层，按“Ctrl+Shift+[”快捷键移动至最底层。

4. 删除图层

在图像处理中，需要删除图层时，可以通过以下具体操作：

单击要删除的图层，拖动图层到“删除图层”按钮上，释放鼠标即可；也可以通过菜单命令实现，执行“图层\删除\图层”。

5. 重命名图层

重命名图层是图层管理的有效办法，重命名图层的具体操作如下：

双击要重命名的图层名称，输入图层的新名称，并按回车键确定，如图 6-95 所示。

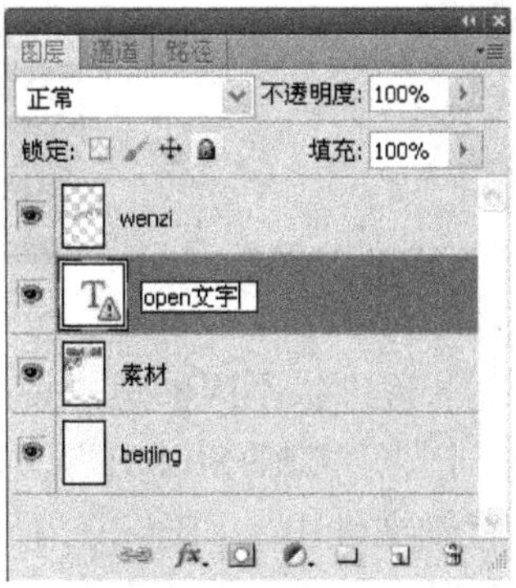

图 6-95　重命名图层

6．隐藏与显示图层

在图像编辑时，经常需要将某些图层中的图像隐藏起来，可单击“图层”面板中图层前的“眼睛”图标，该图层中的所有对象在图像编辑窗口中将不可见。如果要再次显示该图层内容，只需要单击“眼睛”图标，则该图标中的内容将在窗口中显示出来。

7．锁定图层

锁定图层的目的是为了防止误操作。根据需要不同，锁定图层时，先选中图层，单击锁定图层的锁定方式按钮 锁定: ，包括锁定透明像素、锁定图像像素、锁定位置、锁定全部。

6.3.3 案例——海底世界

（1）按下“Ctrl+O”快捷键打开海底背景图片，如图 6-96 所示。

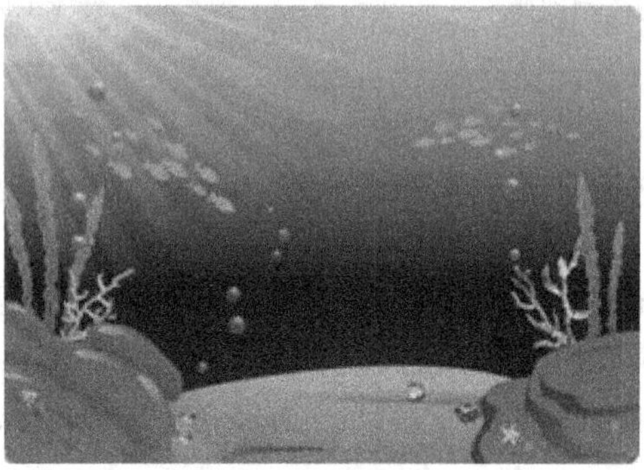

图 6-96 背景图片

（2）打开一张素材图片，其中有一条鱼，使用磁性套索工具，选取整条鱼，如图 6-97 所示。选择移动工具，将选区拖入海底背景文件中，如图 6-98 所示。按下“Ctrl+T”快捷键自由变形工具缩小选区，调整方向及位置，如图 6-99 所示。将新的图层命名为“黄鱼”，如图 6-100 所示。

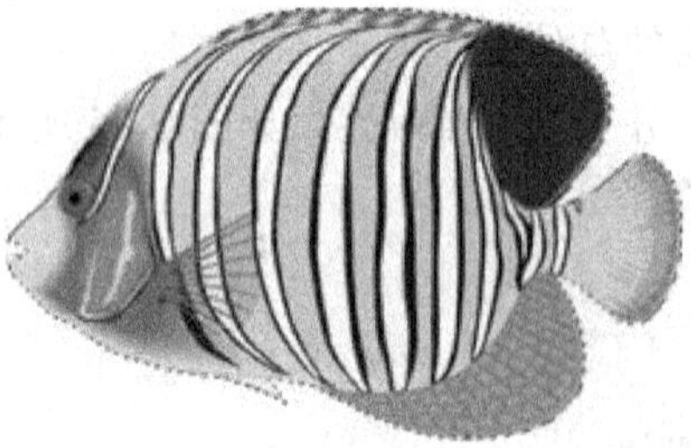

图 6-97 选取整条鱼

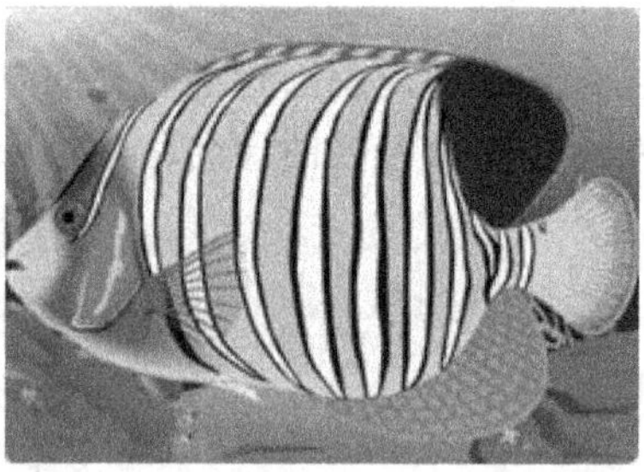

图 6-98 将鱼对象移动到背景图片

（3）打开一张素材图片，包含一条形状不同的鱼，使用魔法棒工具，选区运算单击相加选区按钮，选取白色背景，按下“Ctrl+Shift+I”快捷键反选，选中鱼，如图-101 所示。按下 Ctrl 键将选区拖入海底背景文件中，如图-102 所示。按下“Ctrl+T”快捷键自由变形工具缩小选区，调整方向及位置，如图 6-103 所示。将新的图层命名为“蓝鱼”快捷键，如图 6-104 所示。

图 6-99　将鱼对象自由变形

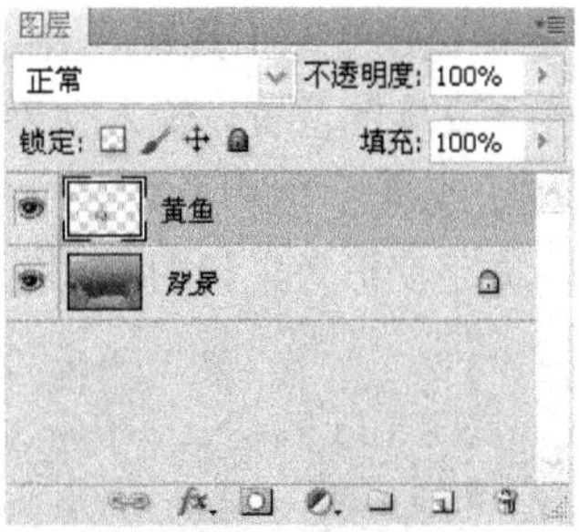

图 6-100　命名图层

图 6-101　选取整条鱼

图 6-102　将鱼对象移动到背景图片

图 6-103　将鱼对象自由变形

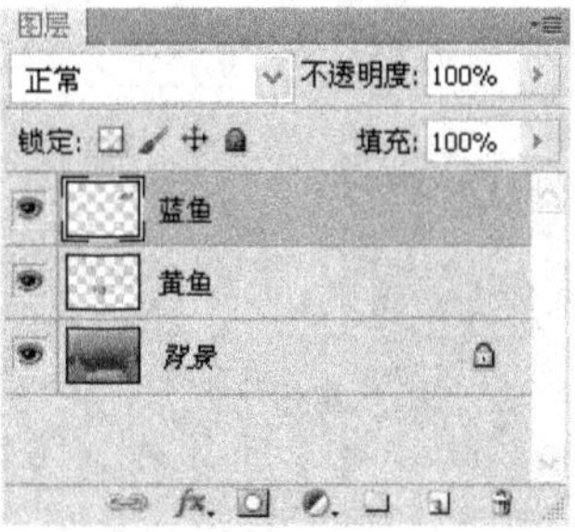

图 6-104　命名图层

（4）打开一张有贝壳的图像文件，使用快速选择工具，选区运算单击添加到新选取按钮，选取背景，按下“Ctrl+Shift+I”快捷键反选，选中贝壳，按下 Ctrl 键将选区拖入海底背景文件中，如图 6-105 所示。按下“Ctrl+T”快捷键自由变形工具缩小选区，调整方向及位置，将新图层命名为“贝壳”，如图 6-106 所示。按下“Ctrl+J”快捷键复制“贝壳”图层，选择移动工具，调整其位置、大小与旋转角度等。

图 6-105　添加贝壳后的结果

图 6-106　最后的图层

（5）选择直排文字工具IT，在工具栏中设置字体为幼圆、大小为 72 点、颜色等属性；单击鼠标在输入文字的位置，输入文字“海底世界”，如图 6-107 所示；文字输入完毕后，单击工具栏中按钮或执行“图层\文字\文字变形”命令，打开“变形文字”对话框，如图 6-108 所示设置参数，文字变形效果如图 6-109 所示，在图层面板中增加变形文字图层，如图 6-110 所示。

图 6-107 添加文字

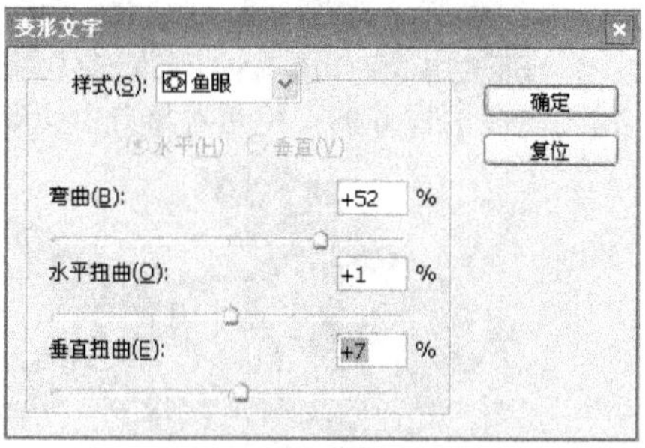

图 6-108 设置变形文字

图 6-109 最后结果

图 6-110 添加文字图层

（6）按下“Ctrl+S”快捷键或执行“文件\存储为”命令保存文件，打开“存储为”对话框，设置存储地址、文件名称以及文件格式等，单击“保存”按钮，存储文件。

6.4 滤镜

滤镜是 Photoshop 中最精彩的部分，主要实现图像的特殊效果，从而创作出富有创意的作品。在 Photoshop CS5 中提供了 100 多种滤镜，这些滤镜分为内置滤镜和外挂滤镜两大类，内置滤镜是 Photoshop 自身提供的各种滤镜，外挂滤镜则是由其他厂商开发的滤镜，他们需要安装在 Photoshop 中才能使用。Photoshop 的所有滤镜都在“滤镜”菜单中，本节介绍几种使用频率较高的滤镜。

6.4.1 风格化滤镜组

风格化滤镜组主要通过提高像素的对比度，并将像素凸显处理，以加强边缘轮廓，实现强烈的凹凸或边缘效果，使图像具有油画风格。

1. 查找边缘

“查找边缘”滤镜将自动查找图像中对比度变化较大的边缘，对高反差区变亮处理，低反差区变暗处理，已形成清晰的轮廓线条。

打开一张人物图片，如图 6-111 所示。执行“滤镜\风格化\查找边缘”命令，效果如图 6-112 所示。

图 6-111 原图片

图 6-112 边缘提取图

2. 浮雕效果

“浮雕效果”滤镜可通过勾画图像或选区的轮廓和降低周围色值来生成凸起或凹陷的浮雕效果。执行“滤镜\风格化\浮雕”命令，设置浮雕对话框参数如图 6-113 所示，执行效果如图 6-114 所示。

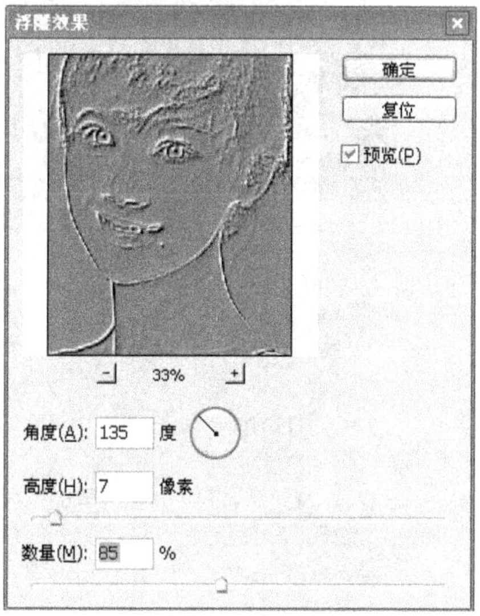

图 6-113 设置浮雕参数

图 6-114 浮雕效果

3. 拼贴

拼贴滤镜可根据设置好的数值分割图像，并使其偏离原位，产生不规则的拼图效果。

执行“滤镜\风格化\拼贴”命令，设置拼贴对话框参数如图 6-115 所示，执行效果如图 6-116 所示。

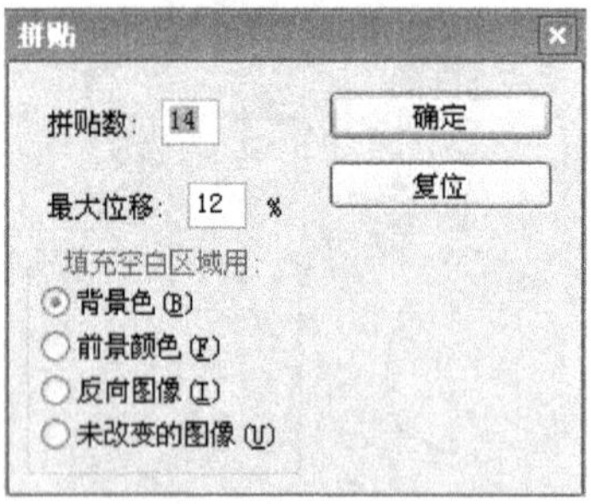

图 6-115　设置拼贴参数

图 6-116　拼贴效果

4．凸出效果

“凸出”滤镜可以将图像分成一系列大小相同且有机重叠放置的立方体或椎体，产生特殊的 3D 效果，执行“滤镜\风格化\“凸出”命令，设置凸出对话框参数如图 6-117 所示，执行效果如图 6-118 所示。

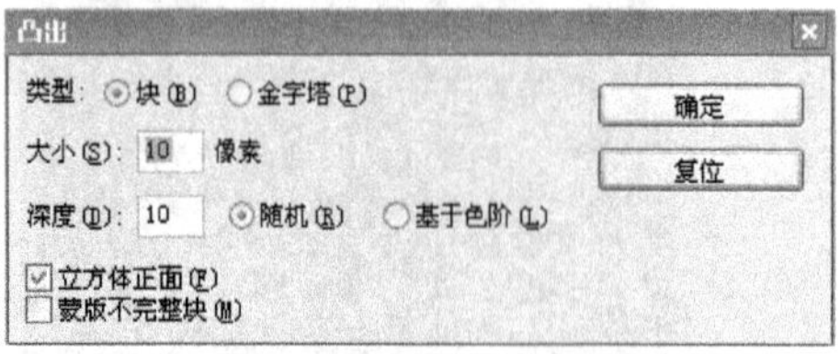

图 6-117　设置凸出参数

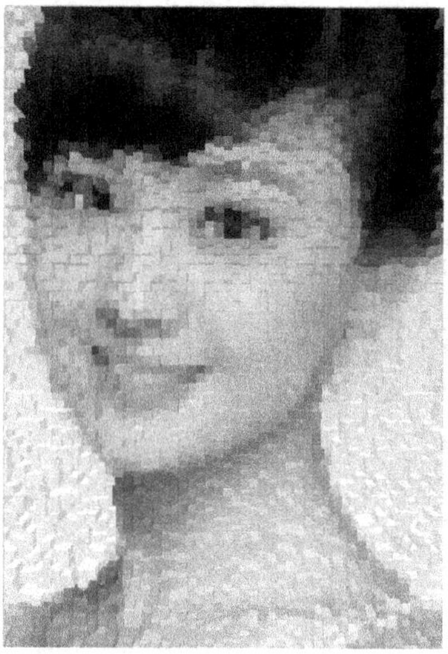

图 6-118　凸出效果

6.4.2　画笔描边滤镜组

画笔描边滤镜组主要实现不同风格的油墨绘画和画笔勾画效果。

1. 喷溅

“喷溅”滤镜能够模拟喷枪绘画效果，使图像产生笔墨喷溅的艺术效果。

打开一张素材图片，如图 6-119 所示。执行“滤镜\画笔描边\喷溅”命令，在喷溅对话框中设置参数，喷色半径为 10，平滑度为 5，可改变参数，体会不同的效果，效果如 6-120 所示。

图 6-119　原图像

图 6-120　喷溅效果

2. 墨水轮廓

“墨水轮廓”滤镜实现钢笔画风格，用纤细的线条在原图细节中重新绘画。

打开一张素材图片，如图 6-121 所示。执行“滤镜\画笔描边\墨水轮廓”命令，设置墨水轮廓对话框参数，其中“描边长度”设为 3，“深色强度”设为 20，“光照强度”设为 20，执行效果如图 6-122 所示。

图 6-121　原图像

图 6-122　墨水轮廓滤镜效果

3. 烟灰墨

“烟灰墨”滤镜主要模拟实现日本画的绘画风格。主要特点是使用非常黑的油墨在图像中创建模糊边缘，用纤细的线条在原图细节中重新绘画，使得图像类似用蘸满油墨的画笔在宣纸上绘画而成。

打开一张素材图片，如图 6-123 所示。执行“滤镜\画笔描边\烟灰墨”命令，设置烟灰墨对话框参数，其中“描边宽度”为 10，“描边压力”为 2，“对比度”为 12，执行后的效果如图 6-124 所示。

图 6-123 原图像

图 6-124 烟灰墨滤镜后的效果

6.4.3 模糊滤镜组

模糊滤镜组中总共包括 11 种滤镜，主要功能是削弱相邻像素间的对比度，使得图像产生模糊的效果，下面以表面模糊和径向模糊为例说明模糊滤镜组的用法。

1. 表面模糊

“表面模糊”滤镜主要功能是创建特殊效果并消除杂色或颗粒，尤其在人像照片中进行磨皮处理时效果好。

打开一张带噪声的人物素材图像，如图 6-125 所示。执行“滤镜\模糊\表面模糊”命令，主要设置半径和阈值两个参数，可以滑动滑块调节参数值，注意观察图像的变化，半径值调整到刚好消除斑点时为止，阈值不可调得太高，否则会影响整幅图像的清晰度。效果如图 6-126 所示。

图 6-125 原图像

图 6-126 表面模糊后的效果

2．径向模糊

“径向模糊”滤镜可以模拟缩放或旋转相机所产生的模糊效果。

打开一张素材图片，如图 6-127 所示。执行“滤镜\模糊\径向模糊”命令，设置径向模糊对话框参数，其中“数量”设置为 29，模糊方法选“缩放”，效果如 6-128 所示。

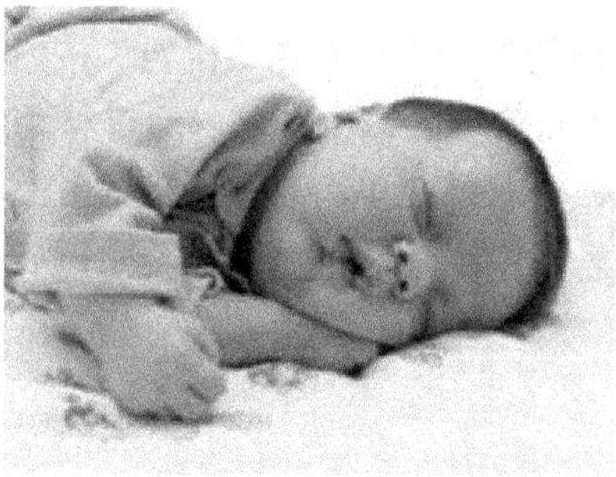

图 6-127　原图像

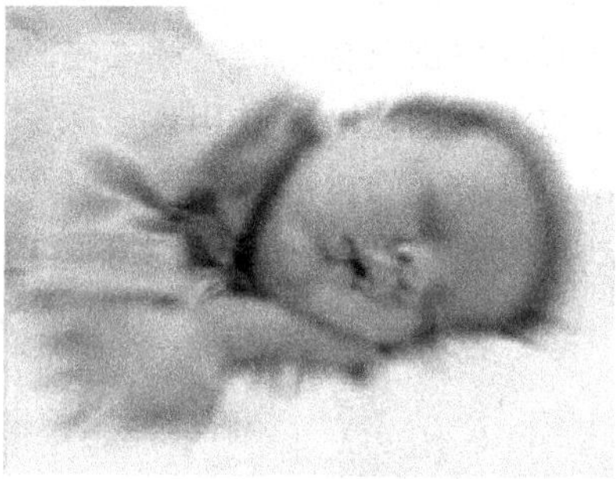

图 6-128　径向模糊后的效果

6.5　制作 PPT 模板背景图片

微软的 PowerPoint 软件提供了大量的 PPT 模板，但要设计出具有个性化的 PPT 课件，就需要自己创建 PPT 模板，为此，首先要准备一张 PPT 背景图片。本节用前面所介绍的相关知识来制作一张自己喜爱的图片，可以把它作为 PPT 的模板图片。

1．新建文件

在 Photoshop 中新建一个文件，设置宽度和高度，如图 6-129 所示。

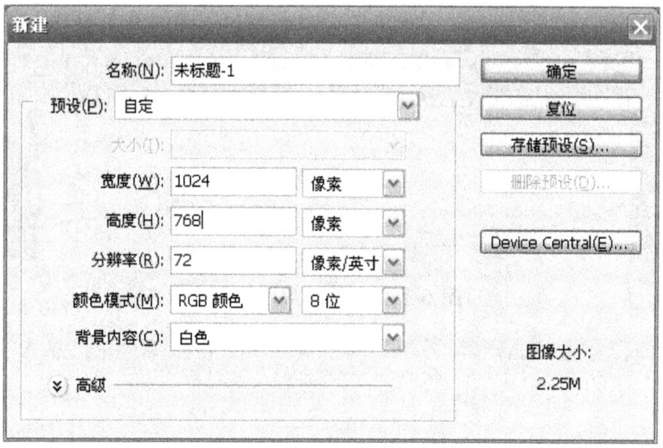

图 6-129　创建新文件对话框

2．使用钢笔工具绘制路径并建立选区

单击工具栏上的钢笔工具，在工作区的左上方空白处合适位置单击鼠标左键，生成第一个锚点，在工作区（白色区域）宽度约 2/5 处单击鼠标左键，注意该处应该比第一个锚点要低，按住鼠标左键不放，往右上方移动到合适位置再松开鼠标，这样会再增加两个锚点，如图 6-130 所示。

在工作区的右边合适位置处单击鼠标左键，会再增加一个锚点，如图 6-131 所示。

在外围依次单击鼠标左键增加锚点，会自动以直线连接，最后在第一个锚点处单击鼠标左键，形成封闭区域，如图 6-132 所示。

在选区内单击鼠标右键，选“建立选区”，在弹出的对话框中单击“确定”按钮，就建立了一个波浪形的选区，并出现一条蚂蚁线，如果建立的选区太大，可以通过移动蚂蚁线使之变小，单击工具栏上的“移动工具”，把鼠标放在蚂蚁线上单击一下，然后用上箭头键往上移动，直到合适为止，如图 6-133 所示。

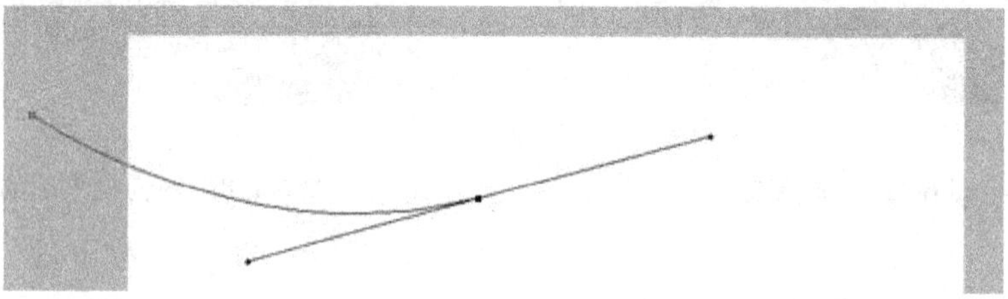

图 6-130　增加两个锚点

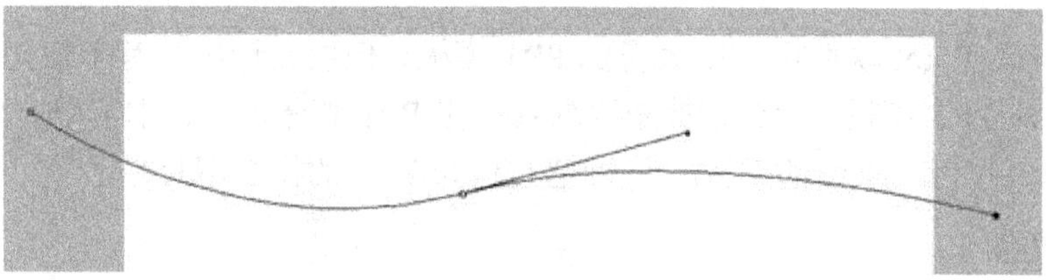

图 6-131　在右侧增加一个锚点

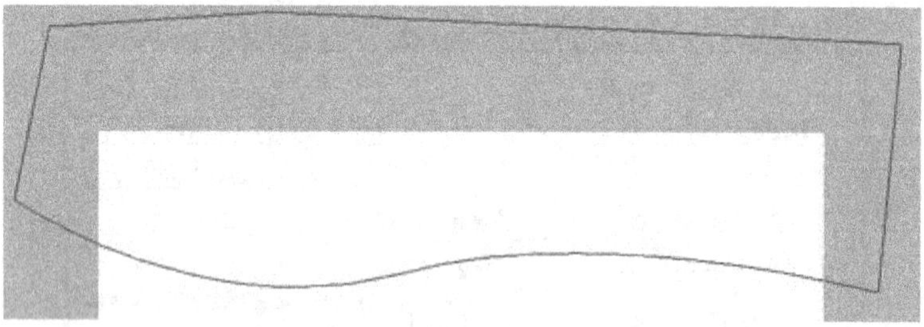

图 6-132　形成封闭区域

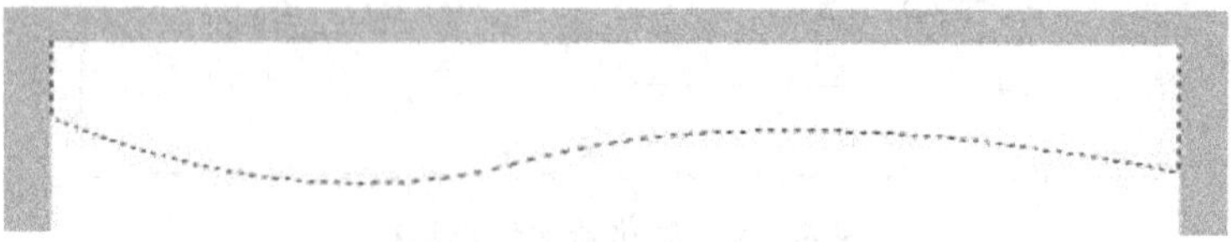

图 6-133　选区建立完成

3. 为选区填充渐变色

（1）新建一个图层（执行“图层\新建\图层”命令）。

（2）修改图像颜色模式，依次单击菜单“图像\模式\RGB 颜色”，使之成为彩色模式。单击工具面板上的“渐变”工具，再单击左上角的渐变属性，会弹出渐变编辑器，如图 6-134 所示，单击颜色滑块，再单击底部的“颜色”，弹出颜色选择对话框，如图 6-135 所示，选择好颜色后，单两次“确定”按钮，更改渐变的颜色。

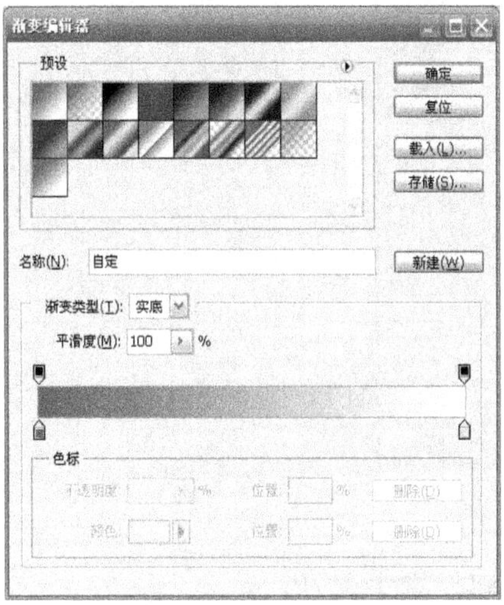

图 6-134　设置渐变属性

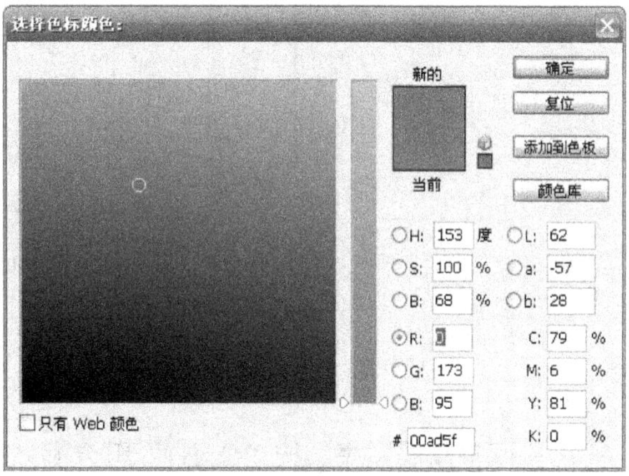

图 6-135　选择颜色

（3）选择好渐变色之后，在刚才建好的选区内从左向右拖动，就实现了渐变效果，如图 6-136 所示。

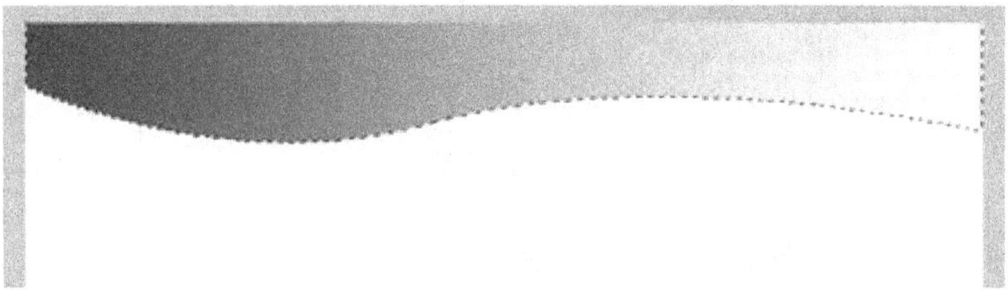
图 6-136　产生的渐变效果

4．创建阴影效果

（1）按“Ctrl+D”组合键取消选择，执行菜单“图层\复制图层”命令复制一个图层，单击工具栏上的“移动工具”，按住 Shift 键和下箭头键往下拖动新复制的图层，如图 6-137 所示。

图 6-137　移动图层

（2）按“Ctrl+M”组合键，打开曲线工具，向上调整曲线，改变图层的亮度，如图 6-138 所示。

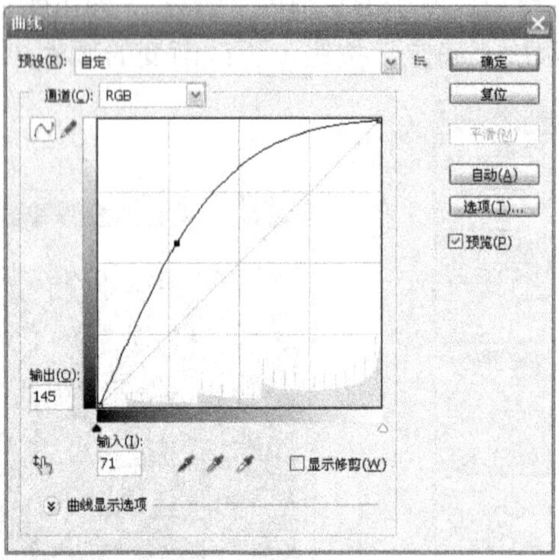

图 6-138　调整亮度曲线

（3）调整图层顺序。按“Ctrl+[”组合键，把“图层 1”置于上方。

（4）单击工具栏上的“移动工具”，按住 Shift 键和上箭头键往上拖动图层，露出下边缘，产生阴影的效果，如图 6-139 所示。至此，图片的头部就做好了。

图 6-139　形成阴影的效果

5. 在底部增加一个淡色的小图片作为衬托

（1）打开一张飘带素材图片，将图像的宽度调整为 1024，如图 6-140 所示。

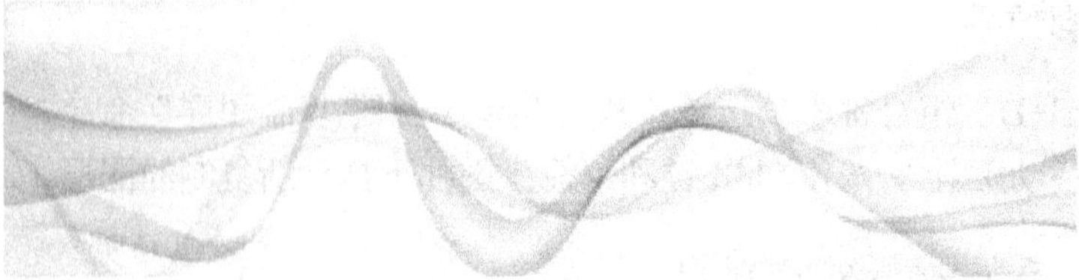

图 6-140　飘带素材图片

（2）单击工具栏上的“矩形选框工具”，在图片上选择一个矩形区域（宽度全选，高度约一半），执行菜单“选择\修改\羽化”命令，羽化半径自己设定，半径越大，羽化效果越明显，执行“选择\反向”命令进行反选，执行“编辑\清除”命令，最后按“Ctrl+D”组合键，羽化就完成了。如图 6-141 所示。羽化以后图片的上半部分是白色，与刚才制作的图片可以自然地组合在一起。

图 6-141 羽化后的结果

（3）将鼠标放在素材图片的标题处拖动文件，露出刚才制作的图片，单击工具栏上的“移动工具”，把素材图片拖动到原图像内，并调整到合适的位置，如图 6-142 所示。

图 6-142 与原图像合成

（4）添加标题。可以在图像上添加自定义的标题。这时会产生文字图层，按“CTrl+]”组合键将文字图层移到顶层，否则可能会被上面的图层挡住，最后效果如图 6-143 所示。

图 6-143 最后的效果

先将文件保存为 PSD 格式，以备今后继续修改利用。再执行“文件\存储为”命令，在对话框中选择 JPG 格式，保存一份 JPG 格式的文件。至此，就做好了 PPT 模板的背景图片，可以在 PPT 中把它作为自己的 PPT 模板了。

练习

1．打开“操作题>雀斑.jpg”，使用 Photoshop 工具箱中的工具将脸部斑点去除。（修复画笔工具，修补工具。）

2．打开“操作题>古树园.jpg”；调整图像的大小，宽度设置为 600 像素、高度设置为 500 像素（取消“约束比率”后再设置大小）；在画面适当的位置利用文字工具输入文字“古树园”，文字大小为 20，消除锯齿为“无”，合并图层 ；将文件以“古树园文本.jpg”保存。

3．打开“操作题>小白鼠.jpg”；使用 Photoshop 工具箱中 “裁切工具”切除小白鼠的长尾巴，效果如图 6-144 所示；以“小白鼠（裁切）.jpg”保存该文件。

图 6-144

4．打开“操作题>艾菲尔塔.jpg”；利用裁切工具，裁剪掉图像下面的长椅；添加“滤镜>艺术效果>胶片颗粒”效果，参数使用默认值；将文件以“艾菲尔塔水彩效果.jpg”保存。

5．打开“操作题>相框.jpg 及结婚照.jpg”；制作效果如图 6-145 所示的相框。

图 6-145

6. 为 201*年元旦制作一张贺卡。要求：图像高为 400 像素，宽为 200 像素；要有“201*”“元旦”标识；要有祝福语；文本一律美化；要有美化的背景；可以利用网上的图片素材对贺卡进行局部修饰和美化；图像右下角输入文本“***制作”。

第7章　音 频 处 理

7.1　音频处理概述

音频（Audio）是指频率在 20Hz～20kHz 范围内的可听声音，是多媒体信息中的一种媒体类型——听觉类媒体。目前多媒体计算机中的音频主要有波形音频、CD 音频和 MIDI 音乐三种形式。常见的音频文件格式有：WAV、MP3、WMA、VOC、AU、AVI、SDS 、APE 等。音频素材能有效地扩大教学信息的传播范围，打破时空上的界限。在教学中合理应用音频素材，有利于创设个性化的教学情境，激发学习者的学习兴趣。

计算机只能处理数字化的音频信号。如果是模拟的声音信号须经过采样、量化、编码来产生数字音频。数字音频的质量由采样频率、量化位数和声道数 3 个参数决定。采样频率是指单位时间内的采样次数，用赫兹（Hz）来表示。采样频率决定了频率响应范围，在计算机多媒体音频处理中，标准的采样频率为：语音效果的采样频率为 11.025kHz，音乐效果为 22.05kHz，高保真效果为 44.1kHz。量化位数指模拟量转换成数字量之后的数据位数。量化位数越多，声音的质量越高。量化位数决定了音乐的动态范围。量化位数有 8 位和 16 位两种。8 位声卡的声音从最低音到最高音只有 256 个级别，16 位声卡有 65536 个高低音级别。声道个数是指记录声音时，如果每次生成一个声波的数据，称为单声道；每次生成二个声波数据，称为双声道，即立体声；每次生成二个以上声波数据，称为多声道，即环绕立体声。

音频处理主要实现对数字音频的格式转换、录音采集、剪辑、声音的合并以及声音的放大、缩减、降噪、淡入淡出等特殊效果的处理等功能。

常用的音频编辑软件有 Adobe Audition、WaveCN、GoldWave、Sound Forge、Samplitude、Vegas Audio、Nuendo、T-RackS 等。本章讲解 GoldWave 在音频处理中的录音采集、剪辑、合并等基本操作。

7.2　GoldWave 简介

GoldWave 是一个功能强大的数字音乐编辑器，它可以对音乐进行播放、录制、编辑及转换格式等处理。它提供完整的音频编辑功能，除了基本的剪辑命令和音效外，它还提供丰富的内置音频处理工具，如回声、混响、降噪、批处理/转换、音频提取、音频修复过滤器等高级功能。GoldWave 支持的声音格式有 WAV、OGG、VOC、IFF、AIF、AFC、AU、SND、MP3、MAT、DWD、SMP、VOX、SDS、AVI、MOV、APE 等。

GoldWave 的特性：提供了全新的音频播放方式，能改变播放速度及查看实时的视觉效果；用户界面直观、可定制，操作简便；提供多文档界面，可以同时打开多个文件，简化不同声音文件间的操作；能根据声音文件时长，自动选择在硬盘或内存中编辑；提供多种特殊声音效果，如倒转、回声、摇动、边缘（Flange）、动态和时间限制、增益、扭曲等；精密的过滤器能修复声音文件；批转换命令可以把一组声音文件转换为不同的格式和类型；支持多种音频文件格式的转换；表达式求值程序可以生成任意声音。

1993 年 4 月 GoldWave1.0 版本发布。到现在，GoldWave 一直在不断地改善。本章中使用的软件版本是 GoldWave 5.67。

运行 GoldWave 5.67，其主界面如图 7-1 所示。

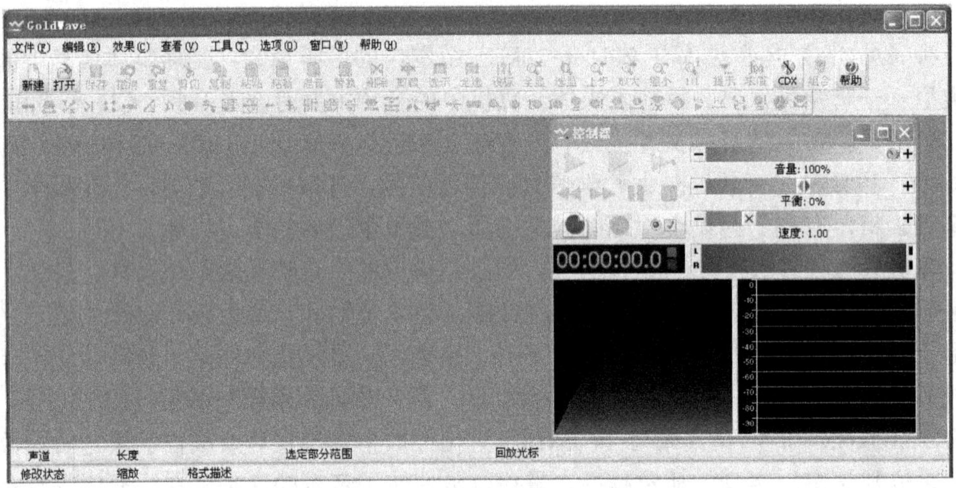

图 7-1　GoldWave 5.67 主界面

在默认状态下，控制器窗口和菜单栏、工具栏等是分离的，可以单击控制器的“关闭”，即可将控制器和菜单栏等合在一起，如图 7-2 所示。

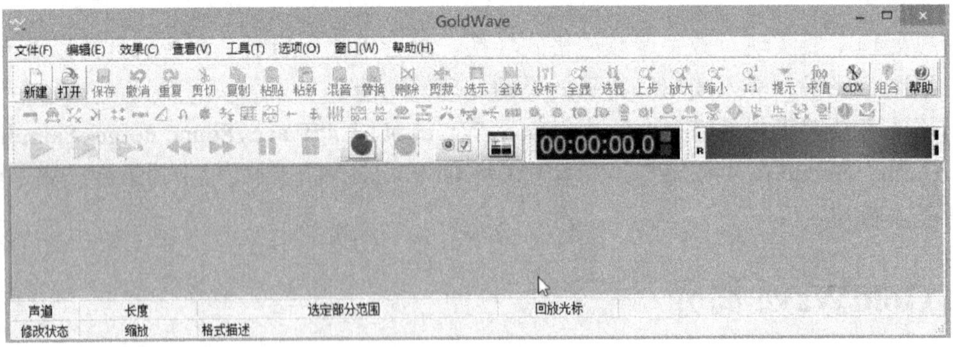

图 7-2　关闭控制器

7.3　GoldWave 的基本操作

本章结合案例配乐诗朗诵“水调歌头”，讲解如何使用 GoldWave 5.67 制作编辑音频文件。案例分为三部分：录制“水调歌头”的朗诵声，对背景音乐“明月几时有”的编辑及声音的合成。第一部分涉及声音的录制、音频的选择、音频的删除和降噪。第二部分涉及音频的剪裁、淡入淡出。第三部分涉及音频的合成、音量的调节。学习者掌握了这些基本操作之后，就能够利用 GoldWave 进行其他的操作，制作出自己所需的音频文件。

7.3.1 音频的录制

首先需使用 GoldWave 新建一个声音文件。单击菜单“文件\新建”，弹出“新建声音”的对话框。将“声道数”设置为单声道，“初始化长度”设置为 5 分钟，其他项都用默认值，单击“确定”按钮，如图 7-3 所示。

接下来单击控制器窗口上的“创建一个声音文件并开始录音”按钮。弹出设置“持续时间”的对话框，将“录音持续时间”设置为 5 分钟，单击“确定”按钮，如图 7-4 所示。此时正式处于录音状态，即可开始朗读苏轼的《水调歌头》”，“录入声音”按钮，如图 7-5 所示。朗诵完毕之后单击“停止录音”按钮即可。保存声音文件，命名为“水调歌头苏轼”，保存为“.wav”格式。

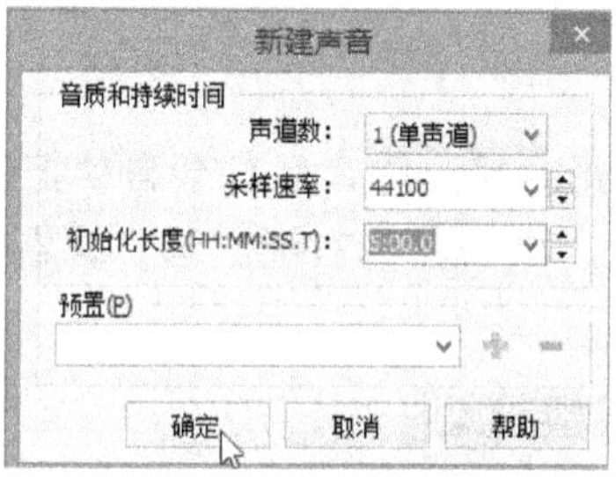

图 7-3 新建声音

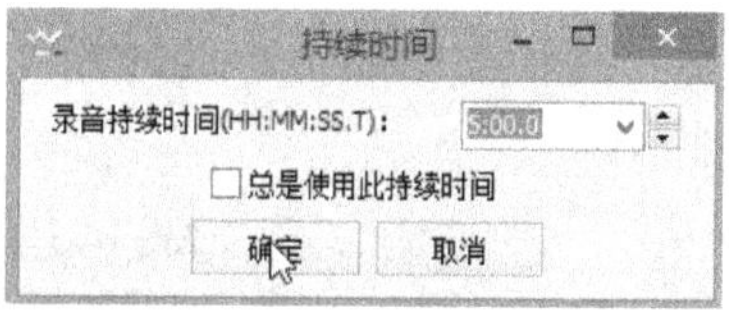

图 7-4 持续时间

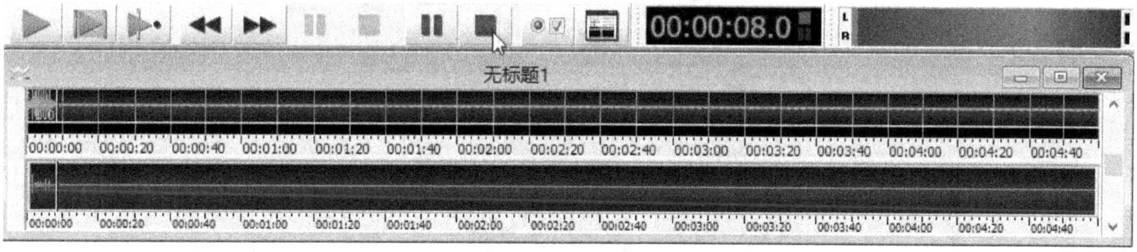

图 7-5 声音的录制状态

7.3.2 音频的选择

在 GoldWave 中，对音频的处理都是针对被选波形。在处理波形之前，要先选中需要处理的波形。为便于选择波形，可通过鼠标的滚动滑轮来改变波形的显示比例。选择波形的方法有两种：一是将鼠标放在音频的被选波形上，单击鼠标右键，通过“设置开始标记”和“设置结束标记”命令来完成波形的选择；另一种是按住鼠标左键出现矩形框来拖动选择波形。选中的波形以较亮的颜色并配以蓝色底色显示，未选中的波形以较淡的颜色并配以黑色底色显示。选择好波形段后即可对被选波形段进行各种处理。

在 GoldWave 中打开刚才录制好的声音文件“水调歌头苏轼.wav”，并使用上述技巧选中需要处理的部分。本案例需要先删除录制过程中朗读错误的地方和朗读完毕时多余的部分，如图 7-6 和图 7-7 所示。

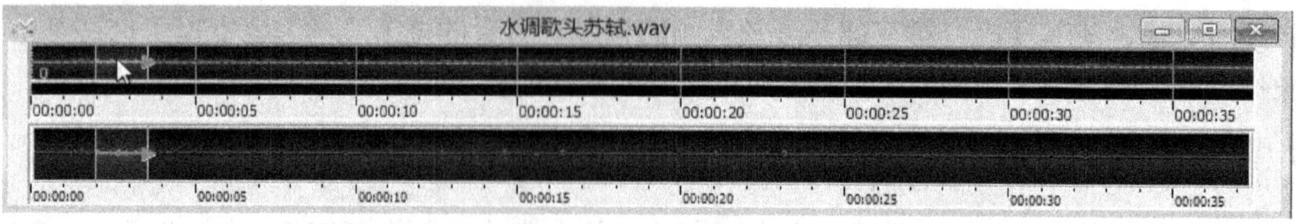

图 7-6 选中朗读错误的部分

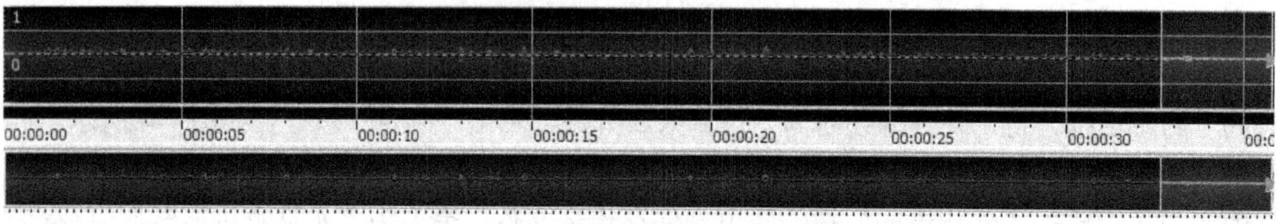

图 7-7 朗读结束时多余的部分

7.3.3 音频的删除

在 GoldWave 中，删除音频就是把一段选中的波形直接删除，软件会自动把剩余的波形放大显示。具体操作如下：选择需要删除的波形段，单击鼠标右键，选“编辑\删除”，如图 7-8 所示。

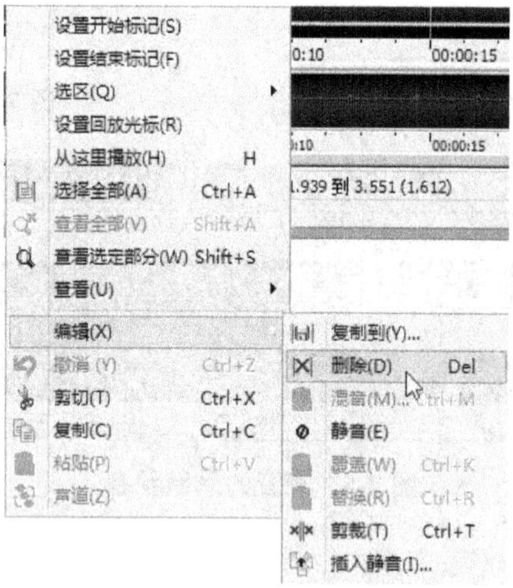

图 7-8 删除选中的波形

7.3.4 降噪

在录制声音的过程中难免产生噪声。噪声一般包括环境噪声、设备噪声和电气噪声。环境噪声一般指在录音时外界环境中的声音。设备噪声指麦克风、声卡等硬件产生的噪声。电气噪声包括直流电中包含的交流声，三极管和集成电路中的无规则电子运动产生的噪声，滤波不良产生的噪声等。这些噪声虽然音量不大，但掺杂在语音中却感到很不悦耳。各种各样的波形混合在一起，要把某些波形去掉是不可能的，因而去掉声音中的噪声是很困难的。但 GoldWave 却能将噪声大大减少，即降噪。具体的操作如下：选择所有的波形，单击“效果\滤波器\降噪”，如图 7-9 所示。弹出“降噪”对话框，使用默认值，单击“确定”按钮即可，如图 7-10 所示。然后将声音文件保存为“水调歌头苏轼.wav”。

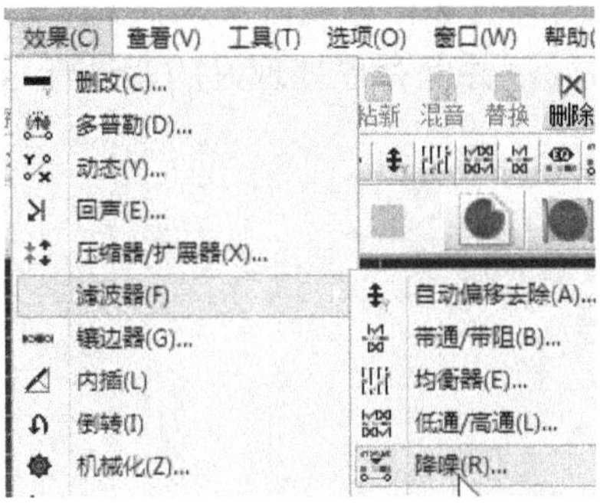

图 7-9　降噪命令

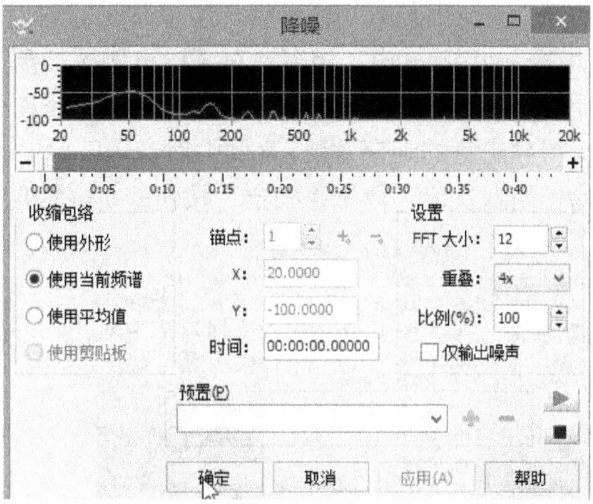

图 7-10　设置降噪对话框

7.3.5　音频的剪裁

现在进入本案例的第二部分，即对背景音乐“明月几时有”进行剪裁、淡入淡出的操作。在 GoldWave 中，音频的剪裁就是把选中的波形段留下而把未选中的波形段删除。剪裁之后，软件会自动把剩余的波形段放大显示。音频的剪裁的操作步骤与“音频的删除”相似。

打开背景音乐“明月几时有”，选中需要的波形段，单击鼠标右键，选择“编辑\剪裁”。接下来保存剩余的音乐文件。案例中需要的音乐的波形段是从第 12 秒至 1 分钟之间的波形。剪裁后剩余的音乐时长为 48 秒，如图 7-11 所示。

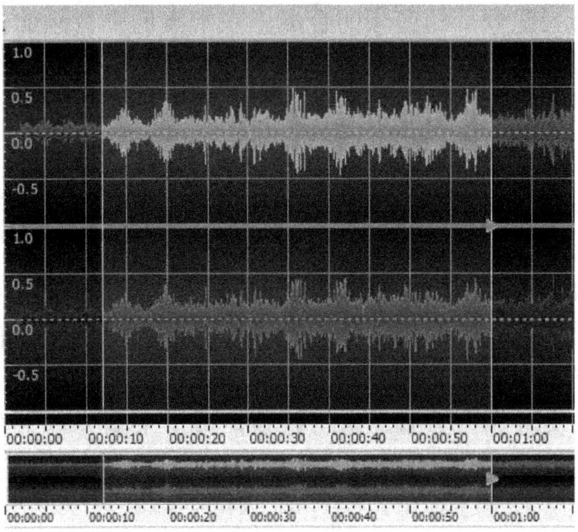

图 7-11　选择需要的波形段

7.3.6 淡入淡出

淡入、淡出是数字音频处理中最常见的效果，是通过音量的逐渐增强和逐渐减小来实现的。在 GoldWave 中，当需要对某段音频添加渐变效果时，可首先选定这段音频，打开“效果\音量\淡入”或“淡出”，如图 7-12 所示。在弹出的相应对话框中选择、调整渐变关系，就可得到满意的渐变效果。案例中对音乐开始的 2 秒和结尾时的 2 秒分别做淡入、淡出效果，且均使用默认值，单击“确定”按钮即可（如图 7-13 所示），并保存已处理好的背景音乐。

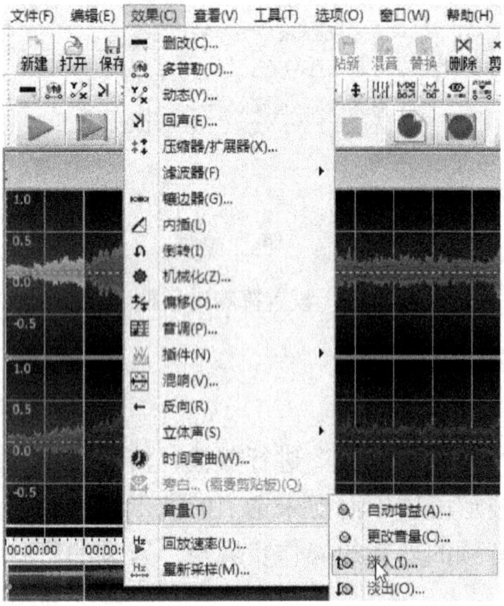

图 7-12 淡入菜单

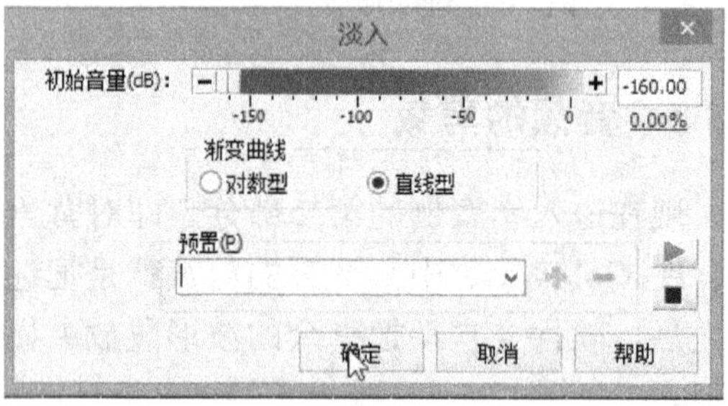

图 7-13 设置“淡入”对话框

7.3.7 音频的合成

现在进入案例的第三部分，即音频的合成。在本案例中音频的合成就是将朗读的声音文件“水调歌头.wav”和处理好的背景音乐“明月几时有.mp3”合二为一，涉及音频的合成、调节音量等操作。在合成声音时需要按需改变背景音乐的音量，以免出现背景音乐过高而听不清楚朗读的声音。

音频的合成是指将不同的单声道信息合并成时间上重叠的多声道音频，最后可用一个多声道文件保存。它不同于音频的混合，混合是将两个文件的声音混合成一个文件，混合前文件为单声道，混合后的文件仍然是单声道。在 GoldWave 中，混合声音文件只需将不同的波形段放在一个声音文件中即可，而声音的合成需要通过左、右声道声音文件的替换来实现。声音的合成操作步骤：首先新建一个为立体声的声音文件，然后将左、右声道用录制好的朗读诗的声音文件和背景音乐进行替换，接下来调节背景音乐的音量，音量调好之后，保存整个声音文件，声音即合成。

1. 新建声音

案例中诗朗诵的声音文件和背景音乐的时长均小于 1 分钟。此时，需要新建一个时间长度为 1 分钟且声道数为立体声的声音文件。单击“文件\新建”，弹出“新建声音”对话框，将“声道数”设置为立体声，将“初始化长度”设置为 1 分钟，其他选项使用默认值，如图 7-14 所示。

2. 音频的替换

这里需将新建的声音文件的左声道替换为“水调歌头苏轼.wav”，将新建的声音文件的右声道替换为背景音乐“明月几时有.mp3”。

首先替换左声道。具体操作如下：在 GoldWave 中打开“水调歌头.wav”并复制。然后回到新建声音文件，单击“编辑\声道\左声道”，即选中左声道，如图 7-15 和图 7-16 所示。接下来单击鼠标右键“编辑\替换”即可，替换后的效果如图 7-17 所示。

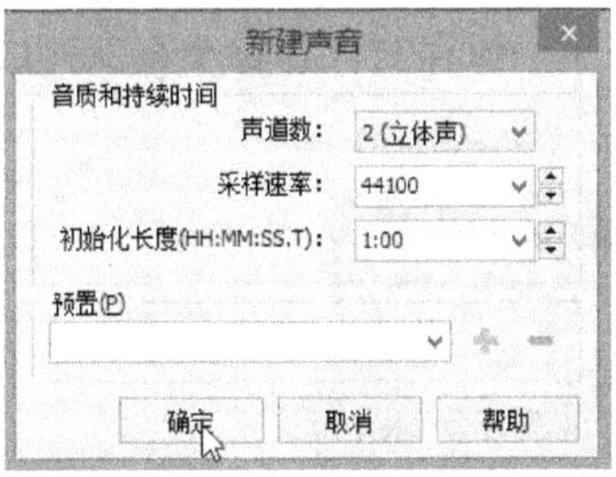

图 7-14　设置“新建声音”对话框

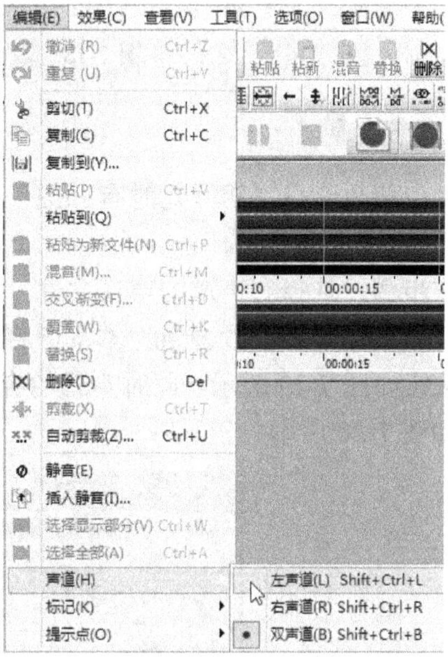

图 7-15　选择左声道

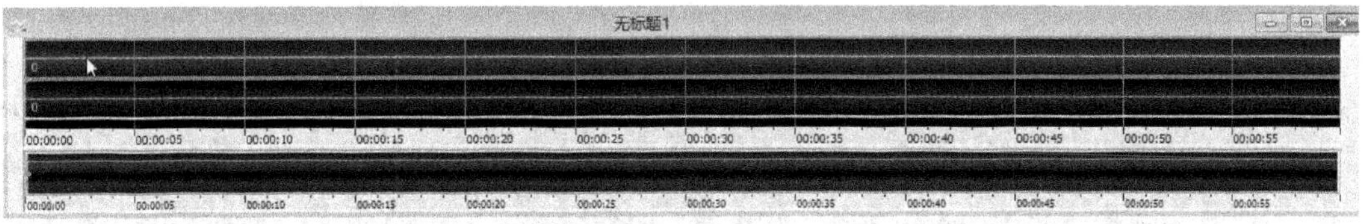

图 7-16　选中左声道

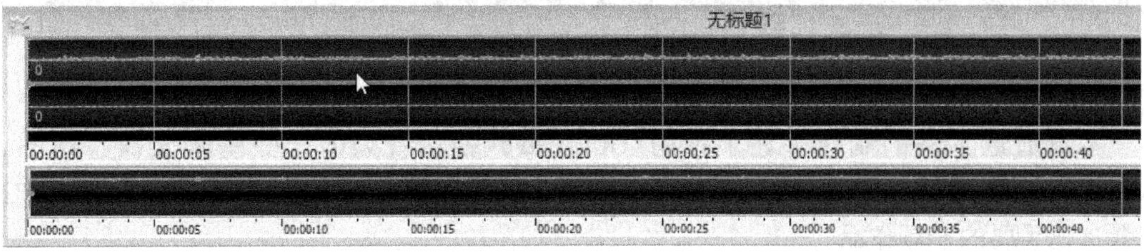

图 7-17　新建的声音文件的左声道被替换后的效果

然后替换右声道。该操作与替换左声道的操作类似，不再赘述，替换后的效果如图 7-18 所示。

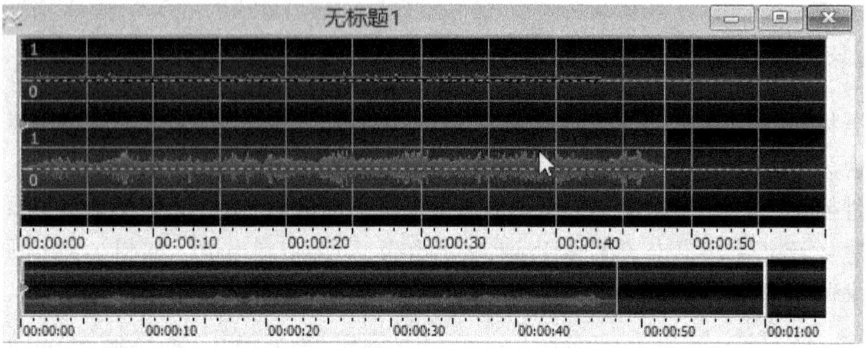

图 7-18　右声道替换后的效果图

3．调节音量

案例中背景音乐“明月几时有.mp3”的音量过高，要适当调节，使朗读声和音乐较好融合。

操作步骤：选择右声道的声音文件，单击“效果\音量\更改音量”，弹出“更改音量”对话框，可根据需要设置音量。本案例将“音量（dB）”设置为“–10.50”，单击“确定”按钮，按钮如图 7-19 所示。此时声音的合成也就完成了，保存文件。整个案例完成，最终的效果如图 7-20 所示。

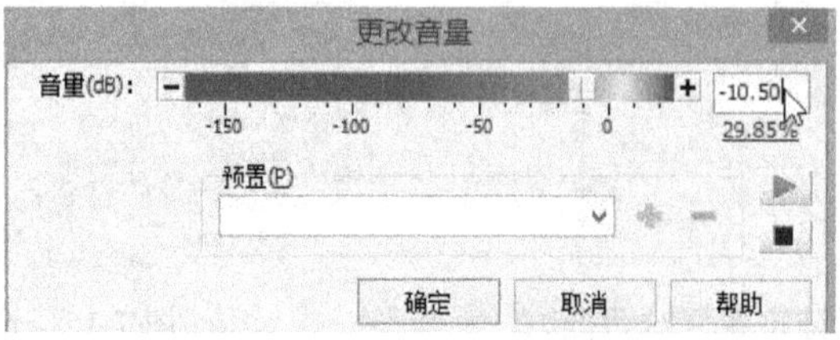

图 7-19　设置“更改音量”对话框

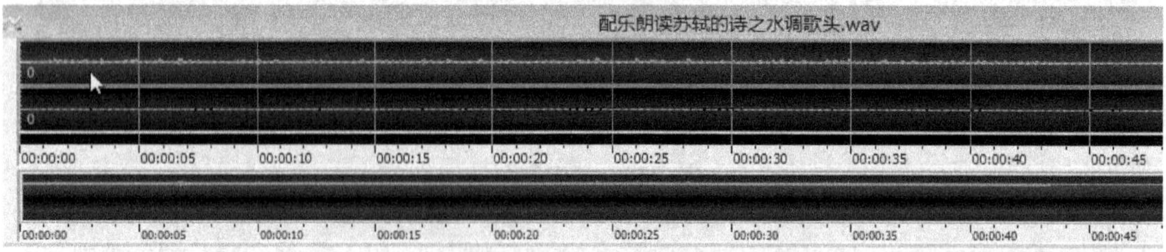

图 7-20　案例的最终效果图

本章通过案例的制作讲述了使用 GoldWave 编辑音频的一些基本操作。熟悉了 GoldWave 的基本操作之后，学习者就可以根据自己的需要尝试使用 GoldWave 软件制作出符合自己需要的音频作品。

练习

1．按要求完成下列操作：

（1）自选一段文字朗读，并使用 GoldWave 录制，对录制的声音降噪并制作相应声音的回声效果。

（2）自选一首有人声的音乐，去除人声。

（3）将已处理好的（1）、（2）的音频文件合并。

（4）使用 GoldWave 的求值表达式制作音效。

（5）将已处理好的（3）、（4）的音频文件混合。

第8章 视 频 处 理

8.1 视频处理概述

视频（Video）就是其内容随时间变化的一组动态图像，又叫运动图像或活动图像。它是一种信息量最丰富、直观、生动、具体的承载信息的媒体。视频与图像既有联系又有区别：静止的图片称为图像（Image），运动的图像称为视频（Video）。视频信号的内容随时间的变化而变化并伴随有与画面同步的声音。视频素材在教学中的作用：视频能将抽象的内容形象化，给学习者提供直观的学习经验；能真实再现场景，利于实验、技能教学。

一般来说，视频信号分为模拟视频（Analog Video）和数字视频（Digital Video）。模拟视频用于传输图像和声音的随时间连续变化的电信号。模拟视频信号随存储时间、复制次数和传输距离的增加衰减增大，造成信号的损失，且不便于分类、检索和编辑，不适合网络传输。要使计算机能够对模拟视频进行处理，必须把模拟视频信号进行数字化，形成数字视频信号。数字视频的主要特性是再现性好，便于编辑处理，适合网络应用。

国际上现行的电视制式有 NTSC 制、PAL 制、SECAM 制和数字电视（Digital TV）等，它们分别定义了电视机对于所接收的电视信号的解码方式、色彩处理方式和屏幕的扫描频率。NTSC 制规定水平扫描 525 行、30 帧/秒、隔行扫描、每场 1/60s。PAL 制式规定水平扫描 625 行、25 帧/秒、隔行扫描、每场 1/50s。SECAM 制式规定水平扫描 625 行、25 帧/秒、隔行扫描、每场 1/50s，其基本技术和广播方式与 NTSC 和 PAL 有很大的区别。数字电视（Digital TV）的视频信号及伴音信号用数字压缩编码，传输信道采用数字通信的调制和纠错技术。数字电视（DTV）包括高清晰度电视 HDTV、标准清晰度电视 SDTV 和 VCD 质量的低清晰度电视 LDTV。随着数字技术的发展，全数字化的电视 HDTV 标准将普遍被采用。目前大部分家庭都使用数码摄像机拍摄视频，一般会自动存为数字视频，无需进行另外的转换。可以直接使用一根 USB 数据传输线将视频从摄像机传到计算机即可进行相应的编辑。

在多媒体计算机系统中，视频处理一般是借助于一些相关的硬件和软件，在计算机上对输入的视频信号进行接收、采集、传输、压缩、存储、编辑、显示、回放等多种处理。

常用的视频编辑软件有 Movie Maker、Sony Vegas、Edius、Final Cut Pro、会声会影、威力导演（Power Director）、Adobe Premiere 等。这些软件各有特色。本章通过以 Adobe Premiere Pro CS4 制作一个“金色校园”视频案例来展示计算机视频处理的方法。

8.2 Adobe Premiere Pro CS4 简介

Adobe Premiere Pro CS4 功能强大，易于使用，为编辑制作数字视频作品提供了完整的创作环境。它极大简化了非线性编辑的过程。它既可以用于非线性编辑，也可以用于建立

Adobe Flash Video、Quick Time 、Real Media 或 Windows Media 影片。其核心就是将视频素材文件逐帧展开，然后以帧为精度进行编辑，并且实现与音频文件的同步。它主要用于在计算机上进行数字视频的编辑制作。

Adobe Premiere Pro CS4 的功能：支持较多格式及格式间的相互转换；强大的视频和音频的剪辑和合成功能；可以制作多种视频、音频特效；字幕叠加；能较好实现声画的统一、平行和对立关系。

Adobe Premiere Pro CS4 具有以下特点：

（1）非线性编辑和后期处理：提供较多的视频和音频轨道，以帧为精度精确编辑视频和音频；提供特效控制台可实现多种滤镜效果。

（2）实时查看功能：在节目监视器中可观看实时的视频编辑效果。实时的画面反馈，使用户能够快速地修改调整，提高工作效率。

（3）良好的兼容性：能够识别 avi、mov、mpg 和 wmv 等许多视频和图像文件，还可以将制作的节目直接刻录成 DVD，生成流媒体形式或者回录到 DV 磁带。能够以工业开放的交换模式 AAF 输出，用于产生其他专业产品。

（4）界面高度整合：很多界面被整合了。转场、色键类特效都合并到了特效窗口中，从而更加符合专业习惯。现在这两类特效的使用不再受局限，不仅可以应用到任何视轨，而且对一个视频素材也可以多次使用。而特效控制窗口中则直接固定了原来的运动、不透明度的设置，并且可以调整其他应用特效参数。

（5）工具专业化、功能增多：Adobe Premiere Pro CS4 提供了波形示波器和矢量示波器这些专业化的工具，让用户能够实时检查视频信号的亮度和色度是否超标，使其符合电视技术规范。还可以方便地校正色调、饱和度、亮度及其他色彩要素。

Adobe Premiere Pro CS4 启动界面如图 8-1 所示。

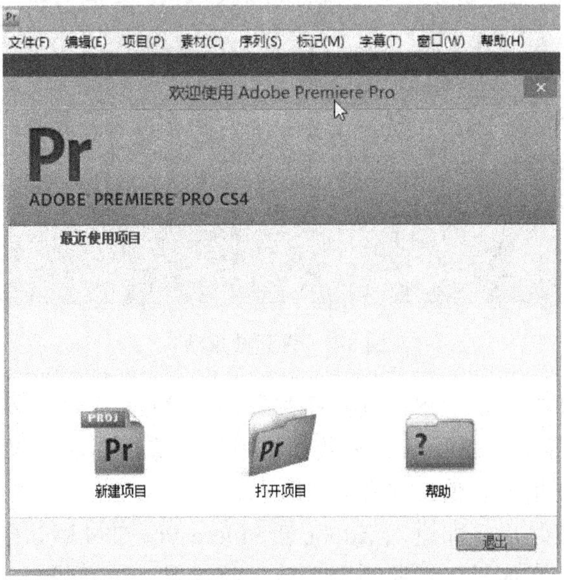

图 8-1 Adobe Premiere Pro CS4 启动界面

8.3 Adobe Premiere Pro CS4 的基本操作

本节通过讲解案例“金色校园”的制作，介绍 Adobe Premiere Pro CS4 的基本操作：项目的新建、素材的导入、视频素材的剪辑、滤镜、添加字幕、添加音频、视频的导出。

8.3.1 新建项目

在 Adobe Premiere Pro CS4 中，新建一个文件时，需要进行相应的参数设置，设置之后才能够进入软件的编辑主界面。案例具体的参数设置步骤是：单击新建项目，弹出对话框，进行“常规”和“暂存盘”设置，只需设置项目存放的位置和名称，其他项使用默认参数，如图 8-2 所示。

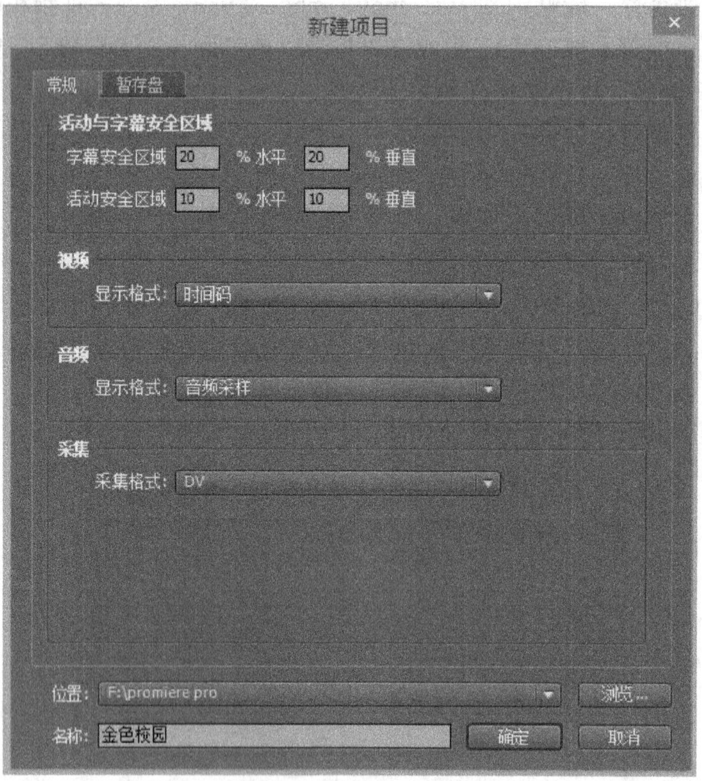

图 8-2 设置常规项

单击“确定”按钮之后，弹出“新建序列”的对话框，对“有效预置”进行设置，一般采用“DV- PAL，标准 48kHz”，其他参数都使用默认值，如图 8-3 所示。“常规项”及“轨道项”的各项参数都使用默认值，如图 8-4 所示。

单击“确定”按钮之后，即进入 Adobe Premiere Pro CS4 默认的编辑界面。默认的编辑界面由项目面板、信息面板、源监视器、节目监视器、时间线窗口、音量控制器、工具箱等部分组成，如图 8-5 所示。

图 8-3　序列预置

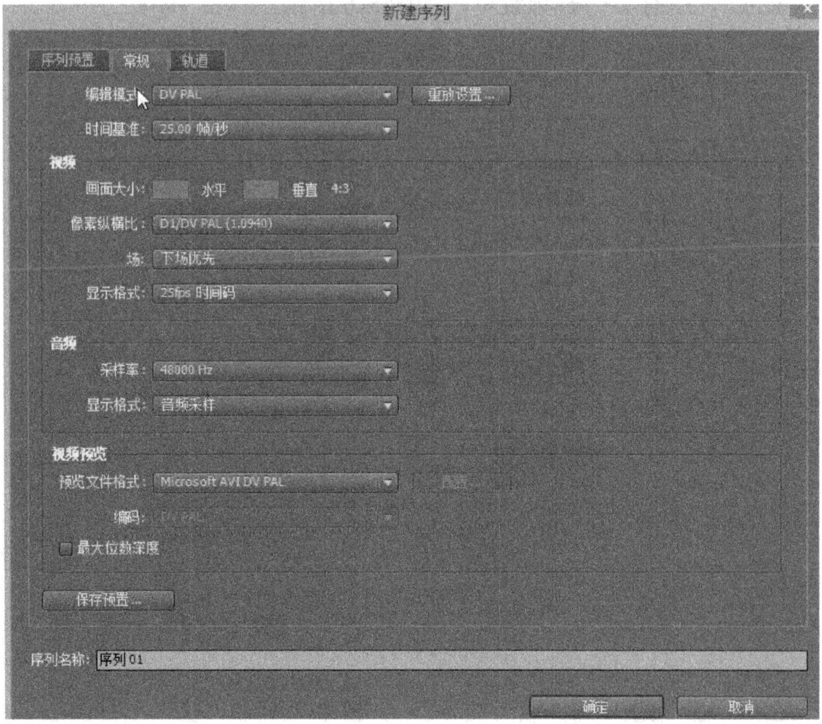

图 8-4　序列预置之“常规项”

图 8-5　编辑工作界面

8.3.2　素材的导入

在进行视频编辑和制作前，需要将素材导入。素材导入后，所有的素材都会自动添加到项目面板中。

单击“文件\导入”，弹出“导入”对话框，选择需要导入的素材，单击“打开”按钮即可。本案例有 7 个视频素材文件，分别为“1.wmv”、“2.wmv”、“3.wmv”、“4.wmv”、“5.wmv”、“6.wmv”、“7.wmv”，还有 2 个音频素材，如图 8-6 所示。

图 8-6　导入对话框

素材导入之后，自动进入到“项目面板”，如图 8-7 所示。在“项目面板”中双击素材文件，就可以在“源素材监视器”中查看相应的素材文件。

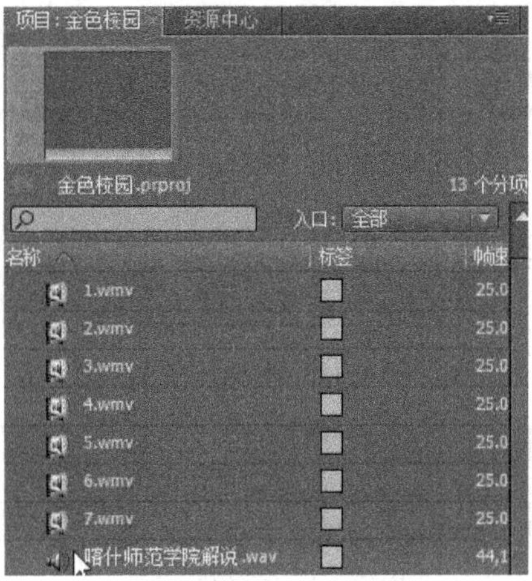

图 8-7 “项目面板”素材列表

8.3.3 视频素材的剪辑

本节在“源监视器”窗口分别对 7 个视频素材进行裁剪，以留下需要的视频片段。先在项目面板上双击需要裁剪的视频，即可在“源监视器”显示。使用“标记入点”和“标记出点”选择需要的片段。将入点和出点间的视频按住鼠标左键拖入到“时间线”窗口的视频轨道即可。如果仅需要视频的画面而不要声音则按住“仅拖动视频”图标，将文件拖入到视频轨道。如果仅需要声音则按住“仅拖动音频”图标，将文件拖入到声音轨道。本案例仅需要视频的画面，首先标记好入点和出点，再将视频画面拖入到视频轨道。案例中 7 个视频素材所需要的片段分别如图 8-8～图 8-14 所示。需要注意的是时间标尺上左侧黄色的数值表示时间滑块当前所处的位置，右侧白色的数值表示被标记片段的时长。“00:00:00:00”与“时:分:秒:帧”相对应。将所需片段按照文件名的数字由小到大从左往右排列，放在一起。时间线上左侧黄色的数值是表示当前时间滑块所处的位置，右侧白色的数值表示当前选择的画面片段的时间长度。

图 8-8 视频片段 1

图 8-9 视频片段 2

图 8-10 视频片段 3

图 8-11 视频片段 4

图 8-12 视频片段 5

图 8-13 视频片段 6

图 8-14 视频片段 7

视频被拖入到视频轨道之后，会发现“节目监视器”窗口显示的画面被放大了，这时可将所有 7 个片段选中，单击鼠标右键“适配为当前画面大小”就可以正常显示，如图 8-15 所示。

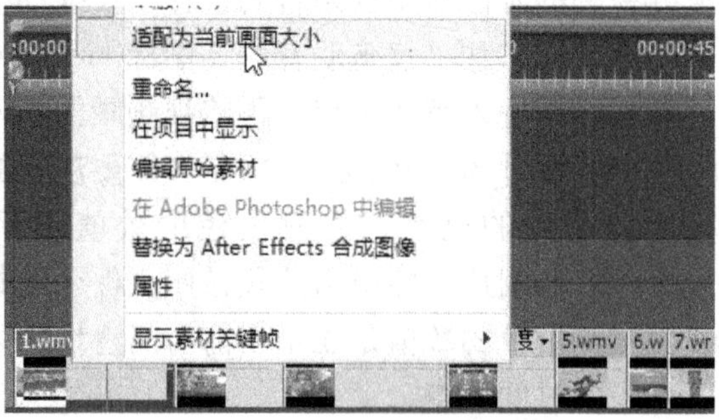

图 8-15 适配为当前画面大小

8.3.4 视频特效

视频特效即滤镜的工作原理是使视频素材通过一系列有形的系统改造，使其某些属性在时间和空间上产生变化，创造虚拟现实，以达到改善视觉效果、提高艺术感染力的目的。被施加特效的视频一定要事先放在时间线的视频轨道上。然后在时间线上选中一个视频素材，再进行相应的操作。案例中只使用了淡入、淡出及视频切换的卷走效果。淡入、淡出效果均需要分别添加 2 个关键帧来实现。

1. “淡出”效果

将“时间滑块”移到视频 1 轨道上的“7.wmv”素材最后 2 秒处，单击“添加\删除关键帧”命令添加一个关键帧，如图 8-16 所示。然后将滑块移到该素材的最后一帧处，添加另一个关键帧。此时，将鼠标放到第二个关键帧上，按住鼠标左键将关键帧拖到底部。如图 8-17 所示。淡出效果即制作完毕，可在节目监视器中查看实时的处理效果。

图 8-16 添加关键帧

图 8-17 将关键帧拖至底部

2. “淡入”效果

对视频 1 轨道上的“1.wmv”素材的开始 2 秒做“淡入”效果。“淡入”效果的制作步骤与“淡出”相似，只需将前面的关键帧的圆点拖至底部即可，如图 8-18 所示。

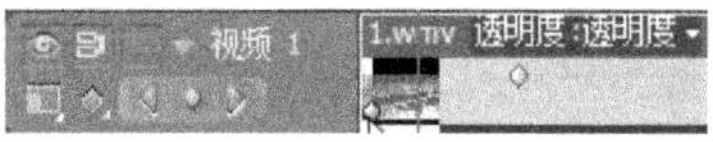

图 8-18 “淡入”效果

3. 视频切换的“卷走”效果

在 Adobe Premiere Pro CS4 中，可以制作很多种视频切换的效果，本案例中只使用了“卷走”效果。

制作步骤：在“信息面板”上单击“效果\视频切换\卷页”，将鼠标指针放到“卷走”图标上，按住鼠标左键，将“卷走”拖到“2.wmv”的结尾处即可，如图 8-19 所示。

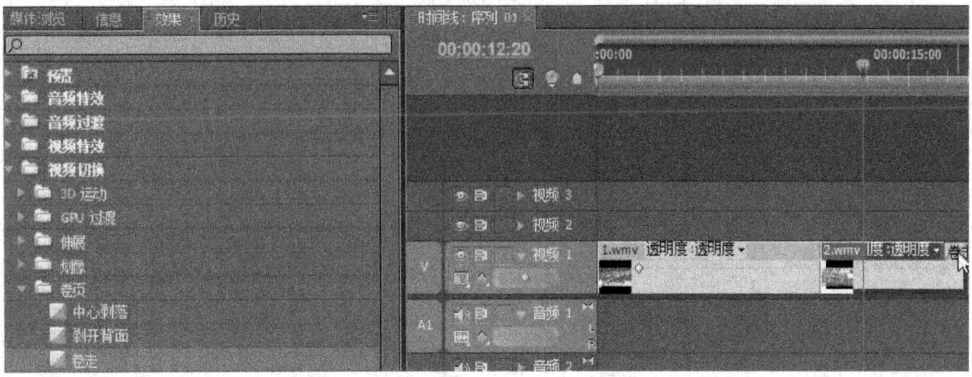

图 8-19 “卷走”效果

8.3.5 添加字幕

在 Adobe Premiere Pro CS4 中，可以制作静态字幕、滚动字幕及游动字幕。制作的字幕会自动进入到“项目面板”。静态字幕自动存为帧图像，其他两种会自动存为视频格式。这三种字幕之间可以相互转换。本案例制作了静态、滚动、游动字幕。

1．静态字幕

（1）单击“字幕\新建字幕\默认静态字幕”，如图 8-20 所示。

（2）弹出“新建字幕”对话框，将“时间基准”设为“25.00fps”，其他参数使用默认值，“名称”命名为“字幕：喀什师范学院”，单击“确定”按钮（如图 8-21 所示），接着弹出字幕编辑的窗口，如图 8-22 所示。

（3）选择“文字工具”，在画面的中间部位单击鼠标左健，输入“喀什师范学院”，字体为“SimHei”，字体大小为“54.0”，色彩为“黄色”，其他选项使用默认参数，如图 8-23 所示。

（4）关闭字幕窗口，已做好的静态字幕以帧图像的形式存放在项目面板。将鼠标指针移至项目面板上的“字幕：喀什师范学院”图标，按住鼠标左键，将字幕放到与视频 1 轨道“2.wmv”素材相对应的视频 2 轨道，时长 2 秒，即从“00:00:12:19”到“00:00:14:19”，如图 8-24 所示。

图 8-20 静态字幕

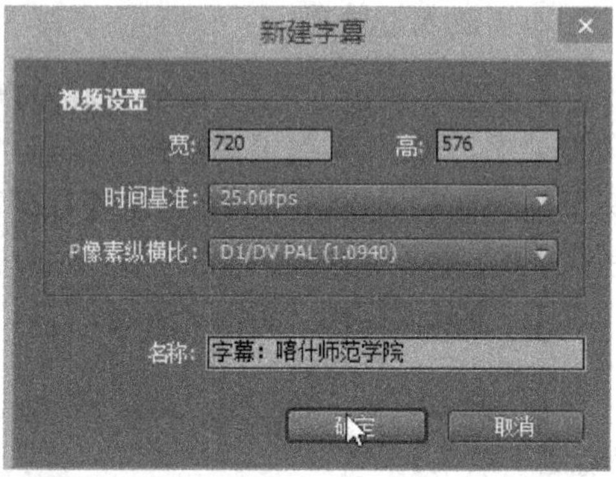

图 8-21 新建字幕

图 8-22 字幕编辑窗口

图 8-23　输入文字

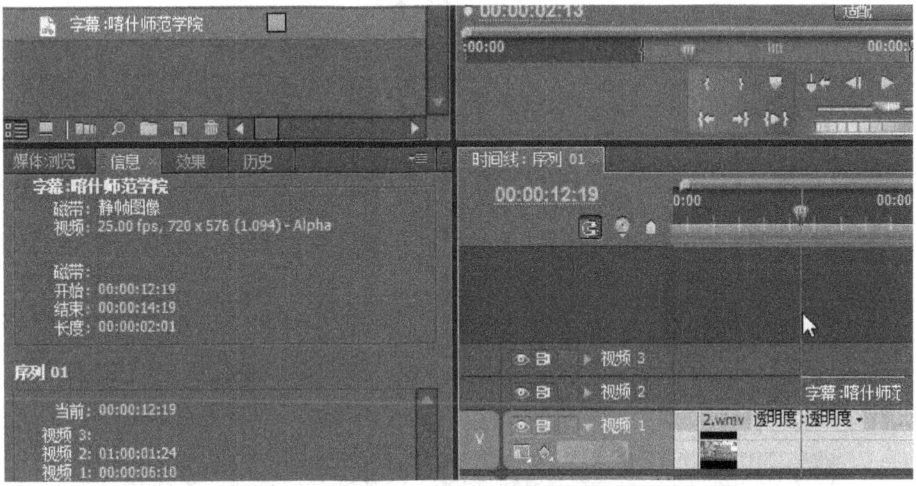

图 8-24　与视频合成

2．滚动字幕

（1）单击“字幕\新建字幕\默认滚动字幕”。

（2）弹出“新建字幕”对话框，将“时间基准”设为“25.00fps”，其他参数使用默认值，“名称”命名为“字幕：金色校园”，单击“确定”按钮，接着弹出字幕编辑的窗口。

（3）选择“文字工具”，在画面的中间部位单击鼠标左键，输入“金色校园”，字体为“SimHei”，字体大小为“100.0”，色彩为“黄色”，其他选项使用默认参数，如图 8-25 所示。

（4）单击“滚动\游动选项”，如图 8-26 所示。弹出“滚动\游动选项”对话框，“字幕类型”选择“滚动”，“时间（帧）”勾选“开始于屏幕外”，其他参数都用默认值，单击“确定”按钮，如图 8-27 所示。关闭字幕编辑窗口，制作好的滚动字幕会自动变为视频格式加入到“项目面板”。将鼠标指针移至项目面板上的“字幕：金色校园”图标，按住鼠标左键，将字幕放到视频 1 轨道的开始处，时长 6 秒，即从“00:00:00:00”到“00:00:06:00”，如图 8-28 所示。

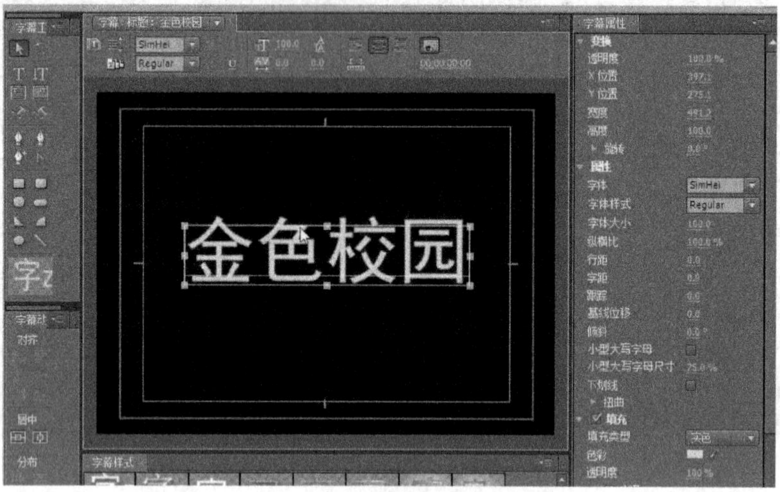

图 8-25 输入文字

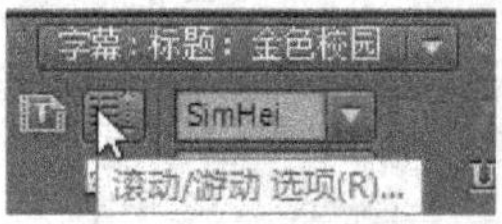

图 8-26 打开滚动对话框

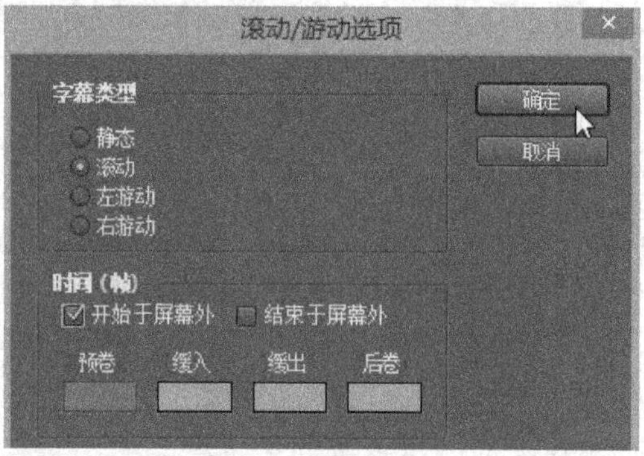

图 8-27 设置滚动选项

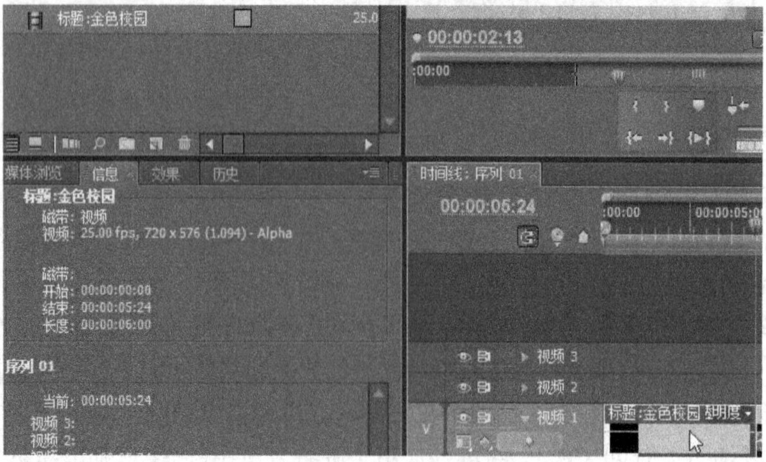

图 8-28 与视频合成

3. 游动字幕

（1）单击“字幕\新建字幕\默认游动字幕”。

（2）弹出“新建字幕”对话框，将“时间基准”设为“25.00fps”，其他参数使用默认值，“名称”命名为“游动字幕：吐曼河畔”，单击“确定”按钮。接着弹出字幕编辑的窗口。

图 8-29　输入文字

（3）选择“文字工具”，在字幕设计界面的图文编辑区的安全框的底部单击，输入“吐曼河畔，坐落着祖国最西部的大学”，字体为“SimHei”，字体大小为“28.0”，色彩为“白色”，其他选项使用默认参数，如图 8-29 所示。

（4）单击“滚动\游动选项”，弹出“滚动\游动选项”对话框，“字幕类型”选择“左游动”，“时间（帧）”勾选“开始与屏幕外”，其他参数都用默认值，单击“确定”按钮。关闭字幕编辑窗口，制作好的左游动字幕会自动变为视频格式加入到“项目面板”。将鼠标指针移至项目面板上的“游动字幕：吐曼河畔”图标，按住鼠标左键，将字幕放到与视频 1 轨道的“1.wmv”相对应的视频 2 轨道，时长与视频 1 轨道上的“1.wmv”相同，如图 8-30 所示。

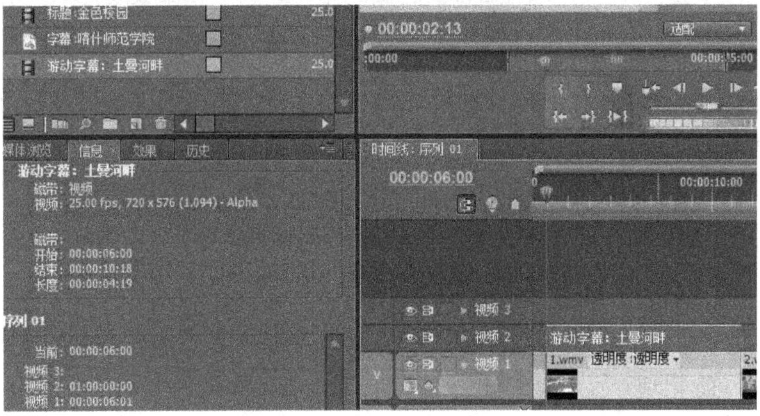

图 8-30　与视频合成

8.3.6　添加音频

在电视画面中，音频包括人的语音、音乐和音效。音频素材能够补充画面，烘托气氛，传递，抒发情感。案例添加了解说和音乐。

1. 添加解说

案例使用 GoldWave 软件配音“喀什师范学院解说.wav”。在项目面板上按住鼠标左键将“喀什师范学院.wav”拖入到音频 1 轨道，开始及时长与视频 1 轨道上的 7 个导入的视频素材一致，如图 8-31 所示。

2. 添加音乐

（1）剪裁音乐。案例的音乐只需要“00:00:46:17”，而导入的音乐文件时间太长。在“项目面板”中双击“追梦人.mp3”，在“源监视器”即可看到波形文件。使用“标记入点”和“标记出点”选择需要的音乐片段。案例选择的片段如图 8-32 所示。

图 8-31　添加“喀什师范学院解说.wav”

图 8-32　选择音乐片段

（2）音乐的淡入淡出效果。按住鼠标左键将被选择的部分拖入到音频 2 轨道。实现音频的淡入淡出的效果与视频的一致，不再赘述。实现后的效果，如图 8-33 所示。

图 8-33　设置音频的淡入淡出效果

（3）音量的调节。音乐导入后需要调节音乐的音量和人的语音，使它们较好地融合在一起。案例中对音频的调节如图 8-34 所示。

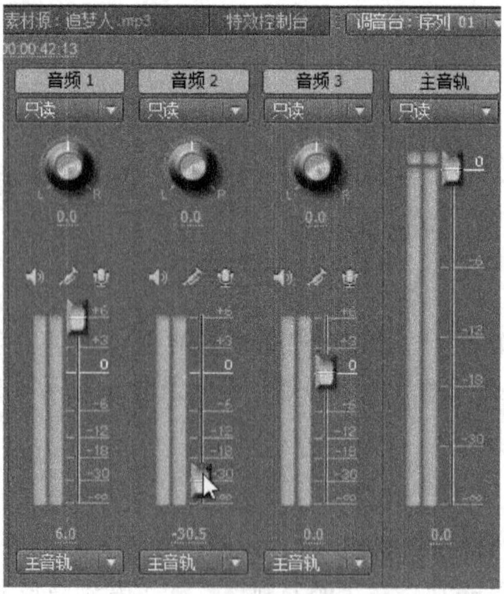

图 8-34　调整音量

至此，整个视频的编辑制作已经完成，只需将视频导出即可。效果如图 8-35 所示。

图 8-35　案例的最终效果

8.3.7　视频的导出

视频的基本编辑工作完成之后，还需将整个作品导出为成品。具体步骤：单击“文件\导出\媒体”，如图 8-36 所示。弹出“导出设置”对话框，将“格式”设为“FLV”，“输出名称”命名为“金色校园”，“质量”设为“最佳”，其他设为默认值。单击“确定”按钮，如图 8-37 所示。软件会自动启动 Adobe Media Encoder CS4，如图 8-38 所示。视频的渲染也随即进行，如图 8-39 所示。渲染的时间一般都较长，如图 8-40 所示。

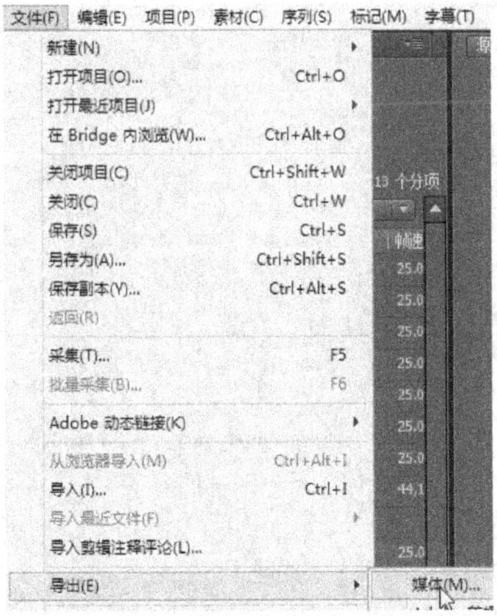

图 8-36　导出文件

整个案例的视频作品已完成编辑制作。本章通过展示案例，来讲解 Adobe Premiere Pro CS4 软件编辑制作视频素材的基本操作：项目的新建、素材的导入、素材的剪辑、视频特效的生成、字幕的添加、音频的添加以及视频的导出等。这些基本操作仅是学习视频编辑制作的入门，学习者还需要通过不断的学习和使用来提高视频的编辑制作能力。

图 8-37 设置“导出设置”对话框

图 8-38 启动 Adobe Media Encoder CS4

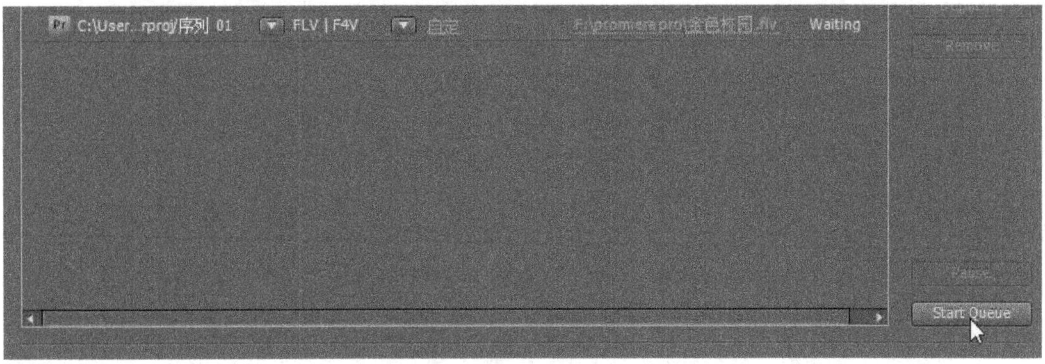

图 8-39 视频渲染对话框

图 8-40 视频渲染的进程

练习

1．按要求完成下列操作：

（1）搜集 10 张自己的大学生活图片，一首音乐。

（2）利用 GoldWave 录制一段自己对大学生活的感悟，并降噪。

（3）将（1）、（2）的素材导入 Adobe Premiere Pro CS4，添加相应的字幕，制作一个动感 MV。

素材应用篇

通过前两篇（素材的获取和素材的加工处理）的学习，手边已经有了满意的教学素材，如何使用这些教学素材制作出优秀的教学作品，展现丰富多彩的教学内容，达到为教学服务的目的，是本篇的主要内容。

本篇共有两章。第 9 章介绍 Flash 的应用，主要包括 Flash 各类工具的使用、逐帧动画的制作、传统补间动画的制作、补间形状动画的制作、引导层动画的制作、补间动画的制作、遮罩动画的制作、外部图像的导入、音频的导入、视频的导入、Flash 脚本交互及 Flash 文档的发布等技术；第 10 章介绍了 PowerPoint 2010 部分高级应用，包括母版和模板的应用、公式编辑、触发器的应用、PPT 中导入音频、导入视频、教学课件实例以及 PPT 课件制作的基本原则等内容。

第 9 章 Flash 多媒体课件制作

9.1 Flash CS5 绘图基础

Flash CS5 是 Adobe 公司出品的一款制作动画和多媒体作品的软件。从 Flash 1.0 到 Flash CS5，其间经历了许多版本。其中 Flash 3.0 的推出，开始凸显出了 Flash 的特点，使之逐步推广应用。Flash 具有以下特点：（1）用它创作的图像属于矢量图像，矢量图像可以无限缩放而不失真。（2）Flash 中的元件可以多次重复使用，几乎不增加文件的大小。（3）Flash 可以调用丰富的外部资源。（4）它能够将图像、文字、声音、视频、动画等多媒体集成到一个文件里，发布为具有强大交互功能的多媒体作品。（5）它生成的文件体积小。当 Flash 发展到 Flash CS5 版本时，它已经被广泛地应用于网络动画、教学课件、Flash 游戏、MTV 影视制作等领域。

9.1.1 Flash CS5 工作界面

Flash CS5 的工作界面主要由标题栏、菜单栏、舞台、时间轴面板、工具箱及各种面板等部分组成，如图 9-1 所示。

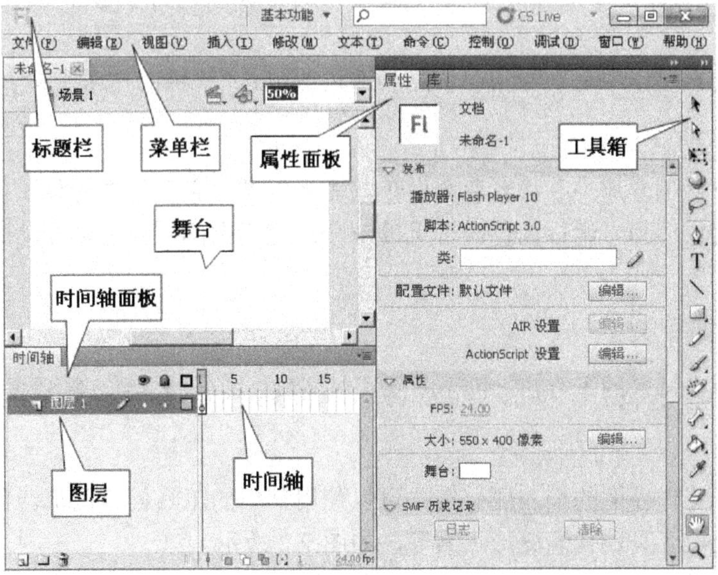

图 9-1 Flash CS5 的工作界面

1．标题栏

标题栏在工作界面的最上方。用户可以在标题栏右侧的搜索栏搜索到帮助信息。可以在标题栏中间的“基本功能”处切换其他的工作界面风格。

2．菜单栏

菜单栏位于标题栏的下面，Flash CS5 的绝大部分命令来源于菜单栏。菜单栏包含文件、编辑、视图、插入、修改、文本、命令、控制、调试、窗口、帮助 11 个主菜单项。它们的主要作用如下所述：

文件菜单的主要作用是处理文件、设置参数，如新建、保存、发布文件，导入多媒体素材到库等。

编辑菜单的主要作用是帮助用户编辑文件，包括对操作过程的撤销、恢复等命令，对编辑对象的复制、粘贴等命令，对时间轴上的帧进行复制、删除等命令。

视图菜单的主要作用是设置工作区的各种显示效果，包括对舞台显示的缩放效果设置，预览模式的设置，对标尺、网格等辅助工具和对象贴紧方式等效果的设置等。

插入菜单的主要作用是创建元件，创建时间轴中的图层与帧，创建场景等。

修改菜单的主要作用是设置 Flash 的属性，包括设置文档属性，分离或组合对象，对元件进行修改、排列，对时间轴中的图层、帧等操作等。

文本菜单的主要作用是设置文本的大小、样式、对齐方式等。

命令菜单的主要作用是对命令和 XML 的操作，包括显示、执行、下载命令，导入和导出被转换为 XML 文件的时间轴动画。

控制菜单的主要作用是控制对影片的操作，包括跳转和移动帧，播放影片和场景等。

窗口菜单的主要作用是显示各种面板，如属性面板、库面板、动作面板、组件面板等。

帮助菜单的主要作用是获得帮助信息和通过 Internet 提供的技术支持。

3．舞台

舞台是菜单栏下方那个默认颜色为白色的矩形区域。它是放置元件、位图等对象的主要区域，也是播放动画，运行课件时可见的部分。它周围的灰色区域在动画播放时是不可见的。

4．时间轴面板

时间轴面板在舞台的下方，它包含图层和时间轴。图层的操作、帧的操作在这里完成。

5．工具箱

工具箱位于工作界面的最右侧，用户可以使用其中的工具创建图形。常用工具包括选择工具、部分选取工具、任意变形工具等，如图 9-2 所示。

根据这些工具的功能划分，大致可以把它们划分为：画线工具、画图工具、变形工具、颜色工具、文本工具等。

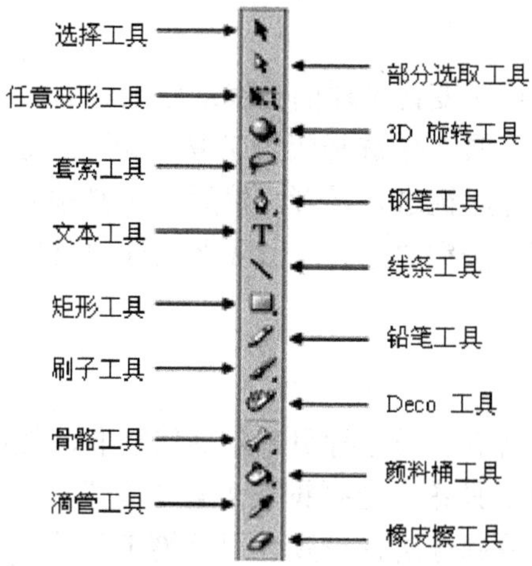

图 9-2　Flash CS5 的工具箱示意图

9.1.2　画线工具

在 Flash CS5 中，最简单的绘图是画线。常用的画线工具有线条工具、铅笔工具和钢笔工具。

1. 线条工具

线条工具的作用：可以绘制各种直线。

使用方法：首先在绘图工具箱中选择直线工具“”。然后在它的属性面板里，对直线的笔触颜色、笔触大小、样式等属性进行设置，如图 9-3 所示。

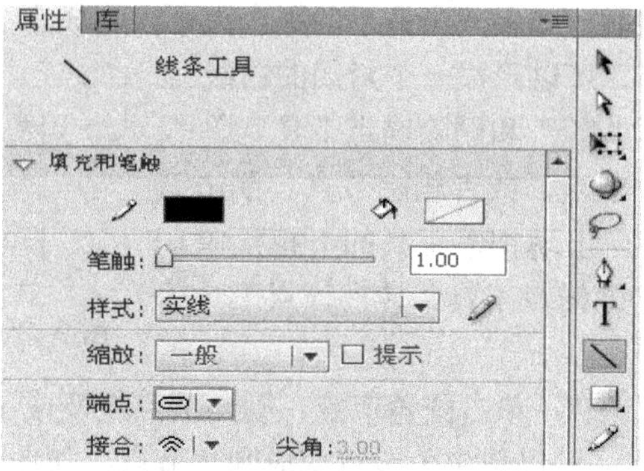

图 9-3　线条工具的属性面板

可以用工具箱中的选择工具“”，将已经画好的直线变弯曲。方法是：将鼠标指针移动到直线上，拖动鼠标，此时直线变弯曲。可以利用这个特点，将两条直线段变成一个凸透镜，如图 9-4 所示。

图 9-4　直线变弯曲

2．铅笔工具

铅笔工具的作用：可以绘制变化多样的直线或者曲线。

使用方法：首先在绘图工具箱中选择铅笔工具“”。在它的属性面板里，对线条的笔触颜色、笔触大小、样式等属性进行设置。然后在工具箱底部选择一种绘画模式，方法是：单击铅笔工具的绘画模式按钮“”，出现下拉选项菜单，其中有伸直、平滑、墨水3个选项，如图9-5所示。

3．钢笔工具

钢笔工具的作用：可以对点、线进行贝塞尔曲线控制，描绘精确的曲线。

使用方法：首先在绘图工具箱中选择钢笔工具“”。在它的属性面板里，对线条的笔触颜色、笔触大小、样式等属性进行设置。用钢笔工具绘制曲线时，首先在舞台上选择一个起始点，单击鼠标左键。然后移动鼠标选择第二个点，单击鼠标左键。此时，系统会在第一个点与第二个点之间画一条直线。重复同样的方法，选择第三个点，第四个点……所绘制的图如图9-6中的左图所示。如果按住鼠标左键，拖动鼠标到下一个点，则可以绘制曲线，如图9-6中的右图所示。

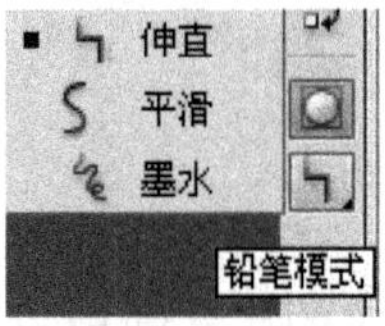

图9-5　铅笔工具绘画模式

图9-6　用钢笔工具绘制曲线

用钢笔工具绘制曲线时，如果双击最后的那个点可以完成画线操作；如果把鼠标放在起始点上，此时单击鼠标，可以形成一个封闭的曲线。

可以用添加锚点工具“”和删除锚点工具“”，在已经画好的曲线上添加节点，或者删除节点。单击工具箱中的钢笔工具“”，出现钢笔工具的下拉菜单，其中有添加锚点工具、删除锚点工具、转换锚点工具等选项，如图9-7所示。

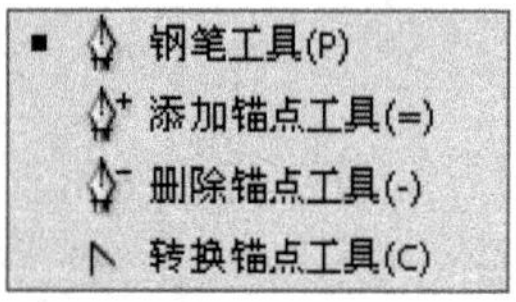

图9-7　钢笔工具的选项下拉菜单

选用转换锚点工具“”，单击圆角节点，圆角节点就变成了尖角节点。用转换锚点工具“”拖动尖角节点，可以使尖角节点变成圆角节点，如图9-6中的右图所示。

可以用工具箱中的部分选取工具“”，移动曲线上的节点。

4．刷子工具

刷子工具的作用：刷子工具类似于毛笔，它能够画出粗细不均匀的线条图形，如图9-8所示。

使用方法是：选定绘图工具箱中的刷子工具“”，在工具箱的底部设置刷子的形状、大小、刷子模式等属性，就可以在舞台上画线了。选中舞台上已经画好的线条图形，打开它的属性面板，可以修改它的笔触颜色、大小、样式、填充颜色等属性，如图9-9所示。

图 9-8　用刷子工具画出粗细不均匀的图形

图 9-9　修改图形的属性

9.1.3　画图工具

1．矩形工具

矩形工具的作用：绘制矩形及其轮廓线。

使用方法是：首先在绘图工具箱中选择矩形工具 “”。然后在其属性面板中对笔触颜色、笔触大小、样式和填充颜色等进行设置。用矩形工具画图时，先按住 Shift 键再拖动鼠标可以绘制出正方形。

可以用工具箱中的选择工具“”，将已经画好的矩形轮廓线变弯曲，如图 9-10 所示。

2．椭圆工具

椭圆工具的作用是绘制椭圆及其轮廓线。在默认情况下，工具箱中没有显示椭圆工具。用鼠标单击工具箱中矩形工具“”，弹出工具切换菜单，可以选定其中的椭圆工具“”，如图 9-11 所示。

图 9-10　将矩形轮廓线变弯曲

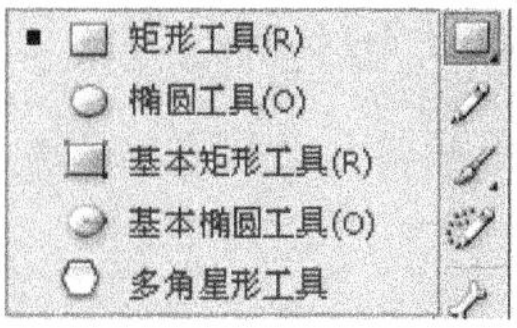

图 9-11　椭圆工具切换菜单

下面以画一个太阳图形为例说明椭圆工具的使用方法。在椭圆工具的属性板里，对椭圆的笔触颜色、笔触大小、样式等进行设置。单击椭圆工具的属性面板中的笔触颜色按钮“”，可以设置椭圆的线条颜色为无色。单击填充颜色按钮 “”，设置填充颜色为红色渐变色，如图 9-12 所示。

使用椭圆工具绘图时，先按住 Shift 键再拖动鼠标可以绘制出正圆。通过这种方法就用椭圆工具画出了一个太阳图形，如图 9-13 所示。

图 9-12　设置笔触的颜色、填充颜色

图 9-13　太阳图形

3．基本矩形工具与基本椭圆工具

在默认情况下，工具箱中没有显示基本矩形工具和基本椭圆工具。用鼠标单击工具箱中矩形工具“”，弹出工具切换菜单，可以选定其中的基本矩形工具“”和基本椭圆工具“”，如图 9-11 所示。

利用基本矩形工具可以控制矩形的边角。它的使用方法与使用矩形工具的方法类似。先使用基本矩形工具在舞台上画一个矩形。然后打开它的属性面板，设置其中的矩形选项参数，如图 9-14 所示。

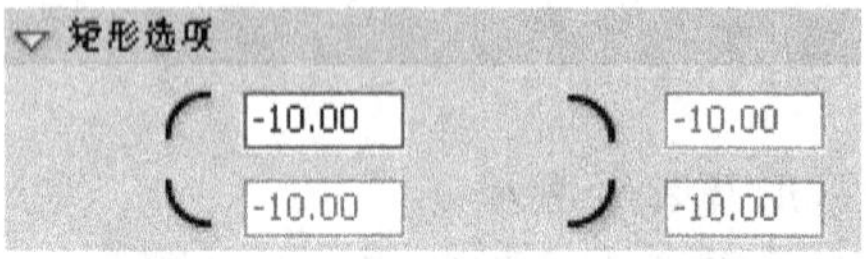

图 9-14　设置矩形选项的参数

下图是设置矩形选项参数值不同的三种图形效果，如图 9-15 所示。

图 9-15　矩形选项的参数值不同的三种图形效果

利用基本椭圆工具可以控制椭圆的弧。它的使用方法与使用椭圆工具的方法类似。先使用基本椭圆工具在舞台上画一个椭圆。然后打开它的属性面板，设置其中的椭圆选项参数，如图 9-16 所示。

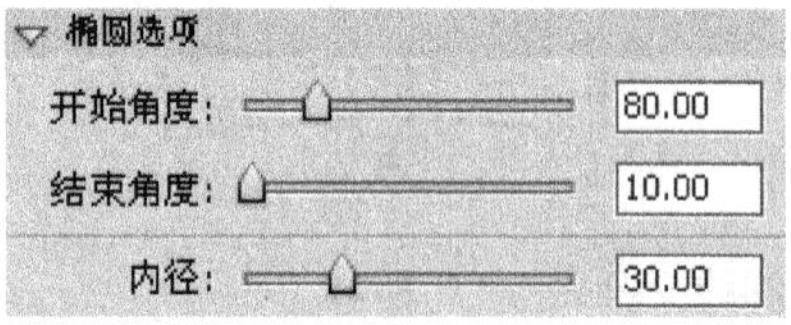

图 9-16　设置椭圆选项的参数

设置不同的椭圆选项参数值，可以得到不同的图形效果，如图 9-17 所示。

图 9-17　椭圆选项的参数值不同的四种效果图

4. 多角星形工具

利用多角星形工具“”可以绘制多边形和多角星形图形。在默认情况下，工具箱中没有显示多角星形工具。用鼠标单击工具箱中矩形工具“”，弹出工具切换菜单，可以选定其中的多角星形工具，如图 9-18 所示。

使用方法：选定多角星形工具，在它的属性面板中有一个工具设置选项按钮。单击这个按钮，出现对话框，如图 9-18 所示。在“样式”选项中有多边形、星形两种样式，选择它们分别可以画出多边形和星形两种图形。

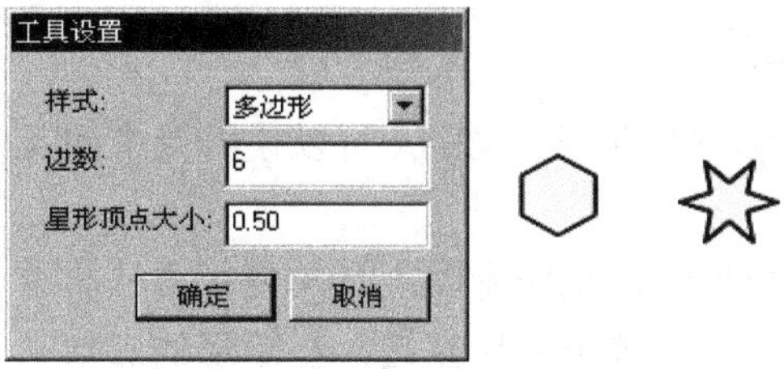

图 9-18　多角星形工具设置对话框及其所画图形

9.1.4　变形工具

1. 任意变形工具和渐变变形工具

利用任意变形工具“”，可以对图形的形状进行任意调整。当用任意变形工具选择舞台上某个对象时，这个对象就产生一个形状为空心小圆的变形中心点和形状为空心小正方形的 8 个控制点手柄，如图 9-19 所示。将鼠标指针放在这 8 个控制点手柄上拖动，可以改变对象的大小，可以使对象旋转或倾斜。将鼠标指针放在圆点上拖动，可以改变对象的中心点的位置。

在默认情况下渐变变形工具“”隐藏在任意变形工具“”下面，单击渐变变形工具，打开下拉菜单可以选定它。利用渐变变形工具可以改变图形的填充颜色范围、方向、角度等。当用渐变变形工具选择舞台上某个对象时，这个对象就产生一个形状为空心小圆的中心控制点、形状为倒三角形的焦点、形状为“”的宽度控制点、形状为“”的大小控制点、形状为“”的旋转控制点，如图 9-20 所示。将鼠标指针放在这些控制点上拖动，可以改变对象的填充颜色效果。

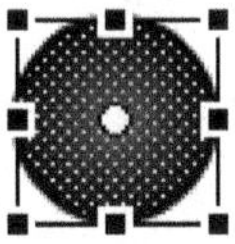

图 9-19　任意变形控制点

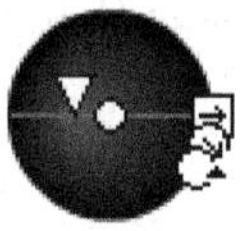

图 9-20　渐变变形控制点

2. 3D 旋转工具和 3D 平移工具

使用 3D 旋转工具“”和 3D 平移工具“”，可以使舞台中的影片剪辑实例产生出在三维空间旋转或平移的效果。它们的操作对象只能是影片剪辑元件。它们的使用方法是：选定 3D 旋转工具或者 3D 平移工具，单击舞台中的影片剪辑，此时被选中对象中出现不同颜色的 X 轴、Y 轴、Z 轴旋转控件或者平移控件，如图 9-21 所示。将鼠标指针放在 X 轴、Y 轴、Z 轴控件上拖动，可以使影片剪辑产生出在三维空间旋转或平移的效果。

图 9-21　X 轴、Y 轴、Z 轴控件

3．骨骼工具和绑定工具

使用骨骼工具“”和绑定工具“”，可以使舞台中的元件实例和形状对象产生复杂的形状变化。

下面以一个弯曲的矩形为例，说明骨骼工具的使用方法。首先用矩形工具在舞台上画一个矩形形状。选定骨骼工具并单击鼠标左键，在矩形的底部从下向上拖动，制作第一个骨节。这时在时间轴上自动产生一个骨架图层。紧接着在第1个骨节的尾部再次拖动鼠标，制作第2个骨节。在骨架图层的第15帧插入帧，执行插入新的姿势操作。用工具箱中的选择工具“”，拖动第2个骨节的尾部使矩形变弯曲，如图9-22所示。此时，测试影片可以观看矩形变弯曲的动画效果。

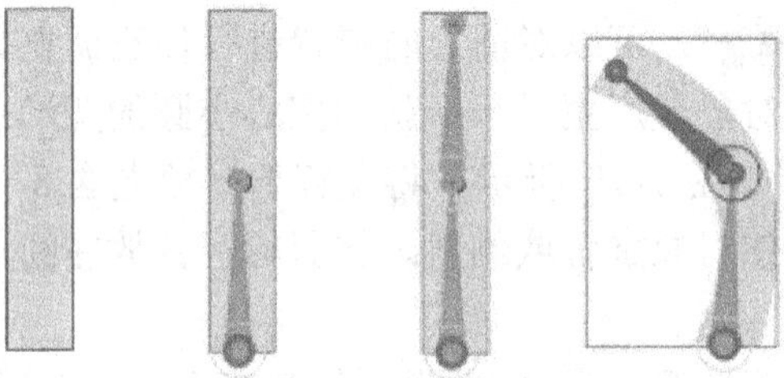

图9-22　骨骼工具的使用方法

使用绑定工具可以精细地编辑单个骨骼与形状控制点之间的连接，从而使骨骼在移动时获得满意的效果。绑定工具的使用方法：在时间轴上选择某个骨骼姿势，然后用绑定工具单击某一个骨骼，这时该骨骼连接的形状控制点全部显示。如果想要让骨骼连接到某个点，按住Shift键然后用鼠标拖动骨骼到该点即可。如果不按住Shift键，用鼠标拖动骨骼时，该骨骼原先已经连接的那些控制点将失效。

9.1.5　颜色工具

1．颜料桶工具

使用颜料桶工具可以填充颜色、渐变色到封闭的区域。选定工具箱中的颜料桶工具“”可以在舞台上的封闭区域进行填充颜色、渐变色，如图9-23所示。

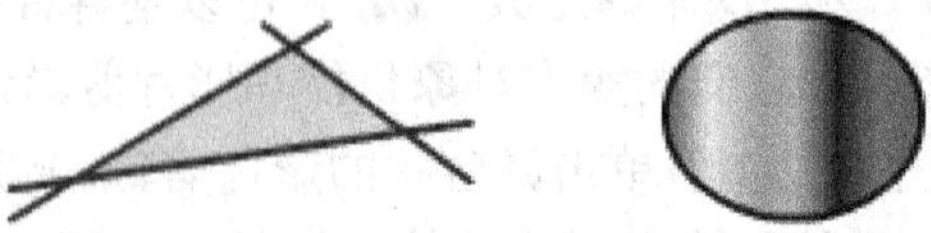

图9-23　用颜料桶工具填充颜色、渐变色

2．颜色面板

可以通过颜色面板重新设置笔触颜色和填充颜色。单击颜色按钮“”或者执行菜单命令“窗口\颜色”打开颜色面板，如图9-24所示。

在颜色面板，可以通过设定HSB（色相、饱和度、亮度）和RGB（三原色）两种模式得到一个标准的颜色，还可以通过输入十六进制数得到一个标准的颜色。

3. 渐变色的设置

在颜色面板的右上方，有一个填充风格的下拉列表。可以选择 5 种填充风格：无、纯色、线性渐变、径向渐变、位图填充。选定其中的线性渐变、径向渐变风格可以设置渐变色。在颜色面板中，最简单的颜色渐变是双色渐变，可以在渐变色条下方添加颜色使之成为多色渐变，如图 9-25 所示。

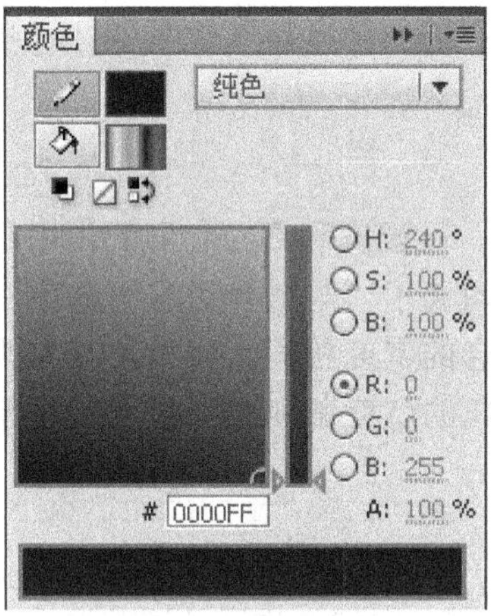

图 9-24 颜色面板（1）

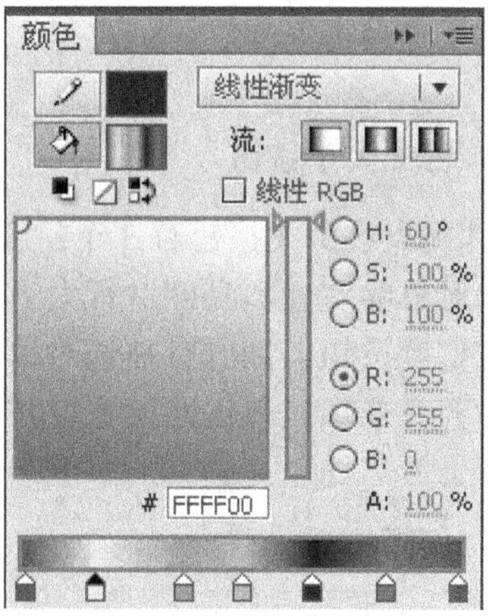

图 9-25 颜色面板（2）

9.1.6 对齐工具

可以通过对齐工具来排列、对齐舞台上对象。单击对齐按钮“”或者执行菜单命令“窗口\对齐”打开对齐面板，如图 9-26 所示。

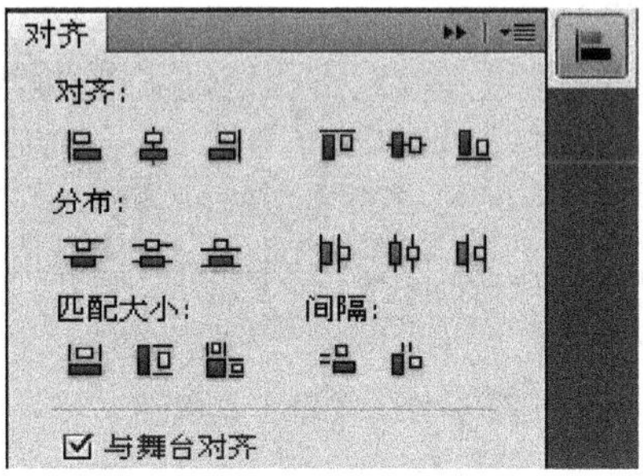

图 9-26 对齐面板

在对齐面板中，有对齐、分布、匹配大小、间隔 4 类按钮。

1. 对齐按钮

“对齐”类按钮的作用是使舞台上被选中的对象相互之间以某种方式对齐，或者以舞台为参照物进行对齐。一共有 6 个按钮：左对齐、水平居中、右对齐、顶对齐、垂直居中、底对齐。在对齐面板的下部，还有一个“与舞台对齐”选项。如果勾选了这个选项，那么被操作的对象将以舞台为参照物来执行对齐操作，否则就以对象相互作为参照物对齐。例如，如果勾选了“与舞台对齐”选项，选中舞台上的某个对象，分别单击水平居中按钮“ ”、垂直居中按钮“ ”，此时该对象就移动到舞台的正中央。

2．分布按钮

“分布”类按钮有6个：顶部分布、垂直居中分布、底部分布，左侧分布、水平居中分布、右侧分布。它们的作用是使舞台上被选中的对象相互之间以某种方式分布在舞台上。例如，单击顶部分布按钮，被选中的对象将每个对象的顶点位置作为参照进行位置上的分布。

3．匹配大小按钮

“匹配大小”类按钮有3个：匹配宽度、匹配高度、匹配宽和高。它们的作用是使被选择的对象的宽度和高度进行大小匹配。例如，如果勾选了“与舞台对齐”选项，再单击匹配宽度按钮，则所有被选对象的宽度都变成与舞台的宽度相同。如果没有勾选“与舞台对齐”选项，单击匹配宽度按钮，则所有被选对象的宽度都变成与最大的对象的宽度相同。

4．间隔按钮

“间隔”类按钮有2个：垂直平均间隔、水平平均间隔。它们的作用是调节被选中的对象在垂直方向或者水平方向上的间距相等。

9.1.7 文本工具

可以用工具箱中的文本工具“T”来创建文本。在 Flash CS5 中可以创建两类文本：传统文本和 TLF 文本。单击文本工具“T”，进入文本工具的属性面板，可以在这里设置文本的类型，如图 9-27 所示。

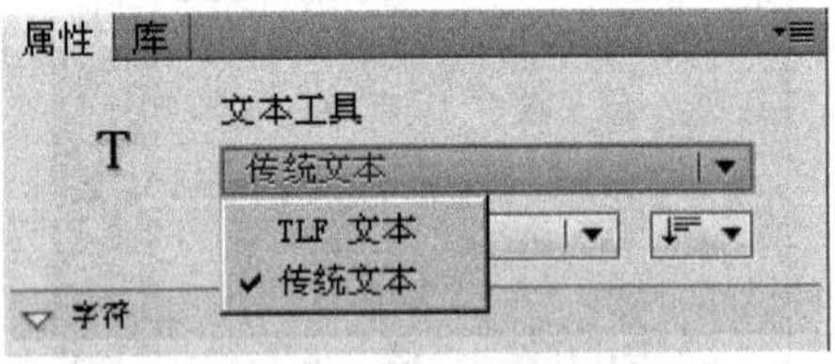

图 9-27 文本工具属性

TLF 文本叫文本布局框架。它可以实现对文本的精细控制。可以对 TLF 文本设置为只读、可选、可编辑三种性质。传统文本包括静态文本、动态文本、输入文本 3 种类型。

1．静态文本

静态文本是当文件运行时文本的内容不可编辑的文本。通常用来制作课件的标题文字、课件内容、提示文字等。可以对静态文本进行缩放、旋转、变色、透明度等设置。在文本工具的属性面板中可以设置文字的字体、大小、颜色、段落格式、链接、滤镜等内容。下面以输入标题“荷塘月色”为例，说明静态文本及其滤镜效果的应用方法。

（1）选定工具箱中的文本工具，进入到文本工具的属性面板。

（2）在舞台上部位置输入静态文字“荷塘月色”。在它的属性面板中设置字体为“华文行楷”，大小为“36”，颜色为“黑色”，格式为“居中”。展开文本工具的属性面板中的滤镜设置区，如图 9-28 所示。

单击滤镜设置中的添加滤镜按钮“”，出现滤镜效果选项，选中其中的“投影”效果。文字“荷塘月色”就出现了投影效果，如图 9-29 所示。

图 9-28　滤镜设置区

图 9-29　文字的滤镜效果

2. 动态文本

动态文本是当文件运行时文本的内容可以编辑或者可以改变的文本。动态文本的创建方法和静态文本一样，文本的字体、颜色、大小、滤镜等属性的设置与静态文本类似。与静态文本不同的是动态文本可以设置实例名称。如果该文件使用 ActionScript 2.0 脚本，那么还可以在属性面板为动态文本的“变量”参数定义一个变量名。

例如，新建一个 Flash CS5 文件（ActionScript 2.0），文件名为“测试动态文本.fla”。在它的时间轴面板建立两个图层：动态文本图层、脚本图层，如图 9-30 所示。

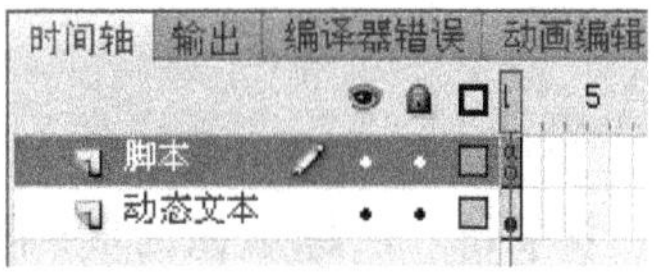

图 9-30　测试动态文本

在“动态文本”图层创建一个动态文本，在属性面板设置这个动态文本的变量名为 result。

选定“脚本”图层，执行菜单命令“窗口\动作”，打开动作面板。输入脚本语句：result = "回答正确！"。这时测试影片，结果为：动态文本变成“回答正确！”。

3. 输入文本

输入文本是指当课件运行时，用户能够输入的文本。输入文本的创建方法与静态文本和动态文本一样。文本的字体、颜色、大小、滤镜属性等的设置与静态文本类似。与动态文本一样也可以设置实例名称、定义变量。输入文本通常用于课件中的填充内容、回答问题、输入答案等情形。

9.2　Flash CS5 动画制作

9.2.1　Flash 动画的制作原理

1. Flash 动画

动画是指物体的位置、形状、颜色等在一定时间内发生变化的影像。Flash 动画是由于多幅静止画面的连续播放，利用人眼的视觉暂留特性所形成的连续影像。制作 Flash 动画，就是在 Flash 中组织和控制图形图像在一定时间内播放。通常在 Flash 的时间轴面板中，通过帧操作和图层操作来制作 Flash 动画。

2. Flash 的时间轴面板

时间轴面板是设置动画必不可少的面板。通常情况下，它会出现在 Flash 的工作界面中。如果它没有出现在工作界面中，可以通过菜单命令“窗口\时间轴”打开它。如果要隐藏时间轴面板，可以再执行菜单命令“窗口\时间轴”关闭它。时间轴面板如图 9-31 所示。

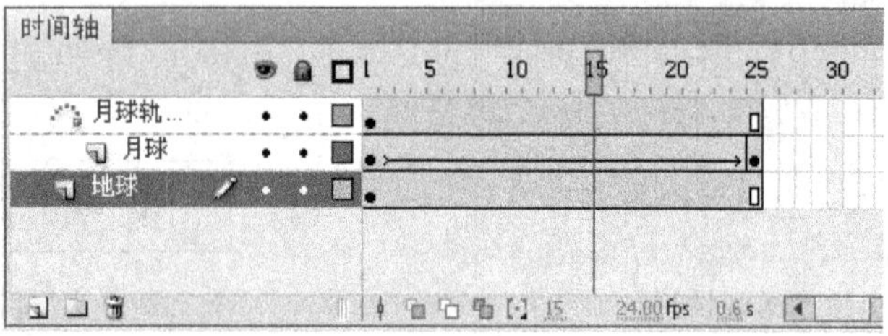

图 9-31　时间轴面板

时间轴面板包含图层区、时间轴、播放头等内容。播放头是时间轴上的一条可以随着时间推进而移动的红线。当播放头匀速运动经过每一帧时，帧中的图像就以动画的效果呈现出来。时间轴底部的帧速率 24.00fps，表示每秒播放 24 帧。通过修改帧速率可以控制动画播放的速度。方法是单击此处的数字 24.00，并更改这个值。

3. 时间轴上的帧

帧是 Flash 动画制作中直观的时间单位。一帧就是时间轴上的一个小方格。每个帧有一个序列号，标记在时间轴的上部，每 5 帧有一个序列号的标识数字，如 5、10、15、20、25……当播放头经过某帧时，时间轴面板的底部会显示该帧的序列号。

可以用鼠标拖动时间轴面板底部的滚动条中的滑块，来查看时间轴上的帧。假如时间轴上显示的总帧数太少，可以扩充时间轴上的总帧数。方法是在时间轴的最后一帧上执行“插入帧”操作命令。

根据帧中是否含有播放内容，可以将帧分为无内容帧和有内容帧。无内容帧用白颜色的小方格表示，有内容的帧呈现其他颜色。如果某帧与它前面的帧相比，内容有变化，该帧就是关键帧。无内容的关键帧，叫空白关键帧，用“”表示，有内容的关键帧表示为“”。Flash 动画正是由帧中内容的变化来形成的，需要通过关键帧来设置动画。

4. 帧操作命令

对帧的操作应该遵循“先选定，后操作”的原则。帧操作命令包括：插入帧、删除帧、插入关键帧、插入空白关键帧、清除关键帧、将帧转化为关键帧、将帧转化为空白关键帧、复制帧、粘贴帧等。有两种方法来实现这些操作：一是通过菜单命令来执行操作，例如依次执行菜单命令“插入\时间轴\关键帧”，进行插入关键帧操作。二是通过将鼠标指针放在某个帧上，单击鼠标右键，弹出帧的命令面板，然后选择其中的命令进行帧操作。

5. 图层操作命令

在默认情况下，时间轴面板中只有一个图层，可以通过插入图层命令来添加图层。方法是在时间轴面板图层区的底部按钮区，用鼠标单击插入图层按钮“”。当有多个图层时，时间轴面板中的每个图层就像幻灯片里的每一张透明胶片，各个图层中的内容相互不影响，所显示的内容按照从上到下的顺序叠加显示。对于各个图层中重叠的部分，上面图层中的内容可以遮盖下面图层的内容中重叠的部分，对于不重叠的部分则不会遮盖。每个图层都有自己的时间轴。图层按其属性分类，可以分为普通图层、遮罩图层、引导图层等类型。

对某一个图层的操作不会影响到另一个图层。对图层的操作应该遵循“先选定，后操作”的原则。对图层的操作包括：插入图层、删除图层，将图层设置为引导图层，将图层设置为遮罩图层等几类。想要进行图层操作或者设置图层的类型，有两种方法：一是通过菜单命令“插入\时间轴\图层属性”进行操作。二是通过将鼠标指针放在某个图层上，单击鼠标右键，弹出图层的命令面板，然后选择其中的命令进行图层操作。

6. Flash 动画的类型

常用的 Flash CS5 动画有逐帧动画、传统补间动画、补间形状动画、引导层动画、补间动画、遮罩动画等，它们的制作方法各不相同。

9.2.2　逐帧动画

逐帧动画是通过改变每一帧的内容而形成的动画。想要创建逐帧动画，需要将动画的每一帧都设置为关键帧，让每一帧中的内容与前面一帧的内容不相同。

以利用逐帧动画制作一个倒计时动画为例，制作方法和步骤如下：

（1）新建一个 Flash CS5 文件。执行菜单命令“文件\保存”，保存文件名为“倒计时.fla”。在文档属性面板，设置舞台尺寸为高 100 像素，宽 100 像素。其他参数保持默认值。

（2）选定图层 1 的第 1 帧，用 Flash 工具箱中的文本工具“T”，在舞台中央输入静态文本数字“9”。设置字体为黑体、大小为 36 点，颜色为深蓝色。

（3）依次在第 2 帧到第 10 帧插入关键帧，如图 9-32 所示。这时，第 2 帧到第 10 帧的舞台中自动产生了与第 1 帧相同的内容，都是数字“9”。

（4）依次将第 2 帧到第 10 帧舞台中的内容“9”修改为数字 8、7、6、5、4、3、2、1、0。

（5）修改帧速率。用鼠标单击时间轴面板底部的帧速率，将 24fps 修改为 1fps。

（6）此时动画制作完成，可以测试动画效果。通过菜单命令“控制\测试影片\测试”，可以查看这个倒计时动画的效果（也可以用测试的快捷键“Ctrl + Enter”），如图 9-33 所示。

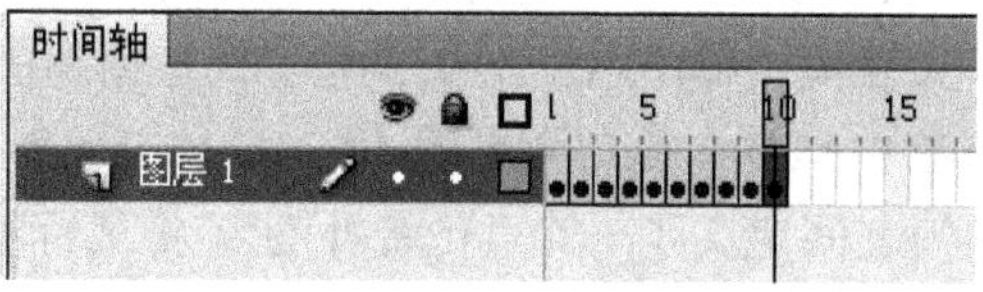

图 9-32　依次从第 2 帧到第 10 帧插入关键帧

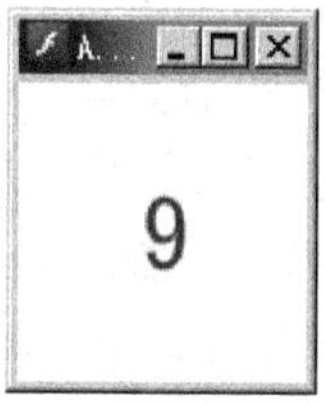

图 9-33　倒计时动画的效果

逐帧动画的优点是表现细致。但是，由于逐帧动画中的每一帧都是关键帧，保存文件时需要保存每一帧的内容，这样会使得文件的存储量增大。传统补间动画可以弥补逐帧动画的这个缺陷。

9.2.3 传统补间动画

传统补间动画是指这样一种动画，有两个关键帧，在一个关键帧中创建一个对象，然后在另一个关键帧中改变这个对象的一些属性，如位置、旋转角度、倾斜度、大小、颜色、透明度、滤镜效果等，之后再在这两个关键帧之间定义一个“传统补间”，Flash 就自动在这两个关键帧之间形成渐变动画，这种渐变动画叫做传统补间动画。这种能够渐变的对象可以是元件、位图、文字等，但是它不能是分离的图形。只有将分离的图形转化成元件，或者组合以后才可以使用。

下面以转动的分针为例，通过设置钟面上分针的转动，来说明如何制作传统补间动画。分针旋转的过程，如图 9-34 所示。

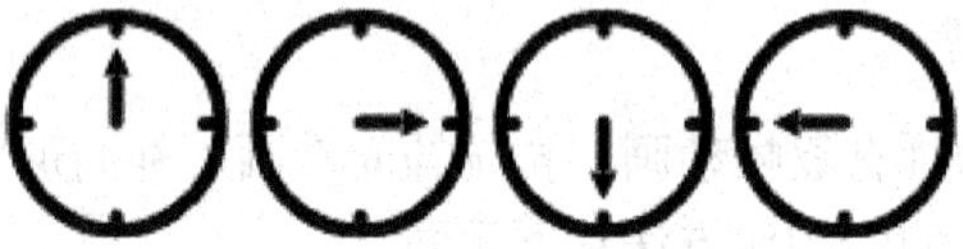

图 9-34 转动的分针

制作方法和步骤如下：

（1）新建一个 Flash CS5 文件。执行菜单命令“文件\保存”，保存文件名为“旋转的分针.fla”。文档属性的参数保持默认值。

（2）在时间轴面板，将图层 1 重命名为“钟面”。在“钟面”图层的第 1 帧用绘图工具画一个钟面图形。在该图层的第 60 帧处“插入帧”，将钟面图形延续到第 60 帧。

（3）新建“分针”图层，如图 9-35 所示。

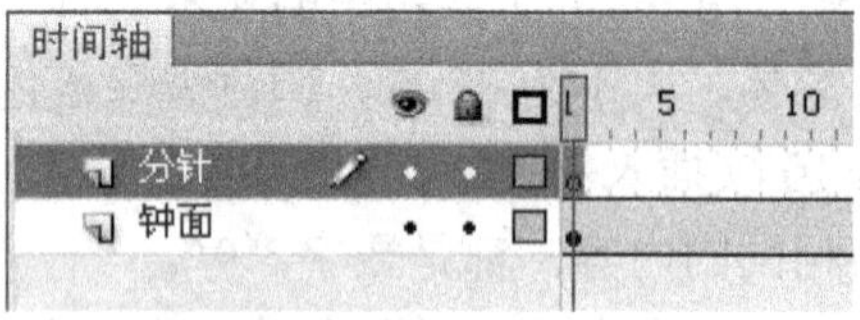

图 9-35 新建“分针”图层

（4）新建一个名称为“针”的图形元件。用直线工具在它的编辑窗口中央，画一条垂直方向的线段，作为分针。

（5）切换到主场景，将“针”的图形元件从库面板中拖到舞台中央。用任意变形工具将“针”的中心点与钟面图形的中心点对齐。如图 9-34 中的第 1 幅图所示。

（6）在“分针”图层的第 15 帧插入关键帧。用任意变形工具将“针”图形围绕其中心点，按照顺时针旋转方向旋转 90°。如图 9-34 中的第 2 幅图所示。

（7）在第 1 帧和第 15 帧这两个关键帧之间定义了一个“传统补间”。将鼠标移动到“分针”图层的第 1 帧和第 15 帧之间的任意一个帧上，执行菜单命令“插入\传统补间”。此时，在第 1 帧与第 15 帧之间出现了一条带箭头的直线，箭头的方向是由第 1 帧指向第 15 帧。表明已经建立了传统补间关系，如图 9-36 所示。

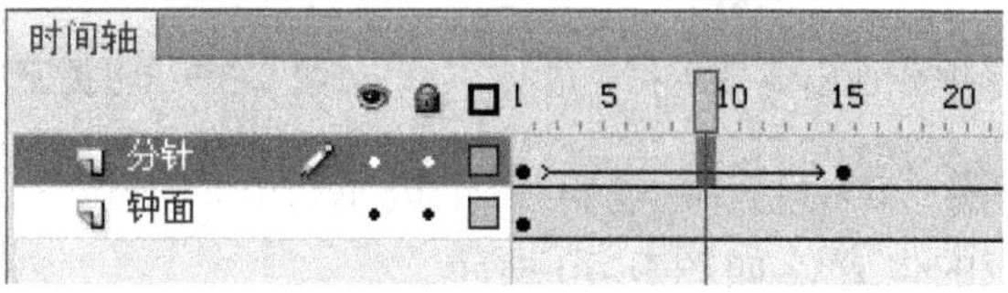

图 9-36　建立传统补间

（8）重复上述步骤（6）和（7），在“分针”图层第 15 帧和第 30 帧，第 30 帧和第 45 帧，第 55 帧和第 60 帧，分别创建传统补间。

（9）修改帧速率。用鼠标单击时间轴面板底部的帧速率，将默认的 24fps 修改为 1fps。

（10）此时动画制作完成，可以测试动画效果。通过菜单命令“控制\测试影片\测试”，就可以看到钟面上分针转动的动画效果。

9.2.4　补间形状动画

补间形状动画的特点是有两个关键帧，在其中一个关键帧中创建一个形状，在另一个关键帧中改变这个形状，在这两个关键帧之间定义补间形状，Flash 就自动在这两个关键帧之间形成渐变动画，这种渐变动画叫做补间形状动画。

下面以一个三角形变为六边形的动画为例，说明如何制作补间形状动画，以及如何添加形状提示来精确控制变形的过程，如图 9-37 所示。

图 9-37　三角形变为六边形

制作方法和步骤如下：

（1）新建一个 Flash CS5 文件。执行菜单命令“文件\保存”，保存文件名为“三角形变为六边形.fla”。文档属性的参数保持默认值。

（2）在时间轴面板的图层 1 的第 1 帧，用多角星形工具“”画一个三角形。在它的属性面板设置三角形的笔触颜色为红色，填充颜色为黄色，如图 9-37 中的左图所示。

（3）在第 30 帧插入空白关键帧，用多角星形工具“”画一个六边形。在它的属性面板设置六边形的笔触颜色为红色，填充颜色为青色，如图 9-37 中的右图所示。

（4）在第 1 帧和第 30 帧这两个关键帧之间定义一个“补间形状”。将鼠标移动到第 1 帧和第 30 帧之间的任意一帧上，执行菜单命令“插入\补间形状”。此时，在第 1 帧与第 30 帧之间出现了一条带箭头直线，箭头的方向是由第 1 帧指向第 30 帧。表明已经建立了补间形状关系。

（5）此时，测试动画效果，可以发现在三角形变化为六边形的过程不规范，形状变化比较零乱。如何精确控制形状的变化过程？可以添加形状提示来控制形状变化的过程。

（6）添加形状提示。在第 1 帧，执行菜单命令“修改\形状\添加形状”。此时，在三角形图形的中央出现一个红色的“a”，同时在第 30 帧的六边形中央也出现了一个红色的“a”，如图 9-38 所示。

（7）将提示符“a”分别拖动到三角形和六边形的相应的位置，如图 9-39 所示。

图 9-38　在两个图形中分别出现提示符

图 9-39　将提示符拖动到相应的位置

（8）重复上述的步骤（6）、（7），添加 5 个提示符。添加所有的提示符，分别拖动到三角形和六边形的相应的位置，如图 9-40 所示。

图 9-40　将所有的提示符拖动到相应的位置

（9）此时动画制作完成，可以测试动画效果。通过菜单命令“控制\测试影片\测试”，就可以看到三角形变化为六角形的动画效果。

9.2.5　引导层动画

引导层动画是指被引导层中的对象沿着引导层中绘制的路径运动的动画。

引导层动画的特点是有两个特殊的图层：引导层和被引导层。在导引层中创建一条路径，路径可以是一条线段或一段没有交叉点的曲线，路径必须有两个端点。在时间轴面板中，被引导层以缩进的方式显示的在引导层的下方，如图 9-41 所示。其中的“月球轨道”图层是引导层，“月球”图层是被引导图层。

下面以太阳、地球、月球运动的动画为例，说明如何制作引导层动画。该动画的效果是月球围绕地球转，同时地球带着月球围绕太阳转，如图 9-42 所示。

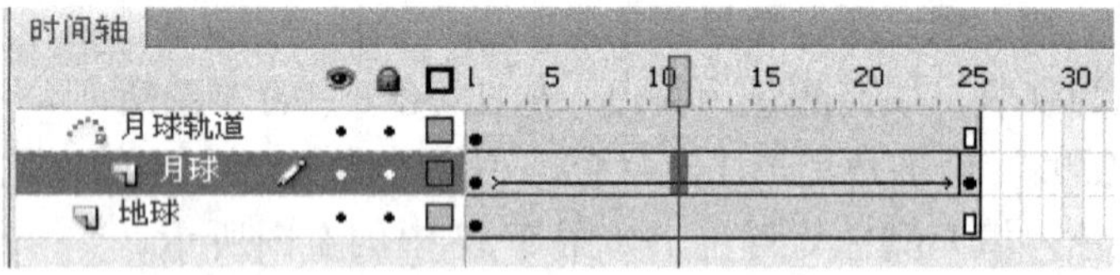

图 9-41　被引导层以缩进的方式显示的在引导层的下方

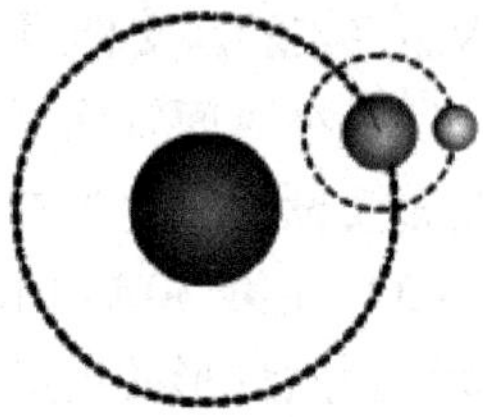

图 9-42　太阳、地球、月球运动

制作方法和步骤如下：

（1）新建一个 Flash CS5 文件。执行菜单命令“文件\保存”，保存文件名为“太阳、地球、月球运动.fla”。文档属性的参数保持默认值。

（2）创建 3 个图形类元件，元件名称分别为“太阳”、“地球”、“月球”，颜色分别为红色渐变色、绿色渐变色、灰色渐变色，这 3 个元件的大小分别为：高 100×宽 100、高 50×宽 50、高 30×宽 30。

（3）新建一个影片剪辑元件，命名为“月球围绕地球转”。进入它的编辑窗口，在时间轴面板建立 3 个图层，分别命名为“地球”图层、“月球”图层、“月球轨道”图层。

（4）从库面板将“地球”元件拖动到“地球”图层的第 1 帧，使用对齐工具使它位于舞台的正中央，然后在“地球”图层的第 25 帧执行“插入帧”操作，将地球图形延续到第 25 帧。

（5）将库面板中的图形元件“月球”拖入到“月球”图层的第 1 帧，将它放置在舞台中的任意位置。然后在“月球”图层的第 25 帧执行“插入关键帧”操作。

（6）在“月球轨道”图层的第 1 帧舞台正中央画一个圆。在属性面板设置这个圆的填充颜色为无，笔触颜色为黑色，它的宽和高都是 100。用橡皮擦工具，将这个圆擦除一小部分，使这个圆的线条具有两个端点。然后在“月球轨道”图层的第 25 帧执行“插入帧”操作。

这三个图层的示意图如图 9-43 所示。

这三个图层的内容叠加的效果图如图 9-44 所示。

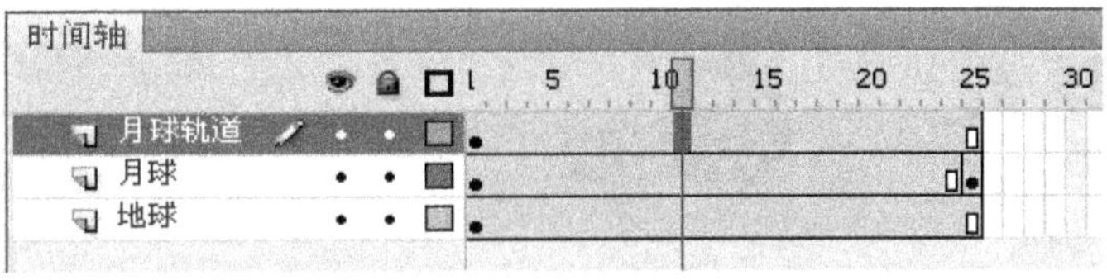

图 9-43　地球、月球、月球轨道 3 个图层示意图

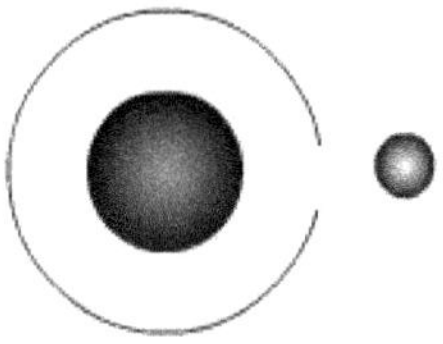

图 9-44　地球、月球、月球轨道 3 个图层内容叠加的效果图

（7）将“月球轨道”图层设置为引导层。

选定“月球轨道”图层，执行“修改\时间轴\图层属性”命令，出现“图层属性”对话框，如图 9-45 所示。在多项选择按钮中选择“引导层”，就将“月球轨道”图层设置成为引导层。

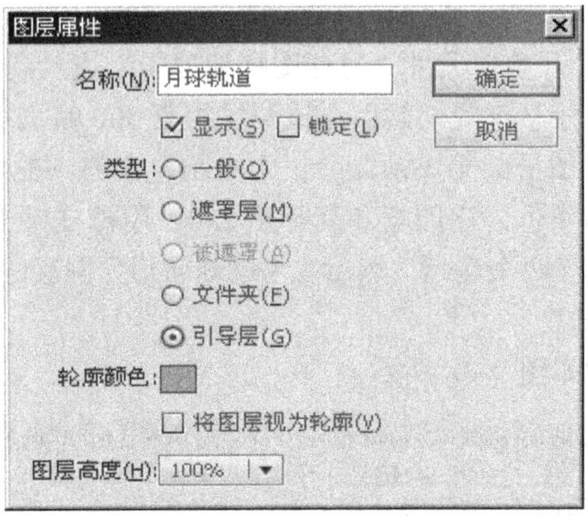

图 9-45　在图层属性对话框设置月球轨道图层为引导层

（8）将“月球”图层设置为被引导层。

用鼠标拖动“月球”图层到“月球轨道”图层，就将“月球”图层设置成为了“月球轨道”图层的被引导层，如图 9-46 所示。

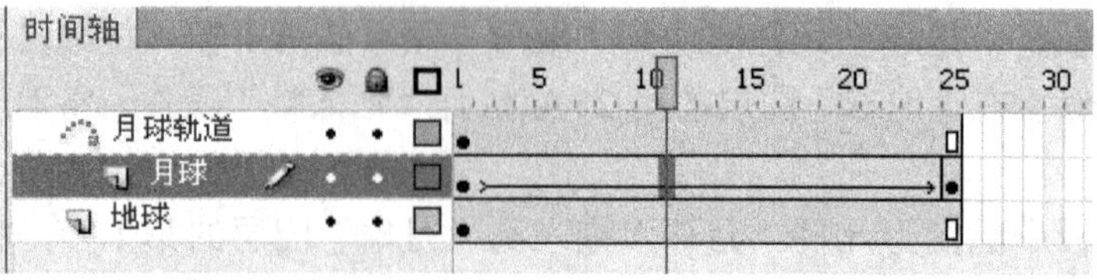

图 9-46　设置月球图层为被引导图层

（9）设置“月球”沿着轨道围绕地球转。

选定“月球”图层，执行菜单命令“插入\传统补间”命令，这时在“月球”图层的第 1 帧和第 25 帧之间自动出现补间动画，如图 9-46 所示。分别选定“月球”图层的第 1 帧和第 25 帧，将舞台中的“月球”实例的中心点对齐到月球轨道引导线的两个端点，如图 9-47 所示。

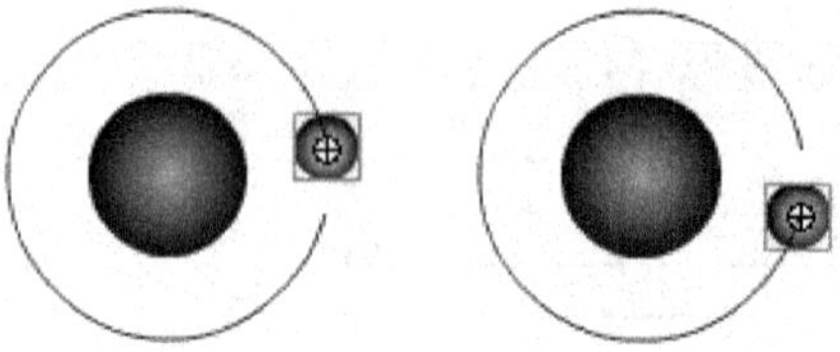

图 9-47　在第 1 帧和第 25 帧，将月球的中心点对齐到引导线的两个端点

到此为止，就完成了“月球围绕地球转”的影片剪辑。

（10）切换到主场景。在它的时间轴面板建立 3 个图层，分别命名为“太阳”图层、“地月系统”图层、“地球轨道”图层。

（11）从库面板将“太阳”元件拖动到“太阳”图层的第 1 帧，使用对齐工具使它位于舞台的正中央，然后在“太阳”图层的第 300 帧执行“插入帧”操作，将太阳图形延续到第 300 帧。

（12）将库面板中的影片剪辑元件“月球围绕地球转”拖入到“地月系统”图层的第 1 帧，将它放置在舞台中的任意位置。然后在该图层的第 300 帧执行“插入关键帧”操作。

（13）在“地球轨道”图层的第 1 帧舞台正中央画一个圆。在属性面板设置这个圆的填充颜色为无，笔触颜色为黑色，它的宽和高都是 250。用橡皮擦工具，将这个圆擦除一小部分，使这个圆的线条具有两个端点。然后在“地球轨道”图层的第 300 帧执行“插入帧”操作。

这三个图层的示意图如图 9-48 所示。

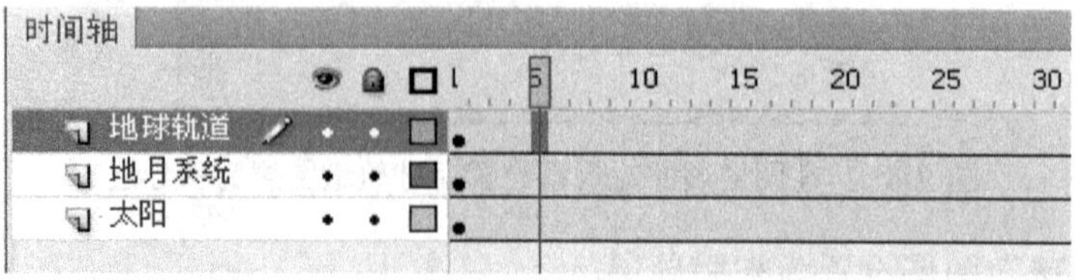

图 9-48　太阳、地月系统、地球轨道 3 个图层示意图

这三个图层的内容叠加的效果图如图 9-49 所示。

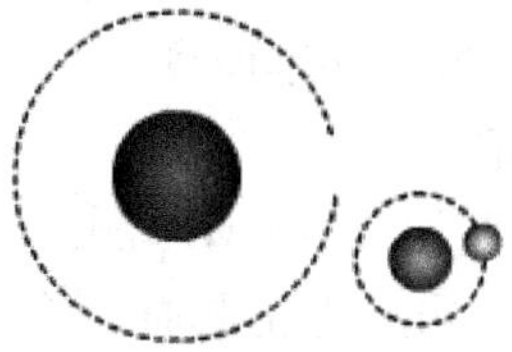

图 9-49　太阳、地月系统、地球轨道 3 个图层内容叠加的效果图

（14）将“地球轨道”图层设置为引导层。

选定“地球轨道”图层，执行“修改\时间轴\图层属性”命令，出现“图层属性”对话框。在多项选择按钮中选择“引导层”，就将“地球轨道”图层设置成为引导层，如图 9-50 所示。

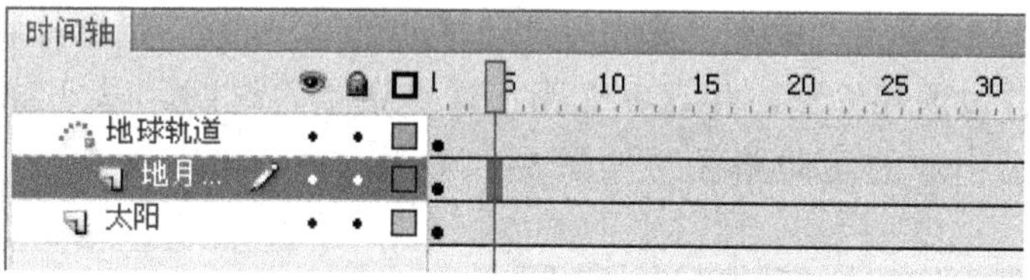

图 9-50　设置地月系统图层为被引导图层

（15）设置“地月系统”沿着轨道围绕太阳转。

选定“地月系统”图层，执行菜单命令“插入\传统补间”命令，这时在该图层的第 1 帧和第 300 帧之间自动出现补间动画。分别选定“地月系统”图层的第 1 帧和第 300 帧，将舞台中的影片剪辑元件“月球围绕地球转”的实例的中心点对齐到地球轨道引导线的两个端点，如图 9-51 所示。

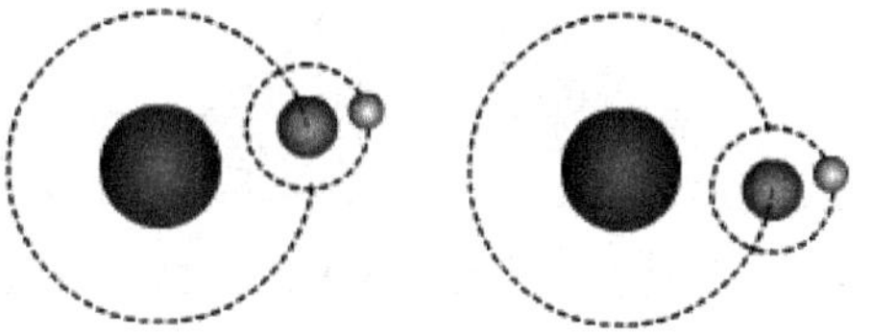

图 9-51　在第 1 帧和第 300 帧，地月系统的中心点对齐到引导线的两个端点

至此，就完成了“太阳、地球、月球运动”的动画制作。通过菜单命令“控制\测试影片\测试”，可以测试动画效果。

9.2.6　补间动画

补间动画是从 Flash CS4 开始的一种新动画类型，与传统补间动画和补间形状动画相比，它的功能更强大，制作更方便。

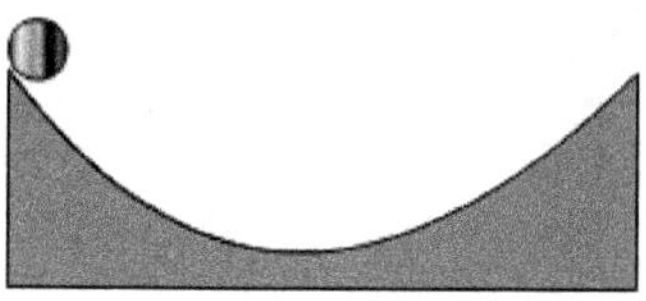

图 9-52　滚动的小球

下面以一个滚动的小球为例，说明如何制作补间动画。通过补间动画不仅可以设置小球在凹槽中滚动的运动路径，还可以设置小球旋转。其效果如图 9-52 所示。

制作方法和步骤如下：

（1）新建一个 Flash CS5 文件。执行菜单命令“文件\保存”，保存文件名为“滚动的小球.fla”。文档属性的参数保持默认值。

（2）在时间轴面板，创建两个图层：“凹槽”图层、“小球”图层。

（3）在“凹槽”图层的第 1 帧，用矩形工具画一个“凹槽”图形，如图 9-52 所示。在该图层的第 30 帧插入帧，使得“凹槽”图形延续到第 30 帧。

（4）在“小球”图层的第 1 帧，用椭圆工具画一个小球图形，小球颜色设置为渐变色。把它放置在凹槽的左边顶部位置，以这里作为小球运动的起始点。将“小球”图形转化为元件。在该图层的第 30 帧插入帧。此时，两个图层的效果图如图 9-53 所示。

（5）将鼠标指针放在“小球”图层的任意一帧上，执行菜单命令“插入\补间动画”命令，这时“小球”图层的所有帧颜色变为浅蓝色，表明已经为“小球”图层所有帧设置了补间动画。用鼠标单击第 30 帧，播放头自动移动到第 30 帧。用鼠标将“小球”图形从左拖动到凹槽的右边顶部位置，将这里作为小球结束点。这时，从小球的起始点到结束点之间自动出现了小球的运动路径，如图 9-54 所示。

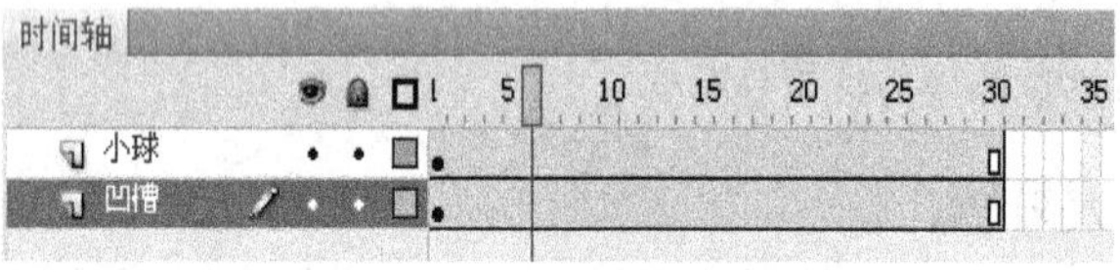

图 9-53　两个图层的效果图

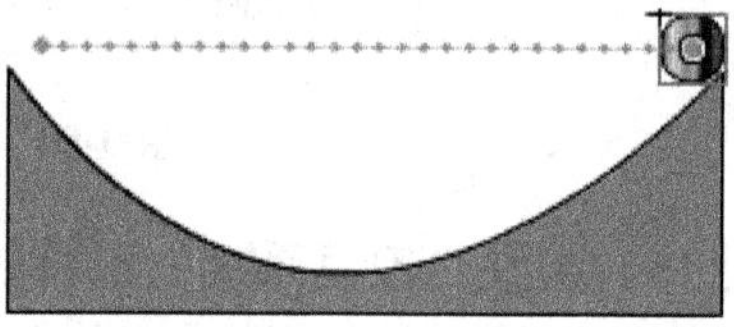

图 9-54　起始点到结束点之间自动出现运动路径

（6）用选择工具，可以改变小球的运动路径的形状，如图 9-55 所示。

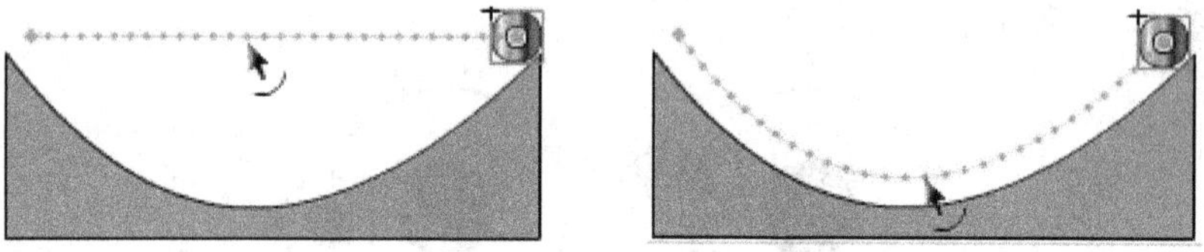

图 9-55　用选择工具改变小球的运动路径的形状

（7）打开补间动画的属性面板可以设置小球的旋转次数、速度的属性。补间动画的属性面板，如图 9-56 所示。

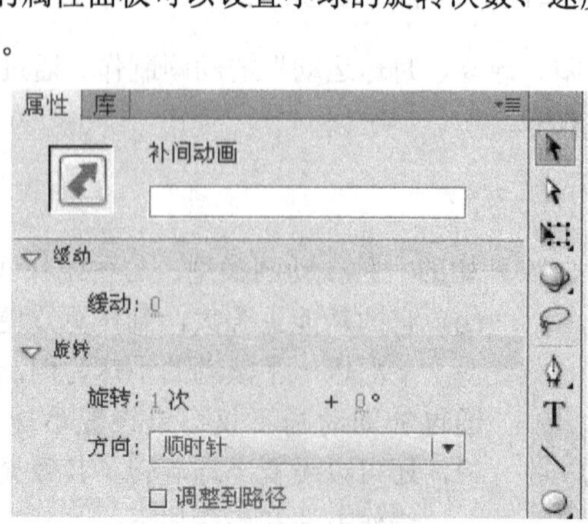

图 9-56　补间动画的属性设置

在补间动画的属性面板中，缓动数字值设为 0，表示小球做匀速运动，数字为其他值表示加速度运动。旋转选项中，可以设置小球的旋转次数和旋转方向。

至此，就完成了“滚动的小球”的动画制作。通过菜单命令“控制\测试影片\测试”，可以测试动画效果。

9.2.7 遮罩动画

遮罩动画是利用遮罩图层的透明区域能够显示被遮罩图层中一部分内容的特点，制作出来的动画。在遮罩图层中用于透明的对象可以是图形图像、文字、元件等，它可以是静止的、也可以是移动的。在被遮罩图层中除了透明区域可见，其他的区域被遮罩了不可见。

下面以一个闪烁的彩色文字为例，说明如何制作遮罩动画。该动画有两个图层：“移动矩形”图层、“文字”图层。其中“文字”图层是遮罩层，图层中有文字“美丽的风光”。“移动矩形”图层是被遮罩层，图层中有一个移动的矩形，矩形的填充颜色是彩色渐变色。通过遮罩层效果，实现闪烁的彩色文字动画效果。

制作方法和步骤如下：

（1）新建一个 Flash CS5 文件。执行菜单命令“文件\保存”，保存文件名为“闪动的彩色文字.fla”。文档属性的参数保持默认值。

（2）在时间轴面板上创建两个图层：“移动矩形”图层、“文字”图层。

（3）在“移动矩形”图层的第 1 帧，用矩形工具画一个矩形，设置它的填充颜色为彩色渐变色，笔触颜色为无。将这个矩形转化为图形元件。在该帧的第 25 帧插入关键帧，将矩形图从第 1 帧延续到第 25 帧。

（4）在“文字”图层输入文本“美丽的风光”。在该帧的第 25 帧插入帧，将文字从第 1 帧延续到第 25 帧。

此时，两个图层的示意图如图 9-57 所示。

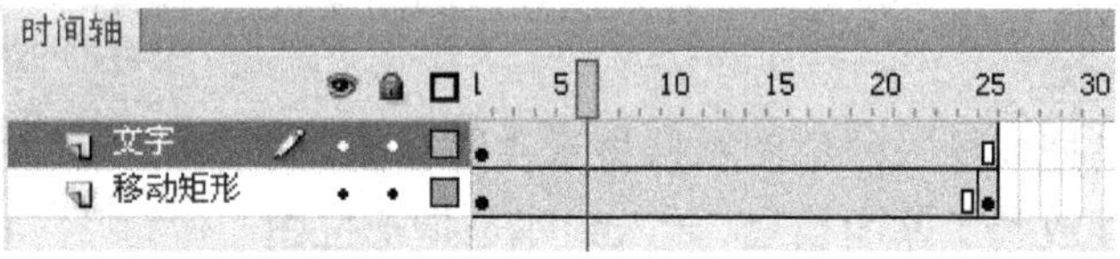

图 9-57 “移动矩形”和“文字”图层的示意图

两个图层的内容叠加效果如图 9-58 所示。

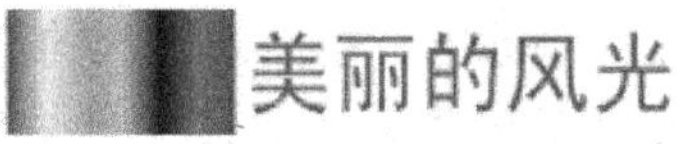

图 9-58 “移动矩形”和“文字”图层内容叠加效果图

（5）用鼠标单击选定“移动矩形”图层的第 25 帧，从舞台上将矩形图形拖动到文字的右边。然后把鼠标指针放在第 1 帧和第 30 帧之间，执行菜单命令“插入\传统补间”。使“移动矩形”图层中的矩形图从左向右移动。

（6）用鼠标选定“文字”图层，单击鼠标右键，出现浮动的菜单命令，选择“遮罩层”

命令。此时，“文字”图层变成了遮罩层，同时“移动矩形”图层变成了被遮罩图层，如图 9-59 所示。

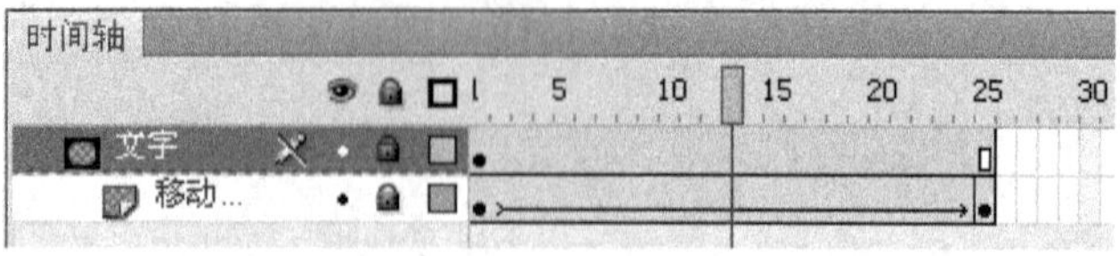

图 9-59　将“文字”图层变成了遮罩层

至此，就完成了“闪动的彩色文字”的动画制作。通过菜单命令“控制\测试影片\测试”，可以测试动画效果。

9.3　导入外部素材

在制作 Flash 多媒体课件的过程中经常用到位图、声音、视频和动画等素材。Flash CS5 支持各种常见类型的位图、声音、视频、动画等文件。一般通过导入的方法，将这些位图、声音、动画、视频等多媒体文件导入到 Flash 源文件中加以利用。

9.3.1　导入位图文件

Flash CS5 支持导入各种常见的位图文件，包括位图文件（*.bmp，*.dib）、Photoshop 文件（*.psd）、JPEG 位图（*.jpg，*.jpeg）、PNG 文件（*.png）等。通过执行菜单命令“文件\导入”，先将它们导入到 Flash 的库面板中，再进行加工处理。

1. Flash 的库面板

执行菜单命令“文件\导入”后有 4 个命令选项，分别是导入到舞台、导入到库、打开外部库、导入视频，如图 9-60 所示。

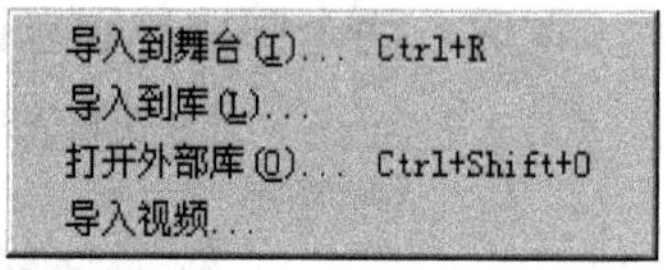

图 9-60　导入命令的 4 个选项

导入到舞台是指把要导入的位图直接显示在舞台上，同时被导入的位图被存放到了库面板里。导入到库是指把位图存放到库面板中，此时被导入的位图不显示在舞台上，只有当需要使用这个位图时才把它拖到舞台上。打开外部库是指把外部 Flash 文件中库面板中的位图直接导入到当前 Flash 文件的库面板中。导入视频是指将外部的视频文件导入到 Flash 中。

Flash 的库面板是存储各种元件的地方，包括被导入的位图、声音、视频等文件都可以存放在这里。在库面板中还可以创建文件夹，通过文件夹对各种元件进行分类管理。

通过执行菜单命令“窗口\库”可以打开或关闭库面板。如果要使用库面板中的某个元件，就把它拖动到舞台上。

2. 导入位图文件

执行菜单命令“文件\导入\导入到库”，出现“导入到库”对话框。此时，在对话框中选择被导入的位图文件，即可将它导入到 Flash 的库面板。

3. 把导入的位图矢量化

可以对导入到舞台上的位图进行多种操作，如对位图进行缩放、旋转等操作。但是，想要对舞台上的位图进行修改和编辑，例如，想要擦除图中的多余内容，必须将它矢量化。

有两种方法将位图矢量化：一种是通过执行菜单命令“修改\分离”可以将它分离，另一种是执行菜单命令“修改\位图\转换位图为矢量图”。位图矢量化后，就能很方便地对它进行编辑修改了。例如，可以用套索工具和橡皮擦工具对它进行修改和编辑，如图 9-61 所示。

图 9-61 将位图矢量化

4. 导入多张连续位图

Flash 可以导入多张连续位图形成逐帧动画。例如，有多张位图，它们的文件名呈现出数字依次增大的规律，如风景图 01.jpg、风景图 02.jpg、…、风景图 12.jpg 等。这时通过执行菜单命令“文件\导入”，将位图“风景图 01.jpg”导入到舞台时，出现对话框，如图 9-62 所示。此时，单击“是”按钮，将同时导入风景图 01.jpg、风景图 02.jpg、…、风景图 12.jpg 等，形成逐帧动画。

图 9-62 导入多张连续位图对话框

9.3.2 导入声音文件

通常 Flash 支持导入的声音文件类型有 WAV、MP3。如果系统上安装了 QuickTime，还可以导入 MOV、AIFF 等格式的文件。对于 Flash 不支持导入的声音文件，可以通过格式转换软件将它转换成 Flash 支持导入的声音文件，然后导入到 Flash 中。导入声音文件的方法与导入位图方法相似。下面以制作“升国旗，奏国歌”的简单课件为例，说明导入和应用声音文件的方法。

本例介绍如何导入声音文件“国歌.wav”和动态图片文件“飘动的国旗.gif”，并利用它们制作“升国旗，奏国歌”动画。方法与步骤如下：

（1）新建一个 Flash CS5 文件（ActionScript 2.0）。执行菜单命令“文件\保存”，保存文件名为“升国旗.fla”。文档属性的参数保持默认值。

（2）在时间轴面板建立 3 个图层，图层名称分别为旗杆、奏国歌、升国旗，如图 9-63 所示。

（3）在“旗杆”图层，用绘图工具箱中的矩形工具，在舞台上的水平中间位置画一个旗杆图形，旗杆高度与屏幕的高度大致相当，略少于屏幕的高度值。

（4）执行菜单命令“文件\导入\导入到库”将外部文件“国歌.wav”、“飘动的国旗.gif”导入到库面板中。

（5）打开库面板，将库面板中的元件“国歌.wav”拖到“奏国歌”图层的第 1 帧。此时，该图层的第 1 帧上现一条短线，这表明声音文件已经应用到该关键帧上了，如图 9-64 所示。

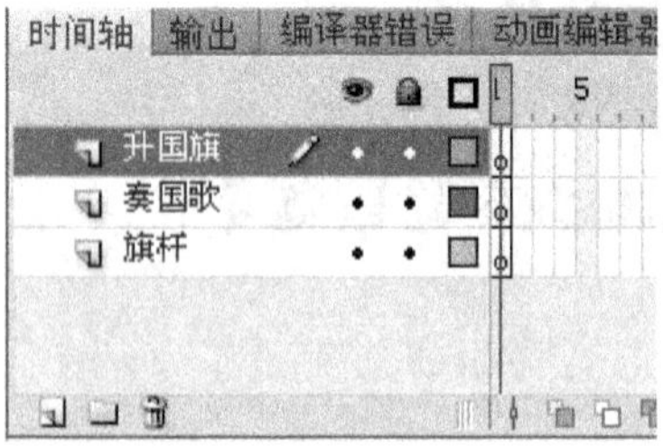

图 9-63　建立 3 个图层

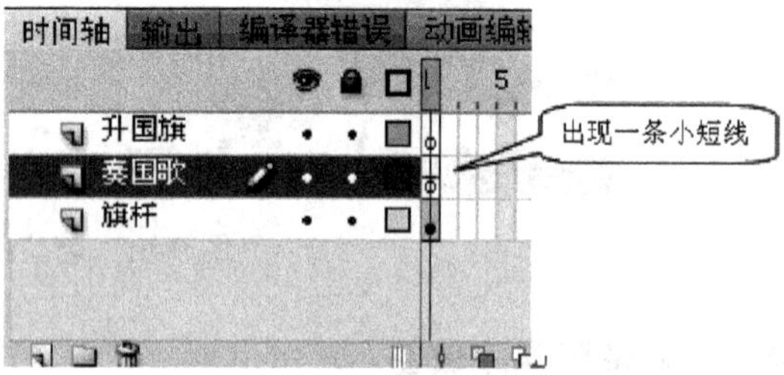

图 9-64　声音文件应用到关键帧上

（6）选定“奏国歌”图层的第 1 帧，切换到它的属性面板，单击其中的“编辑声音封套”按钮“ ”，如图 9-65 所示。可以打开“编辑封套”对话框，如图 9-66 所示。

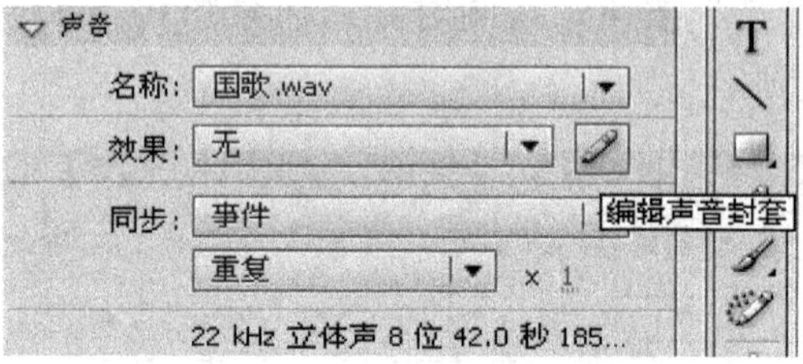

图 9-65　声音文件帧的属性面板

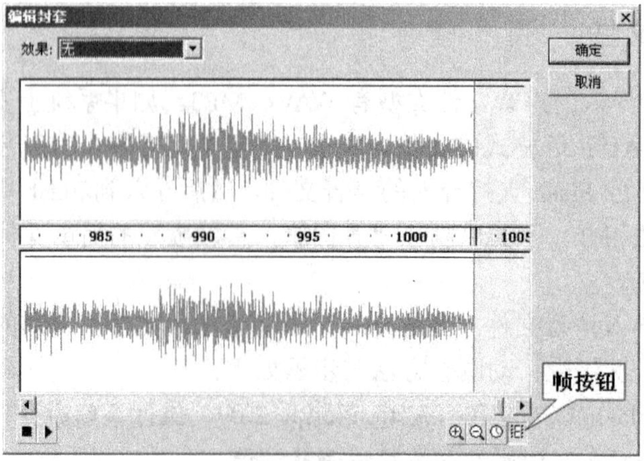

图 9-66　“编辑封套”对话框

单击“编辑封套”对话框中的帧按钮“”，可以看到声音的长度（即可以知道“国歌.wav”所点的总帧数是 1002 帧），如图 9-66 所示。

（7）分别将“旗杆”图层、“奏国歌”图层在它们的第 1002 帧上插入帧，将它们都延长到 1002 帧。（小技巧：如果在时间上显示的总帧数太少，不足以显示所需要显示的帧，就需要扩充时间轴上的帧数。扩充的方法是在时间轴的最后一帧上执行“插入帧”操作命令。）

（8）打开库面板，将库面板中的“飘动的国旗”元件拖到“升国旗”图层的第 1 帧。国旗放置在旗杆的右边，其左部紧靠旗杆，国旗的高度大约放置在旗杆下部三分之一高度处。

（9）在“升国旗”图层的 1002 帧处插入关键帧。在该帧，将国旗移动到旗杆的顶部。然后，将鼠标指针放在“升国旗”图层的第 1 帧到第 1002 帧之间任意一帧上面，执行菜单命令“插入\传统补间”，这时自动在第 1 帧和第 1002 帧之间建立了补间动画。

（10）执行菜单命令“控制\测试影片\测试”命令，就可以观看动画效果了。

9.3.3　在 Flash 中播放视频

在 Flash CS5 中可以导入外部视频文件，将它作为动画的一部分。执行菜单命令“文件\导入\导入视频”，出现导入视频对话框，如图 9-67 所示。在这个对话框中，需要打开的视频文件的位置有两种方式：本地计算机、Web 服务器。一般选择本地计算机方式，然后单击浏览按钮，选择视频文件的路径。视频在 Flash 中的播放方式有 3 种：使用回放组件加载外部视频，在 SWF 中嵌入 FLV 并在时间轴中播放，作为捆绑在 SWF 中的移动设备视频导入。通常选择前两种方式播放。其中，“使用回放组件加载外部视频”是指系统自动生成一个播放组件和播放的实例来控制视频的播放，此时的视频文件没有被嵌入到 Flash CS5 内部。如果选择“在 SWF 中嵌入 FLV 并在时间轴中播放”，则 FLV 视频被嵌入到了 Flash CS5 内部。

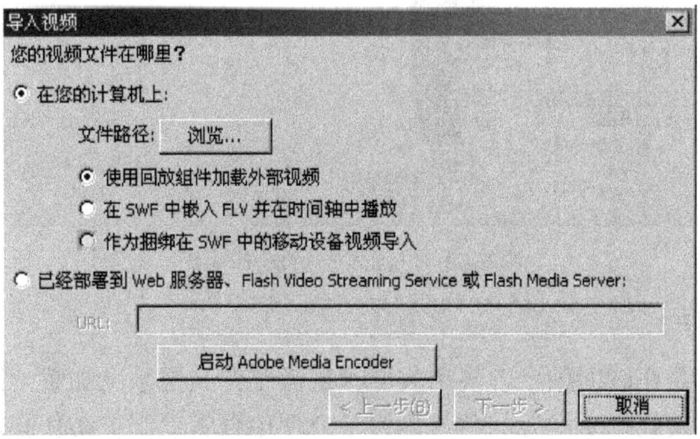

图 9-67　“导入视频”对话框

在 Flash CS5 中可以导入视频格式包括：Adobe Flash 视频（*.flv, *.f4v），MPEG-4 文件（*.mp4,*.m4v,*.avc），QuickTime 影片（*.mov,*.qt），适用于移动设备的 3GPP/3GPP2

(*.3gp, *.3gp2)等。如果外部的视频文件格式属于 Flash CS5 不支持的视频格式，那么可以启动 Flash CS5 自带的软件进行格式转换。方法是在“导入视频”对话框中，单击“启动 Adobe Media Encoder”按钮，启动 Adobe Media Encoder 软件就可以进行视频格式转换了。

当视频文件被导入到 Flash 中，就可以在 Flash 播放该视频了。

9.4 制作简单交互

在 Flash 动画或 Flash 课件中设置交互功能，可以控制动画中的播放过程，实现课件的人机交互功能。

9.4.1 利用动作脚本制作简单交互

1. 动作面板

在制作 Flash 动画或课件的过程中，主要通过编写 ActionScript 脚本语言来设置交互。动作面板是编写 Flash 脚本语言的工作窗口。执行菜单命令“窗口\动作”，就可以打开动作面板。它主要由动作工具箱、脚本窗口、常用工具栏等几个部分组成，如图 9-68 所示。在 Flash 中，可以为帧、按钮、影片剪辑添加动作脚本。

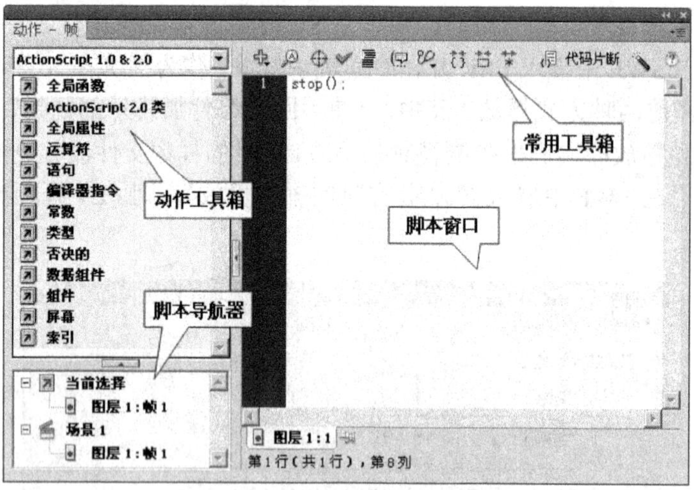

图 9-68 Flash CS5 的动作面板

2. 添加帧动作

添加帧动作就是在时间轴上的某个关键帧或者空白关键帧上加载一段动作脚本，当影片播放到该帧时，就执行所设置的动作。为了方便地查看或维护动作脚本，通常单独设置一个图层，专门将帧动作脚本放置在这个图层的帧上。例如，想要让播放头停止在第 1 帧，通常这样做。先新建一个图层，命名该图层的名称为“动作”，选中这个图层的第 1 帧。然后执行菜单命令“窗口\动作”，打开动作面板。最后在动作面板的脚本窗口输入 stop() 函数。

3. 添加按钮动作

添加按钮动作就是给按钮加载一段动作脚本，让它对某个事件产生某种响应。想要添加按钮动作，首先要指定事件，事件可以是按钮被按下，鼠标指针被移动到按钮上等。然后，再输入动作脚本，实现当按钮上的事件发生时执行某种动作。添加在按钮上的动作脚本格式是：on(事件) { 要执行的代码 }。例如：

```
on (press) {
    gotoAndPlay( 2 );
}
```

这段动作脚本的功能是：单击按钮时，跳转到影片的第 2 帧开始播放。添加按钮动作的一般步骤是：先选中该按钮。然后执行菜单命令“窗口\动作”，打开动作面板。最后在动作面板的脚本窗口输入动作脚本语句。

4. 添加影片剪辑动作

添加影片剪辑动作就是给影片剪辑的一个实例添加一段动作脚本，让它执行动作。想要添加影片剪辑动作，首先要选定舞台中影片剪辑实例。然后执行菜单命令“窗口\动作”，打开动作面板。再在动作面板的脚本窗口输入动作脚本。例如，可以使用 play 和 stop 动作来开始和停止影片剪辑的播放。该动作须嵌套在 onClipEvent 函数中。例如：

```
onClipEvent (load) {
    play();
}
```

这段动作脚本的功能是开始影片剪辑的播放。

5. 利用动作脚本制作简单的交互实例

本例是一个新疆风景图片欣赏的逐帧动画，通过添加按钮动作和帧动作来实现翻页交互效果。通过本例可以了解帧动作脚本和按钮动作脚本的编写方法。制作过程如下：

（1）新建一个 Flash CS5 文件（ActionScript 2.0）。执行菜单命令“文件\保存”，保存文件名为“新疆风景图片欣赏.fla”。执行菜单命令“修改\文档”，就可以打开“文档设置”对话框，设置舞台的高为 640 像素，宽为 480 像素。文档属性的其他参数保持默认值。

（2）执行菜单命令“文件\导入\导入到库”将位图文件“1 喀纳斯河的神仙湾.jpg”、“2 江布拉克大草原.jpg”、…、“12 塔什库尔干的石头城.jpg”、“背景框.jpg”导入到库面板中。

（3）在时间轴面板建立 4 个图层，图层名称分别为背景、风景图、帧动作、翻页按钮。

（4）将库面板中的“背景框.jpg”拖到“背景”图层的第 1 帧，通过对齐面扳中的对齐工具将它的位置调整到舞台的正中央。用工具箱中的文本工具“T”在舞台上部输入课件的标题“新疆风景图片欣赏”，如图 9-69 所示。

（5）在“背景”图层的第 12 帧插入帧，让第 1 帧延长到第 12 帧。

（6）在“风景图”图层的第 1 帧到第 12 帧插入空白关键帧。分别将库面板的“1 喀纳斯河的神仙湾.jpg”、“2 江布拉克大草原.jpg”、…、“12 塔什库尔干的石头城.jpg”拖到第 1 帧至第 12 帧的正中央。

图 9-69 课件的背景图

（7）此时测试影片，可以发现每一幅星座图片播放得非常快，几乎是一闪而过。这就需要使用帧动作脚本语句 stop( )，使帧停止。

（8）在“帧动作”图层的第 1 帧，选定该帧，执行菜单命令“窗口\动作”，打开动作面板。在动作面板的脚本窗口的“动作工具箱”，用鼠标单击“全局函数\时间轴控制\stop”动作，就可以将 stop( )动作添加到脚本窗口中。

（9）此时测试影片，可以发现课件停止在第 1 帧。这就需要使用按钮动作 nextFrame() 和 prevFrame()语句，来实现翻页。

（10）在“翻页按钮”图层的第 1 帧，选定该帧，执行菜单命令“窗口\公用库\按钮”，打开“库—buttons.fla”面板，找到其中任意两个合适的按钮，例如“ ”、“ ”，把它们拖到舞台上合适的位置。在这两个按钮的右下方分别输入提示文字“上一页”、“下一页”，如图 9-70 所示。

（11）选定上一页按钮“ ”，执行菜单命令“窗口\动作”，打开动作面板。在动作面板的脚本窗口的“动作工具箱”，分别用鼠标单击“全局函数\影片剪辑控制\on\press”和“全局函数\时间轴控制\prevFrame()”动作，就可以将 prevFrame( )动作添加到脚本窗口中，如图 9-71 所示。

图 9-70 按钮及其提示文本

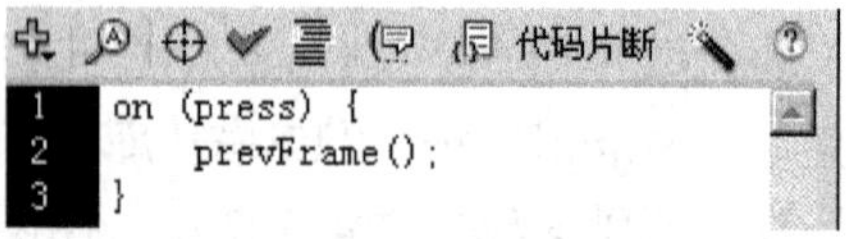

图 9-71 “上一页”按钮脚本

（12）重复步骤（11），可以设置“下一页”按钮脚本，如图 9-72 所示。

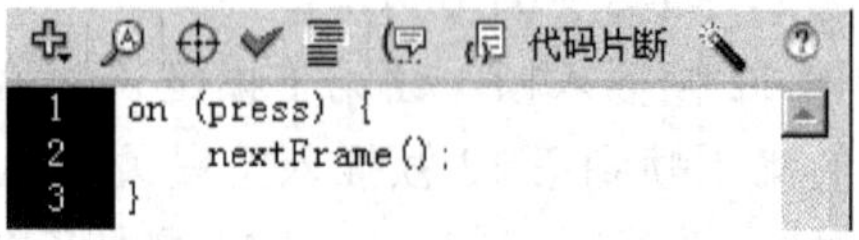

图 9-72 “下一页”按钮脚本

（13）此时，课件制作完成。执行菜单命令“控制\测试影片\测试”，就可以观看课件效果了。

9.4.2　利用组件制作简单交互

1．组件面板

在 Flash 中，组件是可以重复使用的交互式控件模块。Flash CS5 提供了 User Interface（用户界面，简称 UI）组件控件，它可以是按钮、选项等，用户可以利用它方便地制作交互式课件。执行菜单命令“窗口\组件”，打开组件面板，如图 9-73 所示。

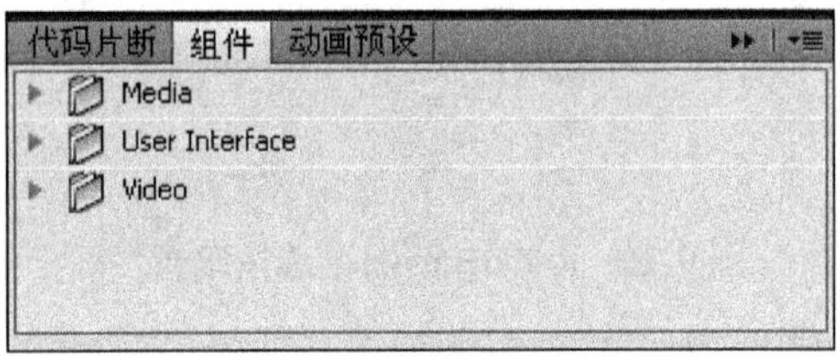

图 9-73　组件面板

在组件面板中，单击 User Interface，可以展开其中的 UI 组件。它包括 Accordion、Alert、Button、CheckBox、ComboBox、DataGrid、DateChooser、DateField、Label、List、Loader、Menu、RadioButton 等 20 几种组件。当需要使用某个组件时，可以直接将它拖动到舞台上。然后，设置它的实例名称和其他属性。

2．常用的组件

（1）Button（按钮）

Button 组件是可调整大小的矩形按钮，用户可以使用鼠标按下该按钮以便在程序中产生一个动作。其设置效果及属性面板如图 9-74 所示。

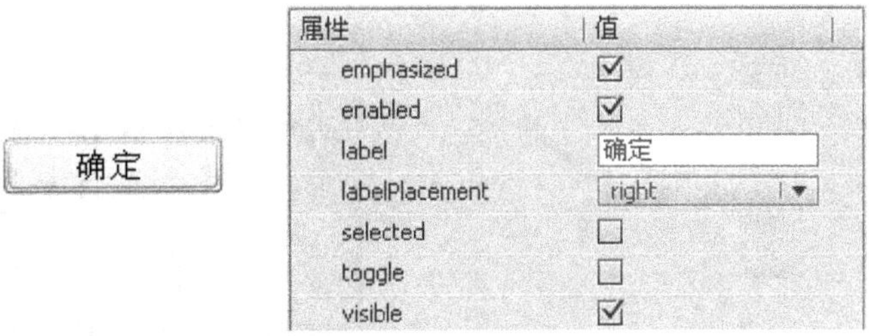

图 9-74　Button 按钮属性面板

（2）CheckBox（复选框）

如果可以选择多个选项，可以使用 CheckBox 组件。其设置效果及属性面板如图 9-75 所示。

（3）RadioButton（单选按钮）

如果只能选择一个选项，可以使用 RadioButton 组件。其设置效果及属性面板如图 9-76 所示。

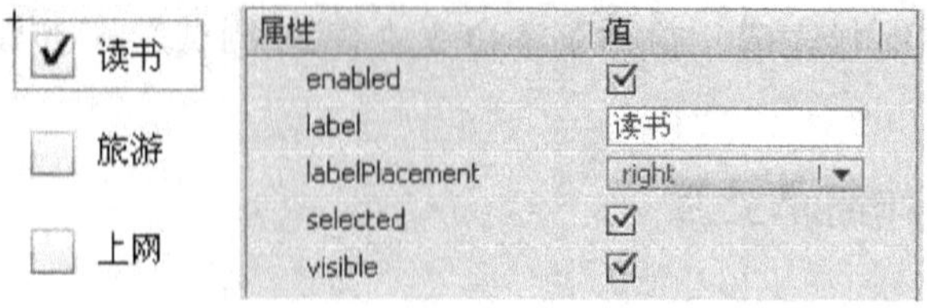

图 9-75　CheckBox 复选框属性

图 9-76　RadioButton 单选按钮属性

3．利用组件制作简单交互的实例

下面以 CheckBox 组件为例，介绍组件面板的使用方法。该实例是一个简单的多项选择题目交互课件，效果如图 9-77 所示。当多项选择完全正确时，单击“查看结果”按钮，出现一个对勾。否则，出现叉。制作步骤如下：

（1）新建一个 Flash CS5 文件（ActionScript 2.0）。执行菜单命令“文件\保存”，保存文件名为“多选题课件.fla”。文档属性的参数保持默认值。

（2）在时间轴面板建立 4 个图层：标题文字、多选按钮、查看按钮、结果影片，如图 9-78 所示。

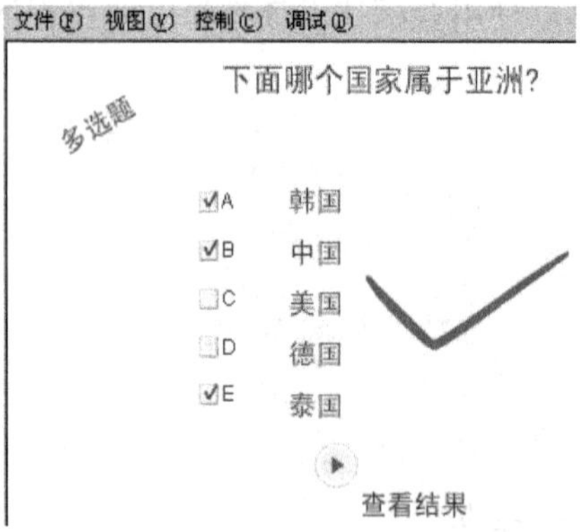

图 9-77　利用复选框制作的课件效果图

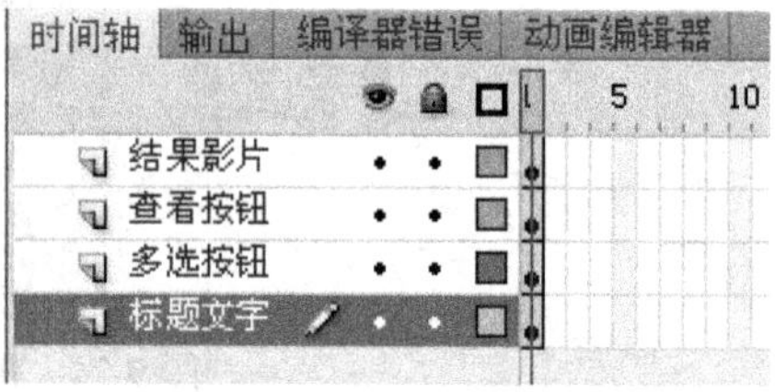

图 9-78　建立 4 个图层

（3）在“标题文字”图层输入“多选题”、题目“下面哪个国家属于亚洲？”及其选项“韩国”、“中国”、“美国”、“德国”、“泰国”等文字，如图 9-79 所示。

（4）选定“多选按钮”图层，执行菜单命令“窗口\组件”，打开组件面板。单击 User Interface，可以展开其中的 UI 组件。拖动 5 个 CheckBox 组件到舞台合适的位置，如图 9-79 所示。

（5）选定舞台上的第 1 个 CheckBox，切换到它的属性面板。在实例名称栏输入“A1”，在 label 栏输入“A”，如图 9-80 所示。

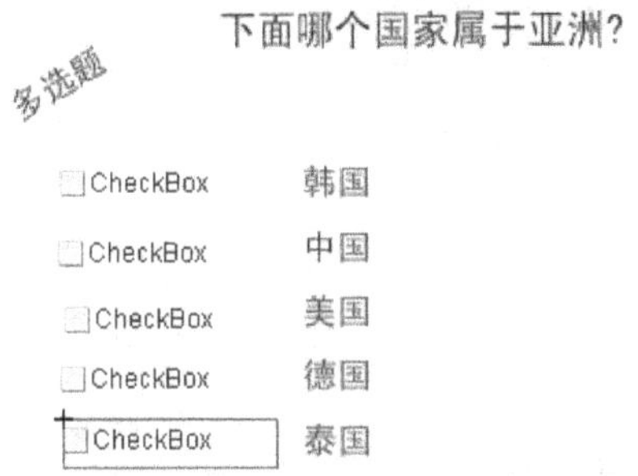

图 9-79　拖动 5 个 CheckBox 组件到舞台

图 9-80　设置 CheckBox 的属性

（6）重复上述方法和步骤，设置另外 4 个 CheckBox 的属性，它们的名称分别为“B1”、“C1”、“D1”、“E1”，它们的 label 分别为“B”、“C”、“D”、“E”。

（7）新建一个“答题结果”影片剪辑元件。执行菜单命令“插入\新建元件”打开“创建新元件”对话框，来创建元件，如图 9-81 所示。

图 9-81　新建影片剪辑元件

（8）进入“答题结果”影片剪辑元件的编辑窗口。在时间轴面板建立 2 个图层。分别命名为“对勾叉叉”和“脚本”，如图 9-82 所示。

（9）在“对勾叉叉”图层插入 3 个空白关键帧。用绘图工具箱中的刷子工具“”，在第 2 帧的舞台中央画一个红色的对勾，在第 3 帧的舞台中央画一个红色的叉号。“对勾叉叉”图层的第 1 帧为空白关键帧。

（10）选定“脚本”图层的第 1 帧，打开其动作面板，输入脚本语句 stop()。此时，“答题结果”影片剪辑元件的编辑窗口的时间轴面板如图 9-83 所示。

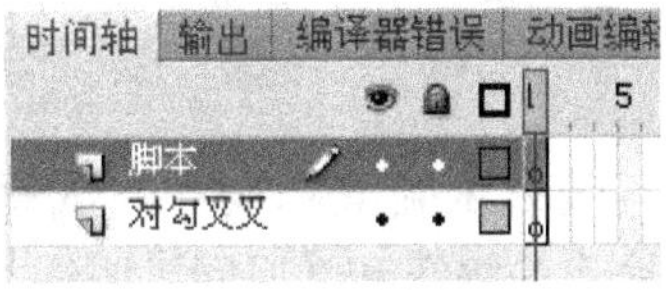

图 9-82　建立两个图层

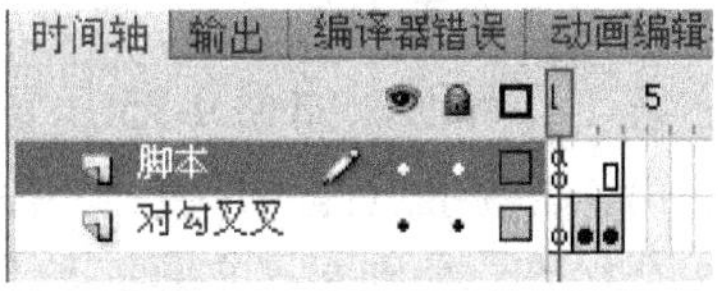

图 9-83　“答题结果”影片剪辑元件的时间轴

（11）返回主场景，将库面板中的“答题结果”影片剪辑元件拖放到“结果影片”图层，在它的属性面板，将它命名为“Result”。

（12）选定主场景中的“查看结果”图层的第 1 帧，执行菜单命令“窗口\公用库\按钮”，打开“库—buttons.fla”面板，找到其中任意一个合适的按钮，如 playback flat 按钮类中的

“▶”，把它们拖到舞台上合适的位置。在这个按钮的右下方输入提示文字“查看结果”。用鼠标选定这个按钮，打开动作面板，输入动作脚本语句，如图 9-84 所示。

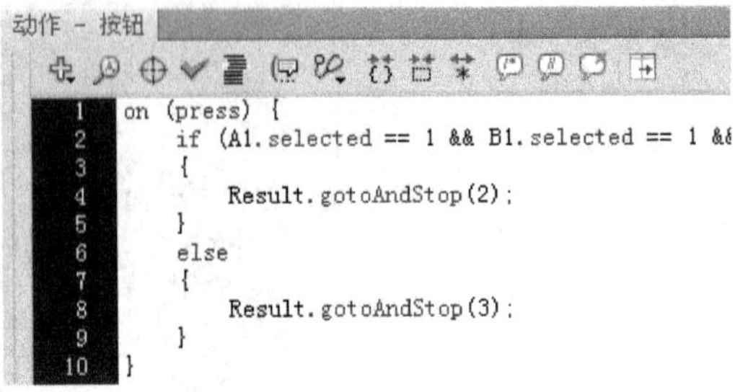

图 9-84　“查看结果”按钮动作脚本

其中，语句“A1.selected == 1 && B1.selected == 1 && C1.selected == 0 && D1.selected == 0 && E1.selected == 1”中的“A1.selected == 1”表示多选按钮 A1 被选中，“C1.selected == 0”表示多选按钮 C1 没有被选中。“&&”是逻辑运算符号，表示“与”的意思。其中的 if…else 语句，表示如果条件成立，就执行 Result.gotoAndStop(2)语句，否则就执行 Result.gotoAndStop(3)。其中，Result.gotoAndStop(2)表示跳转到 Result 元件的第 2 帧，并且停止在这一帧。

（13）至此，课件制作完成。执行菜单命令“控制\测试影片\测试”命令，就可以观看课件效果了。

9.5　综合实例

9.5.1　浓硫酸与铜的化学反应

本实例是一个演示浓硫酸与铜的化学反应相关知识的课件。该课件综合运用了利用 Flash CS5 的绘图工具绘制实验仪器，制作酒精灯火焰动画、紫色石蕊试液遇酸变红的动画，以及设置帧动作脚本、按钮动作脚本等相关知识。

1．课件的播放效果

本课件共有 3 个不同的界面。当课件运行时，浓硫酸与铜的化学反应实验还没有开始，课件停止在第 1 个界面，如图 9-85 所示。

课件的第 1 个界面上有铁架台、熄灭着的酒精灯、装有浓硫酸和铜片的试管及导管。此外还有 3 个按钮，分别是“实验开始”按钮、“实验结束”按钮和“返回”按钮。单击“实验开始”按钮后，酒精灯将被点燃，实验开始。课件将进入第 2 个界面，第 2 个界面是化学反应过程的演示界面，如图 9-86 所示。

在课件的第 2 个界面中，酒精灯已经燃起，导管的另一端插入石蕊试液中。随着实验的进行，石蕊试液慢慢地由紫色变成红色。当化学反应完成之后，课件的第 3 个界面自动出现，如图 9-87 所示。

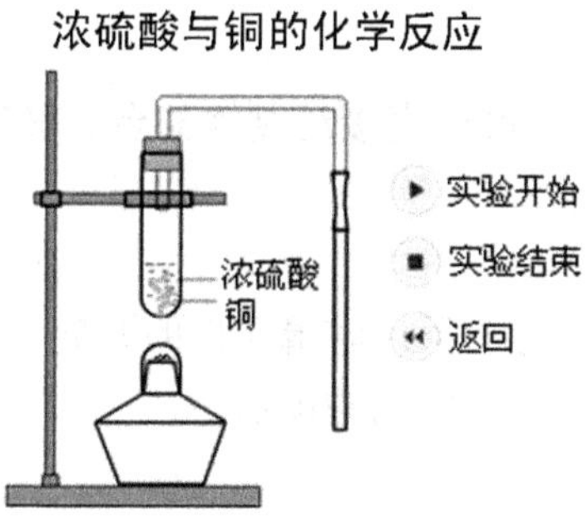

图 9-85 课件的界面 1

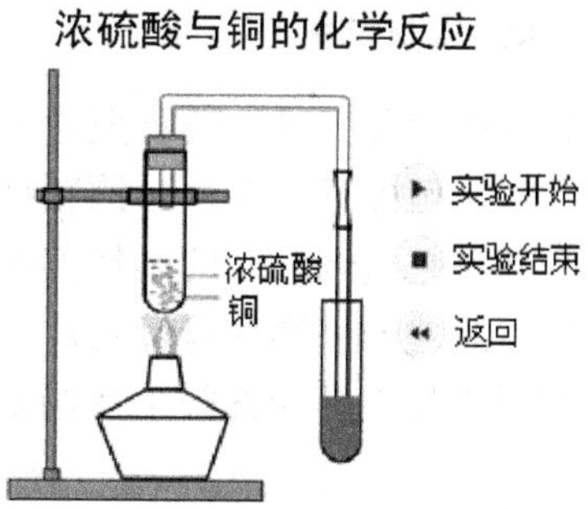

图 9-86 课件的界面 2

图 9-87 课件的界面 3

2. 课件的结构

本课件的 3 个界面分别对应着程序的主时间轴的 3 个帧和 5 个图层，如图 9-88 所示。

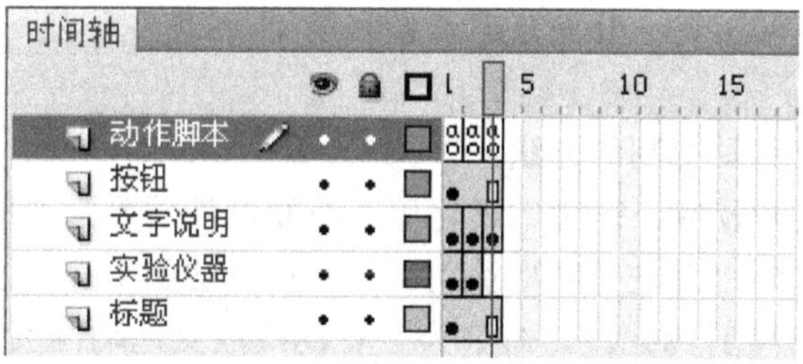

图 9-88 时间轴的 3 个帧和 5 个图层

（1）“标题”图层的内容就是课件的标题“浓硫酸与铜的化学反应”，由文本工具创建。

（2）“实验仪器”图层共有两帧。其中第 1 帧内容是：铁架台、熄灭着的酒精灯、装有浓硫酸和铜片的试管及导管。第 2 帧内容增加了闪烁的火焰、颜色变化着的石蕊试液 2 个影片剪辑，装石蕊试液试管的元件，舞台中去掉了酒精灯的灯帽。

（3）“文字说明”图层的内容主要是标注物质性质的文字，如浓硫酸、铜、石蕊试液、实验开始、实验结束、返回，由文本工具创建。

（4）“按钮”图层的内容是 3 个按钮元件“▶”、“■”、“◀◀”。这三个按钮是 Flash 系统自带的按钮，通过执行菜单命令“窗口\公用库\按钮”，打开按钮库对话框，可以获得这三个按钮。

（5）“动作脚本”图层共有 3 个空白关键帧。每个帧都设置了一个 stop()帧动作命令。

3. 课件素材的制作方法

（1）利用矩形工具、任意变形工具、颜料填充工具，可以直接绘制铁架台、试管、试管塞、导管、硫酸液、铜片、酒精灯、石蕊试液等。

（2）酒精灯火焰动画的制作方法。

首先，新建一个影片剪辑元件，命名为“火焰”。在这个影片剪辑元件的时间轴的第1帧处，利用矩形工具和椭圆工具绘制出火苗图形，如图9-89中的左图所示。

图9-89 燃烧着的酒精灯的火苗图形

其次，在时间轴的第2帧、第5帧、第8帧、第11帧、第14帧插入关键帧，如图9-90所示。

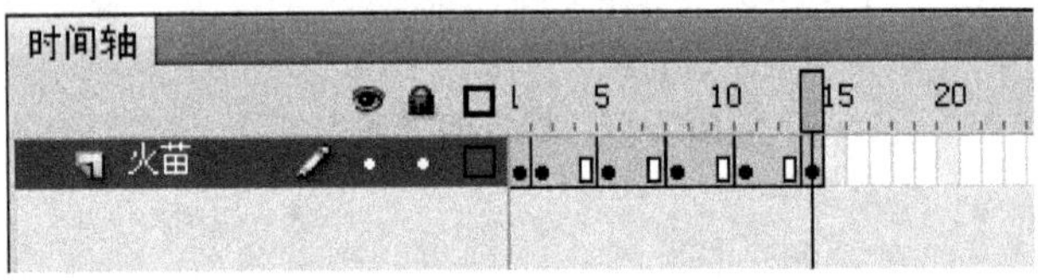

图9-90 火焰动画影片剪辑的时间轴

最后，利用任意变形工具，分别在第5帧和第11帧使图形变形，如图9-89的中图和右图所示。

（3）石蕊试液变色动画的制作方法。

浓硫酸与铜发生化学反应，产生二氧化硫。石蕊试液遇到酸变成红色。石蕊试液由紫色变成红色的过程，实际上就是补间形状动画。制作方法如下：

首先，新建一个影片剪辑元件，命名为“石蕊试液变色动画”。在这个影片剪辑元件的时间轴图层区新建两个图层，分别是“试液形状”图层、“动作脚本”图层，如图9-91所示。

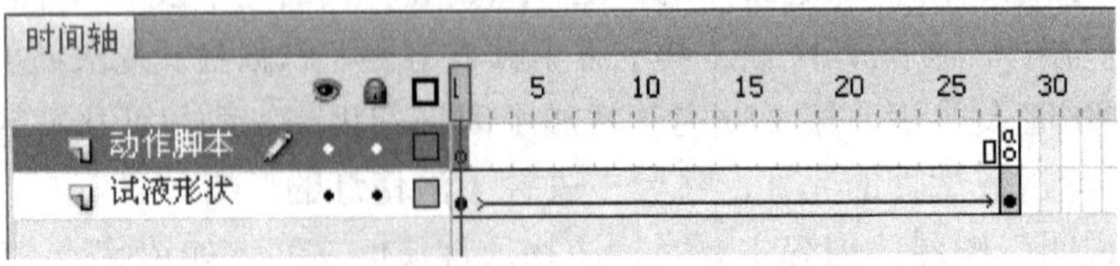

图9-91 石蕊试液变色动画影片剪辑的时间轴

其次，在“形状图层”的第1帧画一个紫色的石蕊试液形状，在这个图层的第28帧插入关键帧。用填充工具将第28帧的石蕊试液形状的颜色改变为红色。在第1帧与第28帧之间，插入创建补间形状动画。

最后，在“动作脚本”图层的第 28 帧，添加帧动作脚本：_root.gotoAndStop(3)。它的功能是跳转到主时间轴的第 3 帧，即课件的第 3 个界面。

4．课件的制作步骤

（1）新建一个 Flash CS5 文件（ActionScript 2.0），文件名为“浓硫酸与铜的化学反应.fla”，参数保持默认值。

（2）制作课件中的图形素材。利用绘图工具的制作实验仪器铁架台、试管、试管塞、导管、硫酸液、铜片、酒精灯、石蕊试液等图形元件。

（3）制作酒精灯火焰动画影片剪辑。

（4）制作石蕊试液变色动画影片剪辑。

（5）新建 5 个图层：“标题”图层、“实验仪器”图层、“文字说明”图层、“按钮”图层、“动作脚本”图层，如图 9-88 所示。

（6）在“标题”图层，用文本工具创建课件的标题“浓硫酸与铜的化学反应”。在第 3 帧插入帧，将标题文字延续到第 3 帧。

（7）在“实验仪器”图层。将铁架台、熄灭着的酒精灯、装有浓硫酸和铜的试管及导管，从 Flash 的库面板拖入到第 1 帧的舞台中合适的位置。再在第 2 帧插入关键帧，并将酒精灯火焰动画影片剪辑、石蕊试液变色动画影片剪辑和试管图形元件拖入到第 2 帧的舞台中合适的位置。

（8）在“文字说明”图层，用文本工具创建一些标注物质性质的文字，如浓硫酸、铜、石蕊试液、实验开始、实验结束、返回等。

（9）在“按钮”图层的第 1 帧，执行菜单命令“窗口\公用库\按钮”，打开按钮库对话框，拖入 3 个按钮元件“ ▶ ”、“ ■ ”、“ ◀◀ ”到舞台上合适的位置。设置这 3 个按钮的动作脚本。

① 实验开始按钮“ ▶ ”的动作脚本如下：

```
on (press) {
    gotoAndPlay(2);
}
```

② 实验结束按钮“ ■ ”的动作脚本如下：

```
on (press) {
    gotoAndPlay(3);
}
```

③ 返回按钮“ ◀◀ ”的动作脚本如下：

```
on (press) {
    gotoAndPlay(3);
}
```

（10）在“动作脚本”图层插入 3 个空白关键帧。每个帧都设置一个帧动作命令：

```
stop( );
```

至此，课件“浓硫酸与铜的化学反应”的程序设计与制作过程完成。测试程序，可以观看课件运行的效果。

9.5.2 田忌赛马

对于那些内容少、结构简单的课件，通常只需在一个 Flash 场景中就能制作完成。对于那些内容多、结构复杂的课件则需要在多个场景中来制作。田忌赛马课件就是利用多个场景来制作的。

1. 田忌赛马课件的设计思路

“田忌赛马”是小学语文教科书四年级第八册第五单元中的一篇课文，这篇课文的教学目标和教育内涵十分丰富。首先要让学生学习生字，在理解字、词、句的基础上，理解课文内容。其次要让学生在理解故事情节及其内容的基础上有感情地朗读课文，体会齐威王、田忌、孙膑等人物的心理及性格特点，体会孙膑的足智多谋。最后，要培养学生观察、分析问题的能力和科学思维的方法。根据这些教学目标和小学生的认知特点，可以将这个课件分为 5 个模块：故事欣赏、课文解读、赛马策略、课后练习、知识拓展，其中每个模块都包含丰富的内容。制作课件时，可以将这 5 个模块分别制作在 5 个相互独立的场景中，然后制作一个主控场景（主界面），通过它来调用其他的 5 个场景，从而使课件成为一个整体，如图 9-92 所示。

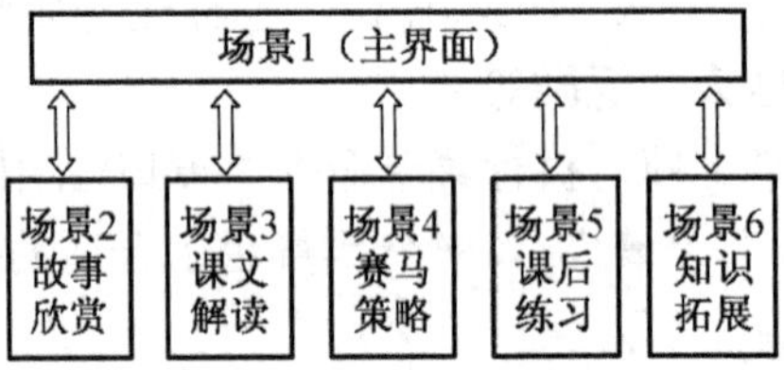

图 9-92　田忌赛马课件多场景导航设计方案

2. Flash 的场景

（1）添加场景

在 Flash 中可以创建多个场景。每个场景都拥有自己的图层和帧，每个场景可以单独地制作出动画内容。场景可以通过动作脚本语句来调用其他的场景。一般通过动作脚本语句 gotoAndPlay（“场景名”，帧号码）来实现场景之间的相互调用，例如：gotoAndPlay（“赛马策略”，1）。其中，“赛马策略”是指被调用场景的名称，“1”是指被调用场景的第 1 帧。这个动作脚本语句的含义是：跳转到“赛马策略”，并播放该场景的第 1 帧。

在默认情况下，Flash CS5 工作界面中只有一个场景，即“场景 1”。有两种添加场景的方法：一是执行菜单命令“插入\场景”命令。二是执行菜单命令“窗口\其他面板\场景”命令，打开“场景面板”对话框，如图 9-93 中的左图所示。用鼠标单击场景面板左下角的添加场景按钮“ ”，可以添加场景，如图 9-93 中的右图所示。连续单击添加场景按钮“ ”，可以添加多个场景。

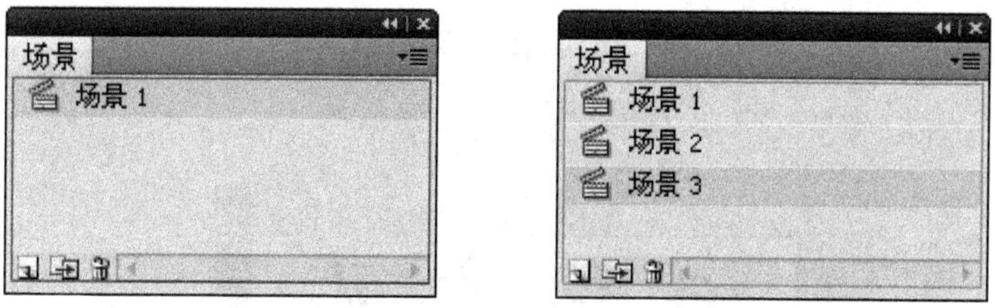

图 9-93　添加场景

（2）场景命名

用鼠标双击场景对话框中的场景名称，可以使该场景名称处于编辑状态，如图 9-94 中的左图所示。然后重新输入场景名称，为场景命名，如图 9-94 中的右图所示。

图 9-94　给场景命名

（3）切换场景

想要编辑某个场景中的内容，需要切换到该场景。在舞台的右上方有个编辑场景按钮“”，单击该按钮可以切换场景，如图 9-95 所示。

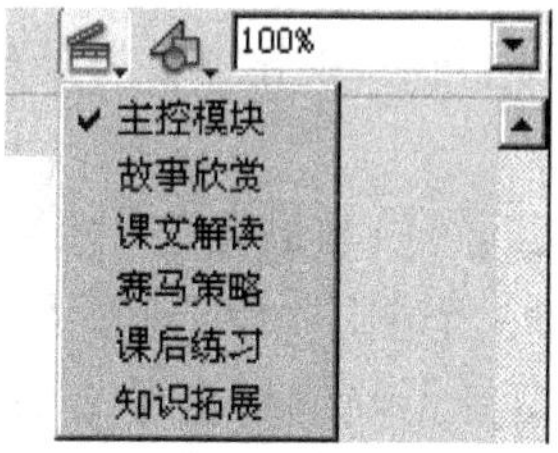

图 9-95　切换场景

3. 田忌赛马课件的主界面制作

田忌赛马课件的主界面就创建在“主控模块”场景中。通过它可以调用“故事欣赏”等其他 5 个场景。在主界面上有三个信息区：中间位置醒目地显示着课件的题目“田忌赛马”，上方是文字信息　“小学语文四年级第八册多媒体件”，下方是 6 个文本按钮：“故事欣赏”、“课文解读”、“赛马策略”、“课后练习”、“知识拓展”、“退出”。课件的主界面如图 9-96 所示。

用鼠标单击“退出”按钮可以退出程序，单击“故事欣赏”、“课文解读”、“赛马策略”、“课后练习”、“知识拓展”可以分别进入到相应的场景。

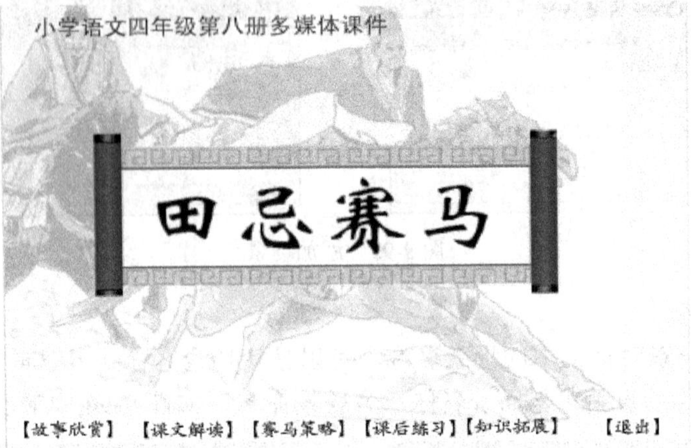

图 9-96　田忌赛马课件的主界面

在“退出”按钮上设置的动作脚本语句是：

```
on (press) {
    fscommand("quit");
}
```

这个动作脚本语句的功能是：单击“退出”按钮，退出程序。

在其他按钮上设置动作脚本语句，可以进入到相应的场景。以文本按钮“赛马策略”为例，设置的动作脚本语句如下：

```
on (press) {
    gotoAndPlay（"赛马策略"，1）
}
```

这个动作脚本语句的功能是：用鼠标单击“赛马策略”按钮，跳转到“赛马策略”场景，并播放该场景的第 1 帧。

同理，可以设置动作脚本进入到“故事欣赏”、“课文解读”等其他场景。

在主界面的时间轴面板上共有 3 个图层“背景”、“按钮”、“动作脚本”图层，每个图层只有 1 个帧。其中在“背景”图层第 1 帧的舞台中有背景图、课件的题目和标题文字“小学语文四年级第八册多媒体件”。“按钮”图层中有 6 个文本按钮。“动作脚本”图层设置动作脚本为 stop()，如图 9-97 所示。

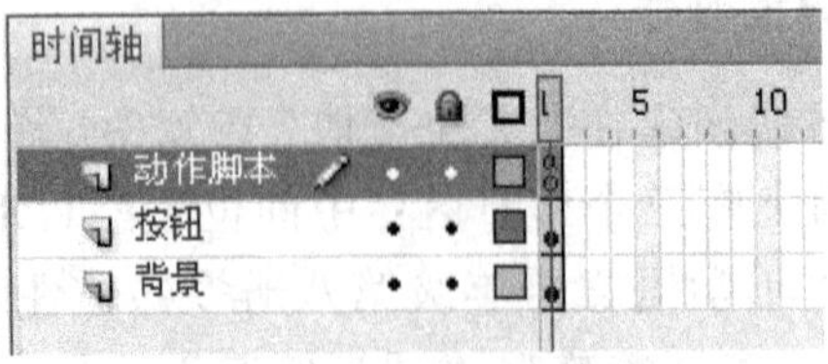

图 9-97　主界面的时间轴

4．田忌赛马课件的“故事欣赏”场景的制作

在田忌赛马课件的主界面，用鼠标单击“故事欣赏”按钮就可以进入“故事欣赏”

界面。界面的正中央是播放田忌赛马故事的视频，界面的右上角有一个“返回”按钮，如图 9-98 所示。

图 9-98　“故事欣赏”界面

用鼠标单击“返回”按钮可以返回课件的主界面。设置在“返回”按钮的动作脚本语句是：

```
on (press) {
    gotoAndPlay（"主控模块"，1）
}
```

5．田忌赛马课件的“课文解读”场景的制作方

在田忌赛马课件的主界面，用鼠标单击“课文解读”按钮就可以进入“课文解读”界面。“课文解读”界面的主要内容是课文文本，如图 9-99 所示。

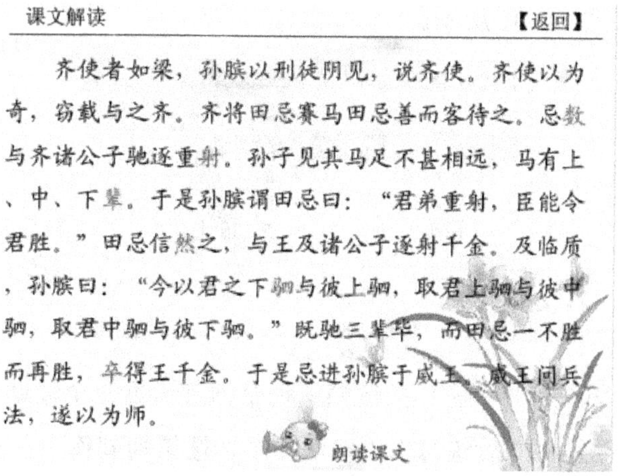

图 9-99　“课文解读”界面

课文文本中的生字用红色显示，这些生字实际上是一些文本按钮，用鼠标单击这些生字，可以跳转到学习这些生字的页面。课文中的人物名称用蓝色显示，这些人物名称的文字实际上是文本按钮，用鼠标单击这些人物名称的文字，可以跳转到介绍这些人物的页面。例如，用鼠标单击“孙膑”，就跳转到介绍孙膑的页面，如图 9-100 所示。

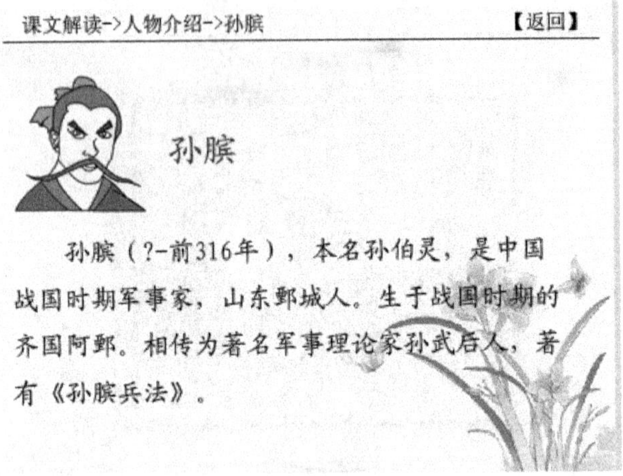

图 9-100 人物介绍界面

“课文解读”界面的正下方有一个“朗读课文”蓝色文字按钮。用鼠标单击“朗读课文”这个文字按钮，就可以听到朗读课文的声音。设置在“朗读课文”按钮的动作脚本语句是：

```
on (press) {
    gotoAndPlay(2);
}
```

这个动作脚本语句的功能是：用鼠标单击“朗读课文”按钮，跳转到时间轴的第 2 帧，播放朗读课文的声音。

“课文解读”场景的时间轴共有 5 个图层：“课文”、“朗读”、“学习生字”、“人物介绍”、“动作脚本”，如图 9-101 所示。

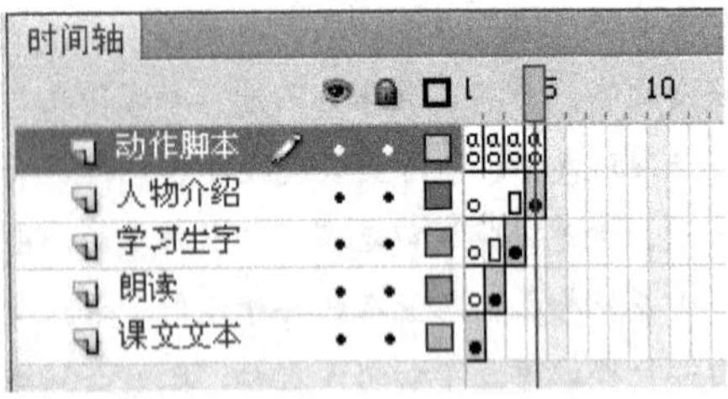

图 9-101 “课文解读”场景的时间轴面板

在“动作脚本”图层有 4 个空白关键帧。每个帧都设置一个帧动作命令：stop( )。

6．田忌赛马课件的“课后练习”、“知识拓展”场景的制作

田忌赛马课件的“课后练习”、“知识拓展”界面内容主要是文本和图像，如图 9-102 和图 9-103 所示。它们与“课文解读”界面的内容相似，制作方法也与“课文解读”场景制作的方法相同。

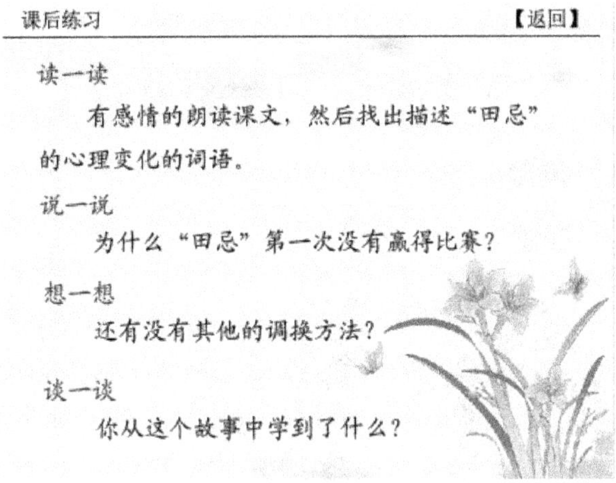

图 9-102 “课后练习”界面

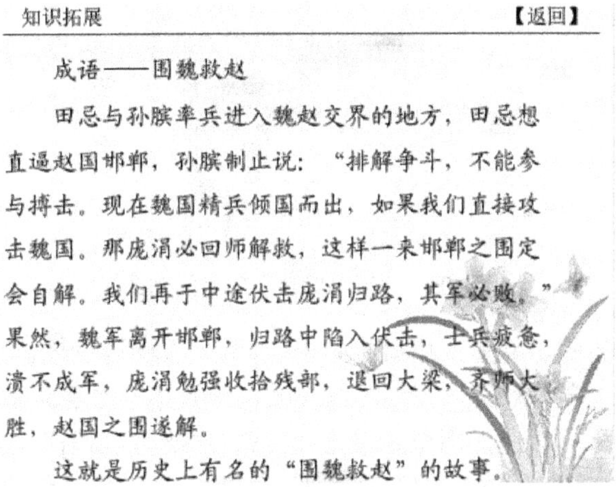

图 9-103 “知识拓展”界面

7．田忌赛马课件的“赛马策略”场景的制作

“赛马策略”场景中的内容比较复杂，内容包括文本、图像、演示动画等。主要作用是演示“赛马策略”，包括第一次赛马过程、第二次赛马过程。在“赛马策略”的界面中，有“[第一次赛马过程]”、“[第二次赛马过程]”等文本按钮，如图 9-104 所示。

“赛马策略”场景的时间轴包括 4 个图层：“背景”、“文本”、“赛马动画”、“动作脚本”，如图 9-105 所示。其中，在背景图层的第 1 帧放置着背景图像，如赛马跑道图、齐威王和田忌图像等，以及那些在两次赛马过程中固定不变的文本，如上等马、下等马等文字。

单击文本按钮“[第一次赛马过程]”，可以进入“第一次赛马过程”。此时，可以观看“第一次赛马过程”的演示动画。设置在“[第一次赛马过程]”按钮的动作脚本语句是：

```
on (press) {
    gotoAndPlay(3);
}
```

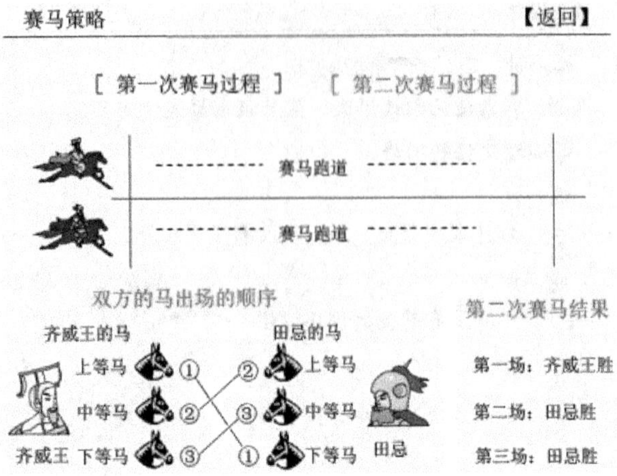

图 9-104 “赛马策略”的界面

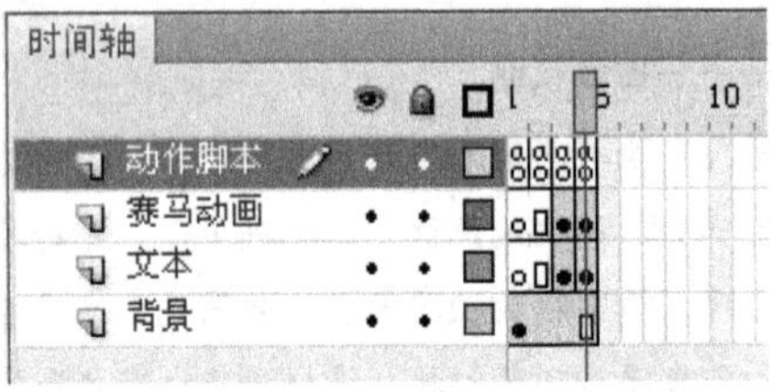

图 9-105 “赛马策略”的时间轴面板

这个动作脚本语句的功能是：用鼠标单击“[第一次赛马过程]”按钮，跳转到时间轴的第 3 帧。此时，在“赛马动画”图层的第 3 帧，放置了一个影片剪辑，可以观看第一次赛马过程的演示动画。同样地，用鼠标单击“[第二次赛马过程]”按钮，跳转到时间轴的第 4 帧，可以观看第二次赛马过程的演示动画。同时，显示赛马策略的说明文字。

8. 田忌赛马课件的素材制作

（1）田忌赛马课件中文本素材的制作

田忌赛马课件中文本素材包括课文文本、生字、人物介绍、课后练习等文字。过程绘图工具中的文本工具创建。

（2）田忌赛马课件中声音素材的制作

田忌赛马课件中文本素材包括课文朗读声音、生字读音等，由话筒录制，再经过声音编辑软件编制而成。

（3）田忌赛马课件中图像和视频素材的制作

田忌赛马课件中文本素材包括课文中的背景图像、插图等。在“故事欣赏”场景中有一段关于田忌赛马的视频素材。这些图像和视频素材可以通过在网络中搜索和下载获取，然后通过图像编辑软件和视频编辑软件加工制成。

（4）田忌赛马课件中矢量图形的制作

田忌赛马课件中图形素材包括人物图像，如孙膑、齐威王、田忌等图。还有马头像、马、赛马跑道等。这些矢量图可以通过 Flash 的绘图工具绘制而成，如图 9-106 所示。

图 9-106　田忌赛马课件中的矢量图形

（5）田忌赛马课件中赛马影片剪辑的制作

在“赛马策略”场景中有一个赛马的动画。内容是齐威王的马和田忌的马在赛马跑道上的同一端同时出发，两匹马先后到达赛马跑道的另一端。制作方法如下：

第一步，新建一个影片剪辑命名为“赛马”。在这个影片剪辑的时间轴面板中，新建 3 个图层：“齐王的马”、“田忌的马”、“动作脚本”。在“动作脚本”的第 1 帧设置一个帧动作命令：stop( )，如图 9-107 所示。

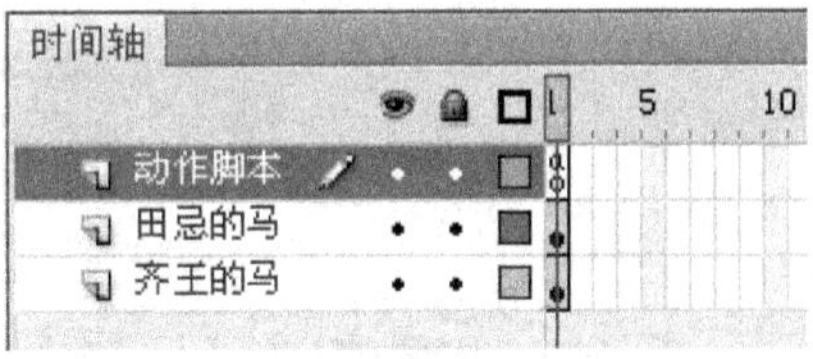

图 9-107　“赛马”影片剪辑时间轴面板

第二步，创建“齐王的马”、“田忌的马”两个影片剪辑。

第三步，进入“齐王的马”影片剪辑编辑窗口，将齐王的马拖入到时间轴面板的第 1 帧舞台上左边位置。在第 20 帧执行命令“插入关键帧”命令，用鼠标将舞台上的马拖入到舞台上右边位置。在第 1 帧到第 20 帧，执行“创建传统补间”命令，如图 9-108 所示。

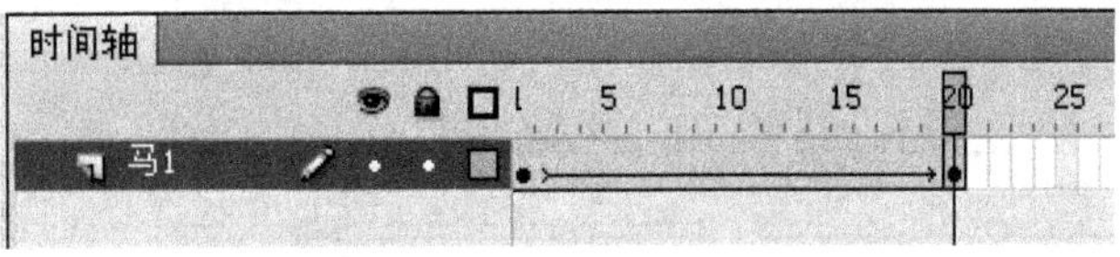

图 9-108　“齐王的马”影片剪辑时间轴面板

第四步，进入“田忌的马”影片剪辑编辑窗口，将田忌的马拖入到时间轴面板的第 1 帧舞台上左边位置。在第 30 帧执行命令“插入关键帧”命令，用鼠标将舞台上的马拖入到舞台上右边位置。在第 1 帧到第 30 帧，执行“创建传统补间”命令，如图 9-109 所示。

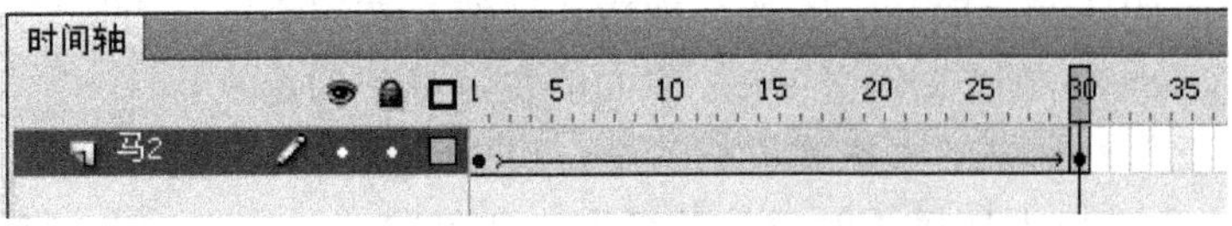

图 9-109　“齐王的马”、“田忌的马”影片剪辑时间轴面板

第五步，回到“赛马”影片剪辑。分别将“齐王的马”、“田忌的马”两个影片剪辑拖入到“齐王的马”、“田忌的马”两个图层的第1帧。此时，赛马影片剪辑制作完成。

至止，课件“田忌赛马”的程序设计与制作过程完成。测试程序，可以观看课件运行的效果。

9.5.3 Flash文件的发布

在Flash课件制作完成之后，就可以发布。一般发布为Flash播放文件（*.swf）或者Flash应用程序文件（*.exe）。在发布之前，应该先进行必要的设置。执行菜单命令“文件\发布设置”，打开“发布设置”对话框，如图9-110所示。

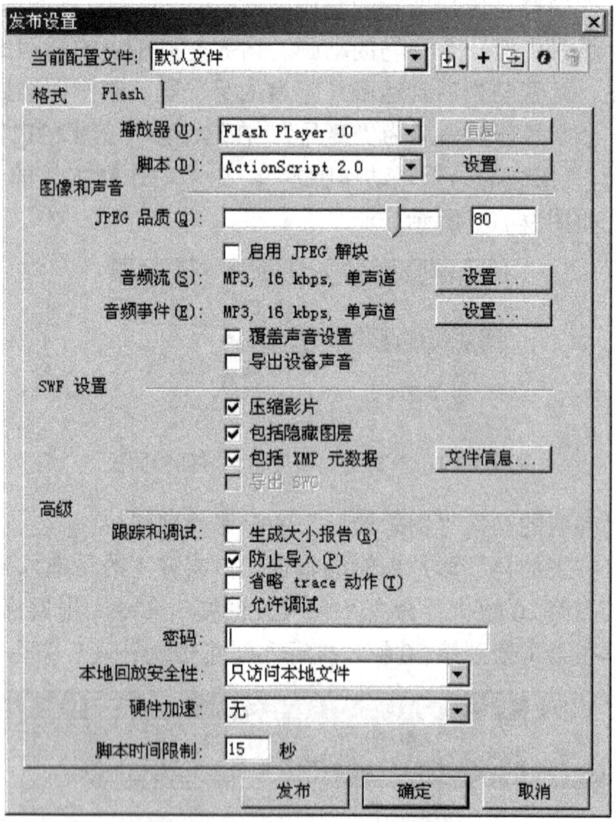

图9-110 “发布设置”对话框

在“发布设置”对话框的“格式”标签中，可以设置想要发布的文件的类型。包括：Flash（.swf）、HTML（.html）、GIF图像（.gif）、JPEG图像（.jpg）、PNG图像（.png）、Windows放映文件（.exe）、Macintosh放映文件（.app）。每一种可选格式文件的前面都有一个复选框，如果想要发布成其中的哪一种格式文件，就勾选它，否则就不勾选。一般在Flash（.swf）、Windows放映文件（.exe）前面的复选框中勾选上。

在“发布设置”对话框的“格式”标签中，可以设置的内容包含：

① 被发布文件的可支持播放的播放器版本，和使用的ActionScript脚本语言的版本。

②“JPEG 品质”是指被发布文件的图像被压缩的品质，当设置为 100 时，可得到最高质量的图像，此时它的文件体积也最大。一般 JPEG 品质设置为 80。

③“音频流”和“音频事件”表示对音频取样率和压缩比进行设置。

④“覆盖声音设置”表示课件声音设置全部采用当前设置对话框中的设置。

⑤“导出设备声音”表示导出适合于设备的声音，来代替库文件中的声音。

⑥“压缩影片”表示对被发布的文件进行压缩从而减小其体积，有两种算法可供选择。

⑦“包括隐藏图层”表示可以发布没有隐藏的图层，也可以发布隐藏的图层。

⑧“包括 XMP 元数据”表示被发布的文件包含元数据或者不包含元数据。

⑨“生成大小报告”表示发布文件的同时生成一个文本文件，其内容是课件各部分所占空间的大小。

⑩“允许调试”是指可以进行远程调试。

⑪“防止导入”是防止课件被他人非法使用，进行再次编辑。当它被选中时，可以设置一个密码。

⑫“本地回放安全性”是指被发布的文件运行的安全模式，有两种模式可选。

⑬“硬件加速”是指被发布的文件运用硬件加速的模式，有两种模式可选。

⑭“脚本时间限制”是指脚本在被发布的文件中运行时所占用的最大时间。

当上述内容设置完成之后，可以单击“确定”按钮，关闭“发布设置”对话框。然后执行菜单命令“文件\发布”，就完成了 Flash 课件文件的设置。

练习

1．绘制实验仪器

绘制实验仪器，如图 9-111 所示。

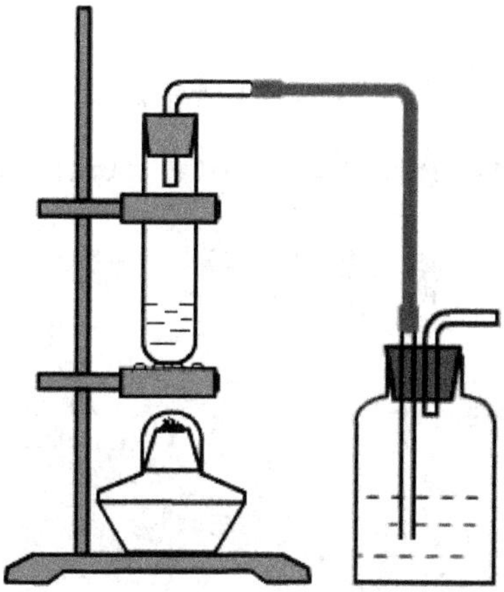

图 9-111　实验仪器

主要制作步骤提示：

（1）运用矩形工具、椭圆工具、钢笔工具、颜料桶工具、线条工具绘制图形。

（2）运用属性面板设置线条和图形的大小。

2. 100 以内的加法练习

制作小学数学课件“100 以内的加法练习”，如图 9-112 所示。当课件运行时，课件的主界面上出现三个文本框和两个按钮：“出题”按钮、“查看”按钮。当用户用鼠标单击“出题”按钮时，在前两个文本框中产生两个不大于 50 的整数，同时光标在第三个文本框中闪烁，等待用户输入答案。当用户用鼠标单击“查看”按钮时，如果此时答案正确就出现“你真棒！”及其卡通图片，否则就出现“答案错误！”及其卡通图片。

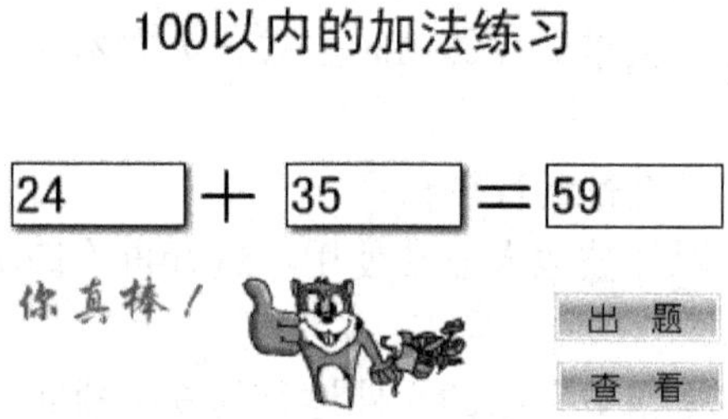

图 9-112　100 以内的加法练习课件

主要制作步骤提示：

（1）在课件的主界面上创建三个文本和两个按钮。其中，前两个是动态文本，第三个是输入文本，分别给这三个文本设置实例名。

（2）创建一个影片剪辑，这个影片剪辑将被“查看”按钮调用。这个影片剪辑里面包含两部分主要内容：一是显示“你真棒！”及其卡通图片，一是显示“答案错误！”及其卡通图片。

（3）设置“出题”按钮的动作脚本语句。当用鼠标单击“出题”按钮时，在前两个文本框中产生两个不大于 50 的随机整数，同时光标在第三个文本框中闪烁，等待用户输入答案。

3. 曹冲称象

制作多场景课件“曹冲称象”，如图 9-113 所示。

图 9-113　“曹冲称象”课件

主要制作步骤提示：

（1）创建 6 个场景。分别命名为“主控模块”、“故事欣赏”、“课文解读”、“称象策略”、“课后练习”、“知识拓展”。

（2）在“主控模块”场景中制作课件的主界面，如图 9-113 所示。

（3）在主界面的上方有 6 个文字按钮元件，分别是【故事欣赏】、【课文解读】、【称象策略】、【课后练习】、【知识拓展】、【退出】。

（4）分别进入“故事欣赏”、“课文解读”、“称象策略”、“课后练习”、“知识拓展”这 5 个场景的编辑界面，完成相关内容的制作。

（5）设置的动作脚本语句，实现如下功能：既能够从主界面跳转到其他场景模块，又能够从每个场景返回到主场景。

第 10 章　PowerPoint 2010 在教学中的应用

10.1　PowerPoint 2010 高级应用

10.1.1　母版的应用

母版是演示文稿中重要的组成部分，使用母版可以使整个幻灯片具有统一的风格和样式。如果希望为每一张幻灯片添加一项固定的内容（如公司的徽标），可以通过改变“母版”来实现。使用母版时，无需对幻灯片再进行设置，只需在相应的位置输入需要的内容即可，这样可以减少重复性工作，提高工作效率。

在 PowerPoint 2010 中，母版分为 3 类，分别是幻灯片母版、讲义母版和备注母版。下面以一个实例来介绍幻灯片母版的应用。

操作步骤：

（1）启动 PowerPoint 2010，新建一个空白演示文件，然后执行“视图\幻灯片母版”命令，如图 10-1 所示。此时系统会自动切换至幻灯片母版视图，如图 10-2 所示。这时可以在母版文件中任意添加内容，如图片、文本框、单位徽标、时间、幻灯片编号等。

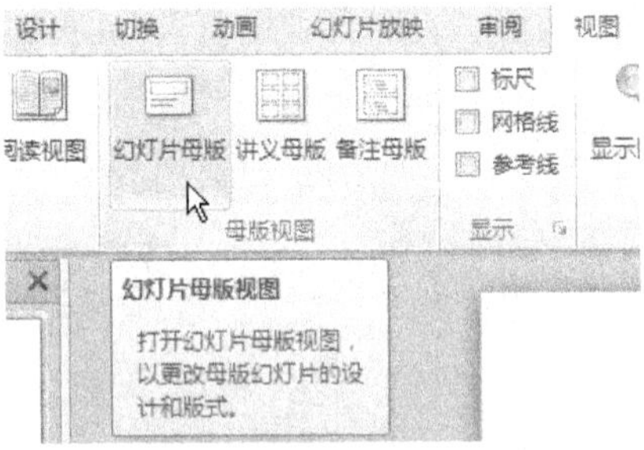

图 10-1　切换到“幻灯片母版”视图

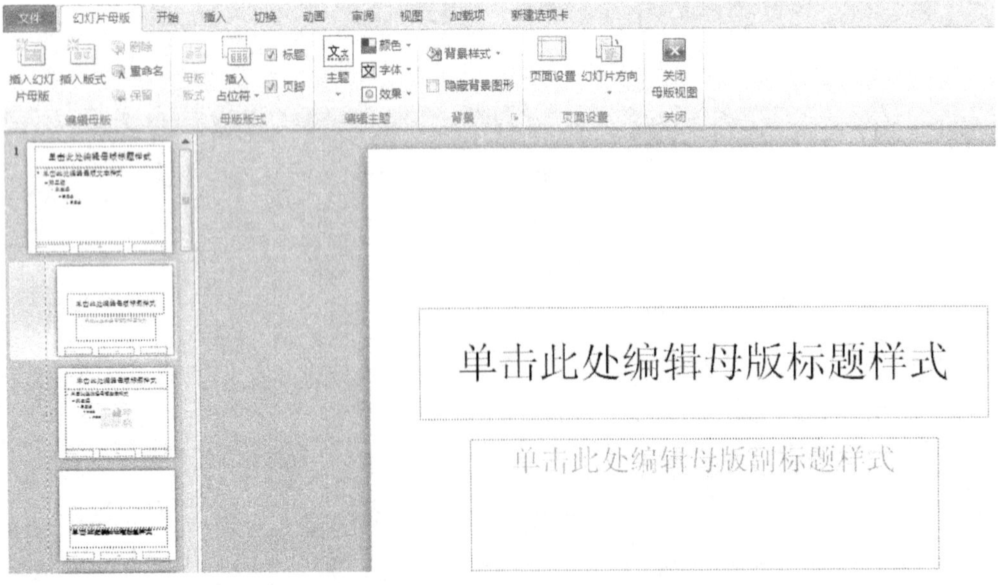

图 10-2 “幻灯片母版”视图

（2）执行“幻灯片母版\背景样式”命令，选择一种背景样式，如图 10-3 所示。然后执行“插入\图片”命令，在演示文件上方插入一个事先处理好的图片，如图 10-4 所示。

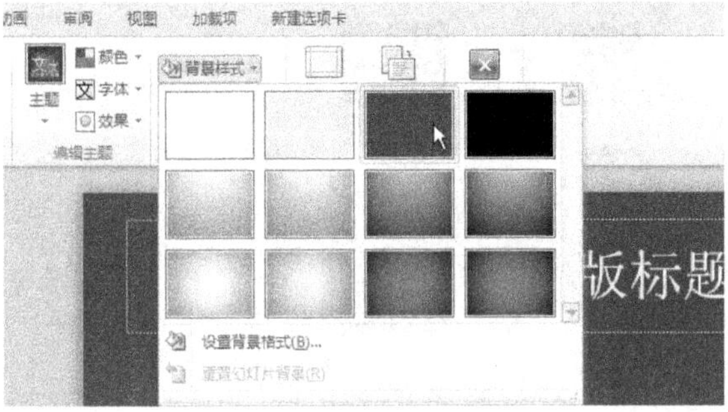

图 10-3　设置背景样式

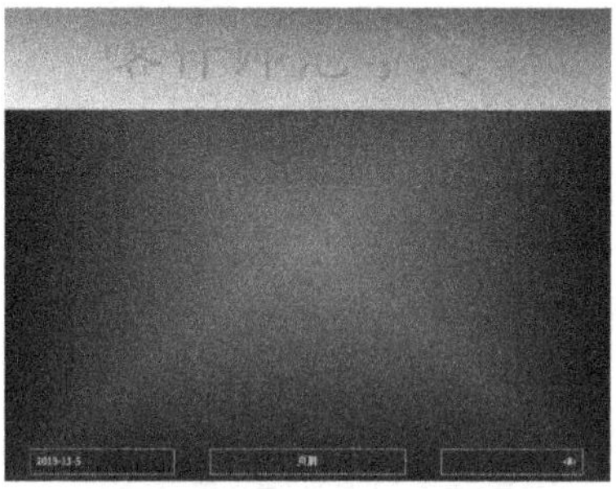

图 10-4　设置背景图片

（3）执行“插入\页眉页脚”命令，打开“页面页脚”窗口，设置幻灯片包含的日期和时间、幻灯片编号和页脚。如图 10-5 所示。单击“全部应用”按钮，这样母版就设置好了，在每一张幻灯片都有上述添加的固定内容。

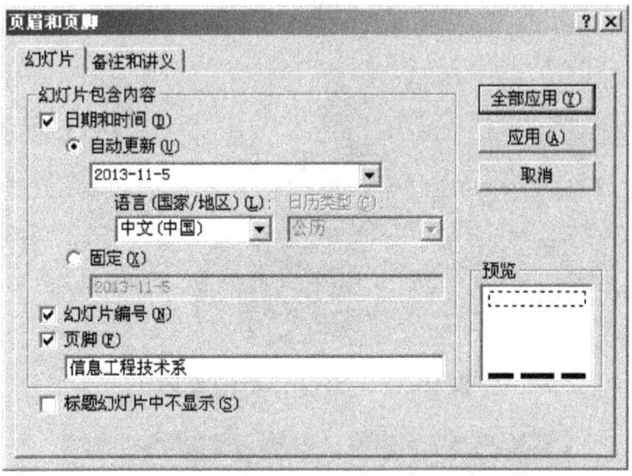

图 10-5　设置背景样式

10.1.2　模板的应用

PowerPoint 2010 具有强大的模板功能，内置了丰富的模板类型，根据不同的题材需要可以选择相应的模板类型，从而创建出效果出众的演示文稿。

操作步骤：

（1）启动 PowerPoint 2010，单击“文件\新建\样本模板”按钮，在“可用的模板和主题”列表中选择一种模板类型，这里选择“培训”类型模板，如图 10-6 所示。

（2）单击“创建”按钮，此时即可创建包含多张幻灯片的演示文稿，如图 10-7 所示。在此模板基础上进行编辑修改，可以制作自己所需要的演示文稿。

当内置模板不能满足需要时，可以根据自己的需要设计演示文稿，然后将其存储为模板备用，注意要将文件保存为后缀名为“.pptx”的文件，如图 10-8 所示。

图 10-6 新建样本模板

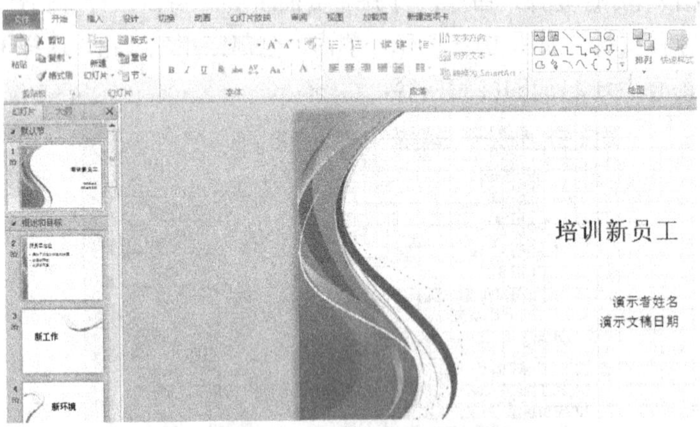

图 10-7 “培训”类型模板

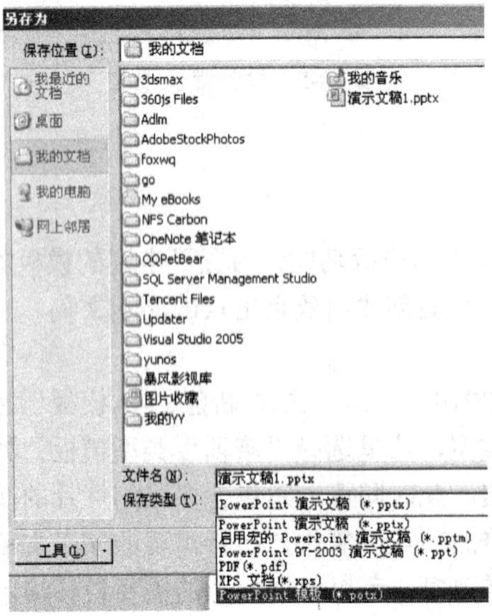

图 10-8 演示文稿存储为模板

10.1.3　公式编辑的应用

在制作一些专业技术性演示文稿时，常常需要在幻灯片中添加一些复杂的公式，可以利用“公式编辑器”来制作。

操作步骤：

（1）执行“插入”菜单下的“对象”命令，打开“插入对象”窗口，如图 10-9 所示。

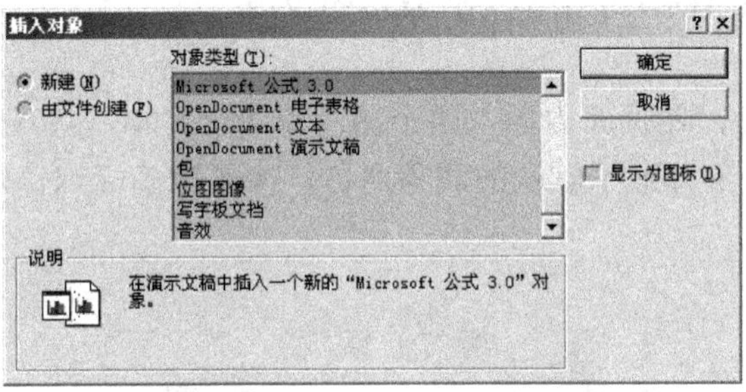

图 10-9　插入 Microsoft 公式 3.0

（2）在“对象类型”下面选中“Microsoft 公式 3.0”选项，确定进入“公式编辑器”状态下。需要注意的是，在默认情况下，“公式编辑器”不是 Office 安装组件，在使用前需要通过安装程序进行添加后才能正常使用。在“公式编辑器”里输入需要的公式，如图 10-10 所示。

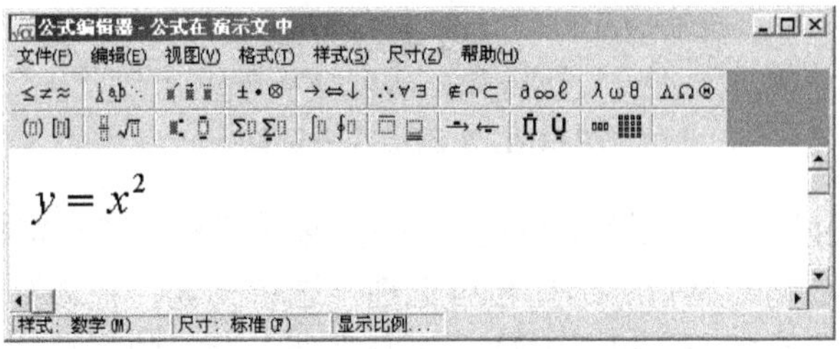

图 10-10　输入公式

（3）利用工具栏上的各种数学符号，即可输入需要的公式。如果看不到工具栏模板，可以在“公式编辑器”里的“视图”菜单下，勾选上“工具栏”选项，如图 10-11 所示。编辑完成后，关闭“公式编辑器”窗口，返回幻灯片编辑状态，公式即可插入到其中。调整好公式的大小，并将其定位在合适位置上。

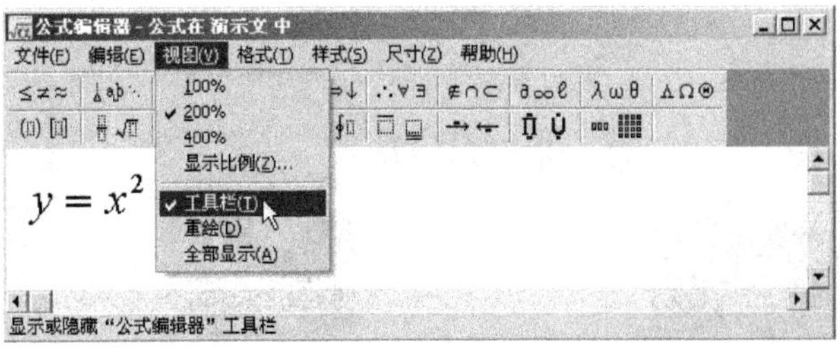

图 10-11　显示工具栏

10.1.4 触发器的应用

单击鼠标播放动画一般是按照设置好的顺序进行各个对象的动画播放，如果要在放映幻灯片时实现对各对象的进一步交互，可以利用触发器来实现。触发器可以是一个图片、文字、段落、文本框等，相当于一个按钮，在 PPT 中设置好触发器功能后，单击触发器会触发一个操作。简单地说，触发器就是通过单击按钮控制 PPT 页面中已设定动画的执行。

下面以一个看图识字的例子来学习触发器的应用。

操作步骤：

（1）新建 PPT 文件，在页面内插入四个图片和四个文本，共八个对象，如图 10-12 所示。系统自动为每个对象分配了默认的对象名称，为了准确标识每个对象，可以给各个对象修改名称。

图 10-12　添加八个对象

（2）选择文件中的“大象”图片，单击“格式”菜单下的“选择窗格”命令，如图 10-13 所示。然后，在文件右侧会显示“选择与可见性”选项列表，在该列表中陈列了文件中各对象的默认名称，选择其中一个对象名称，这时文件上会选中该名称的对象，双击该对象默认名称，就可以修改了，这里把大象图片的默认名称修改为“图片大象”，如图 10-14 所示。依次修改其他对象的名称，最后效果如图 10-15 所示。

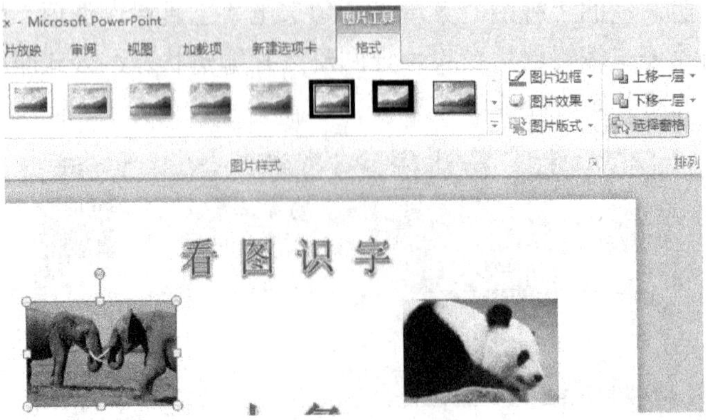

图 10-13　选择窗格

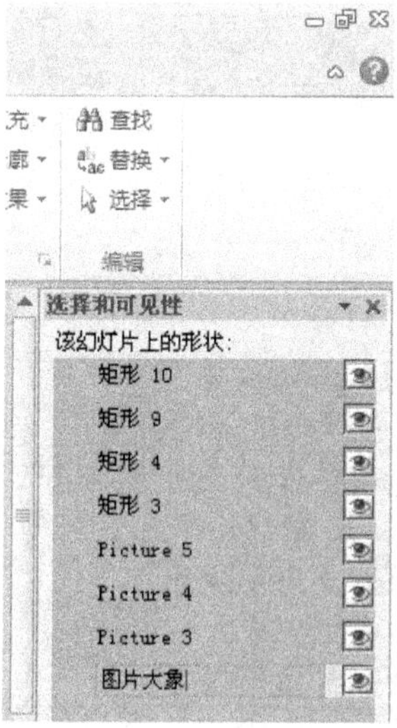

图 10-14 “图片大象”对象名称

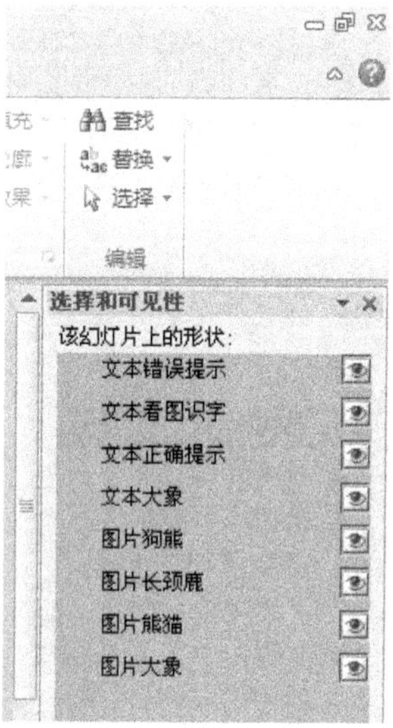

图 10-15 修改完后的对象名称

（3）选中“答对了！你真棒！”文本，单击“动画”菜单下的“动画窗格按钮”，再单击“添加动画”，选择一种动画效果，这里选择“缩放”效果，如图 10-16 所示。用同样的方法，对“答错了！继续努力”文本进行动画设置，添加三次同样的动画效果。全部添加完动画效果后，动画窗格如图 10-17 所示。

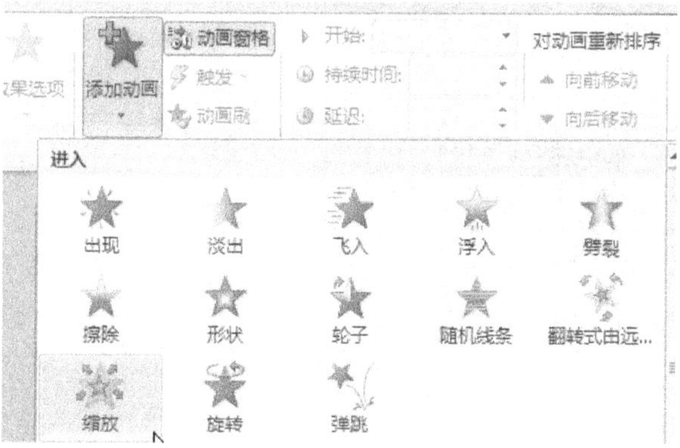

图 10-16 添加“缩放”动画

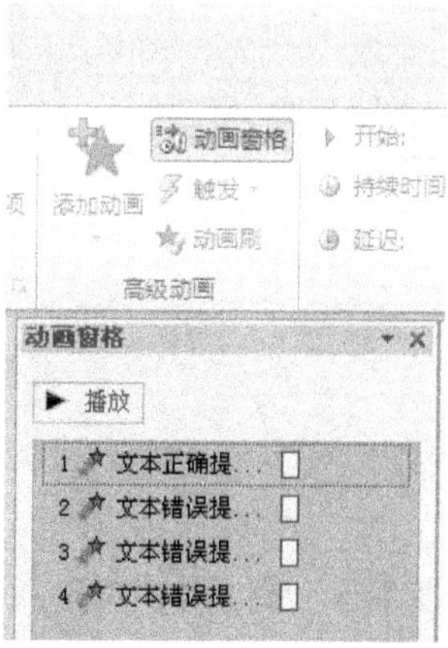

图 10-17 动画窗格

（4）添加触发器。选中“答对了！你真棒！”文本，单击“动画窗格”窗口下的“文本正确提示”下拉框，选择“计时”命令，如图 10-18 所示。在打开的“缩放”窗口中，单击“触发器”按钮下的“单击下列对象时启动效果”，在其后的下拉列表中选择“图片大象”选项，如图 10-19 所示。这样当鼠标指针放到文件中的大象图片上时，会变成一个手的形状，当单击大象图片时，“答对了！你真棒！”文本提示才出现。用同样的方法，分别单击“动画窗格”窗口下的三个“文本正确提示”下拉框，各自添加触发器，这样在 PPT 播放时，单击另外三个图片时，显示“答错了！继续努力！”文本提示。全部添加触发器完成后，“动画窗格”窗口内容如图 10-20 所示。这样看图识字例子就做好了。

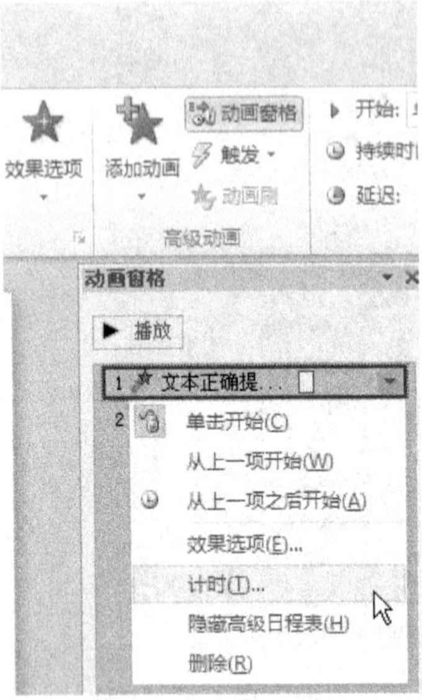

图 10-18 “文本正确提示”下拉框

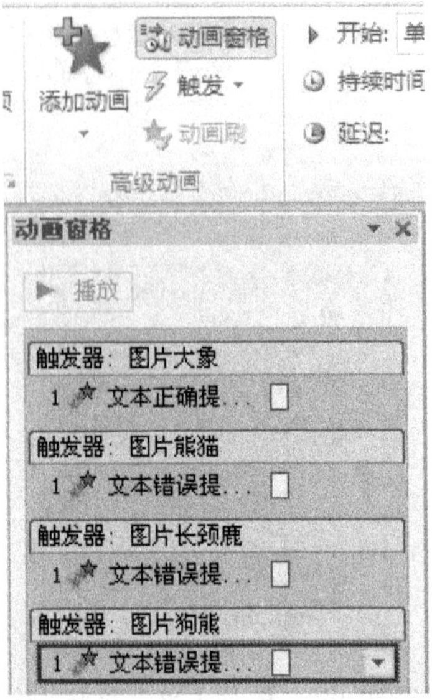

图 10-19 触发器设置

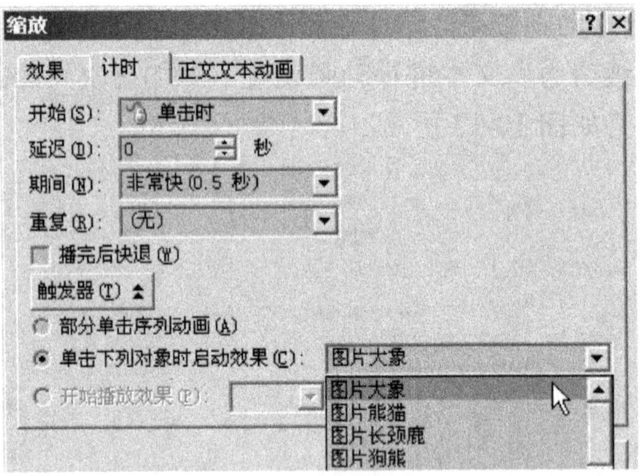

图 10-20 四个动物图片的触发器设置

10.1.5 幻灯片中加入音频

声音是传播信息的一种重要方式，为演示文稿配上声音，可以丰富幻灯片的内容，大大增强演示文稿的播放效果。

单击“插入”菜单下的“音频”按钮，可以发现有三种插入声音的方式，分别是“文件中的音频”、“剪贴画音频”和“录制音频”，如图 10-21 所示。

1. 插入文件中的音频

单击“插入”菜单下的“音频”按钮，选择“文件中的音频”，这时打开了“插入音频”窗口，选择要插入的音频文件，如图 10-22 所示。单击“确定”按钮后，文件中就插入了外部音频文件。将鼠标指针移至声音图标的外边框上，按住鼠标左键可以拖动，调整后的效果如图 10-23 所示。

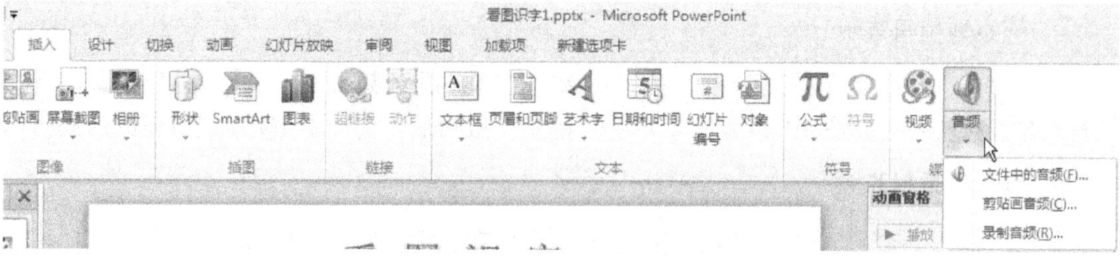

图 10-21　“插入音频”按钮

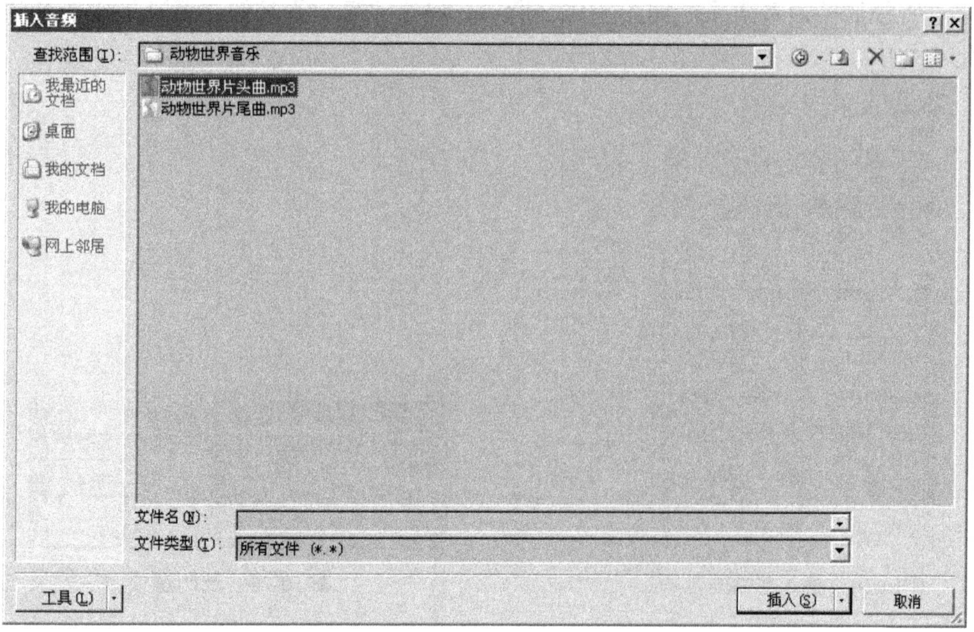

图 10-22　插入音频文件

图 10-23　插入音频文件后的界面

2. 插入剪贴画音频

单击“插入”菜单下的“音频”按钮，选择“剪贴画音频”，在“剪贴画”窗口，选择要插入的音频文件，如图 10-24 所示。单击“确定”按钮后，文件中就插入了外部音频文件。

3. 插入“录制音频”

单击“插入”菜单下的“音频”按钮，选择“录制音频”，这时弹出“录音”窗口，在窗口中输入要录音的文件名后，单击圆按钮开始录制，单击方按钮停止录制，单击三角按钮可以试听录制的声音效果，如图 10-25 所示。单击“确定”按钮，就把录制的音频插入到了幻灯片中。

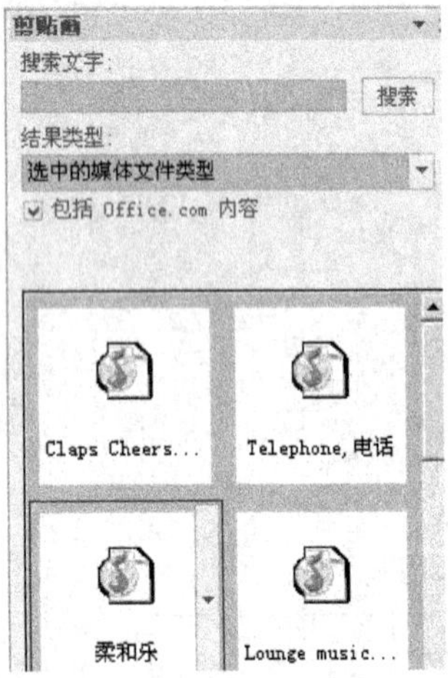

图 10-24　插入剪贴画音频

图 10-25　录制音频

10.1.6　幻灯片中加入视频

在 PowerPoint 中，用户不仅可以插入声音文件，还可以为其添加视频文件，大大增加幻灯片的感染力。单击“插入”菜单下的“视频”按钮，可以发现有三种插入视频的方式，分别是“文件中的视频”、“来自网站的视频”和“剪贴画视频”，如图 10-26 所示。

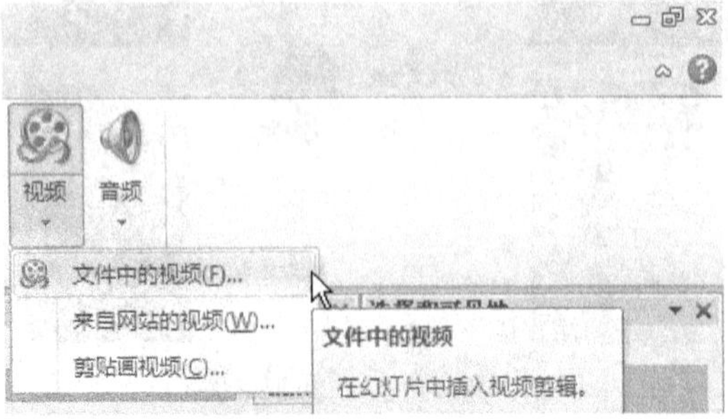

图 10-26　插入视频按钮

1. 插入文件中的视频

单击“插入”菜单下的“视频”按钮，选择“文件中的视频”，这样打开了“插入视频文件”窗口，如图 10-27 所示。单击“确定”按钮后，文件中就插入了外部视频文件。将鼠标指针移至视频图标的外边框上，按住鼠标左键可以拖动、调整视频外观的大小。

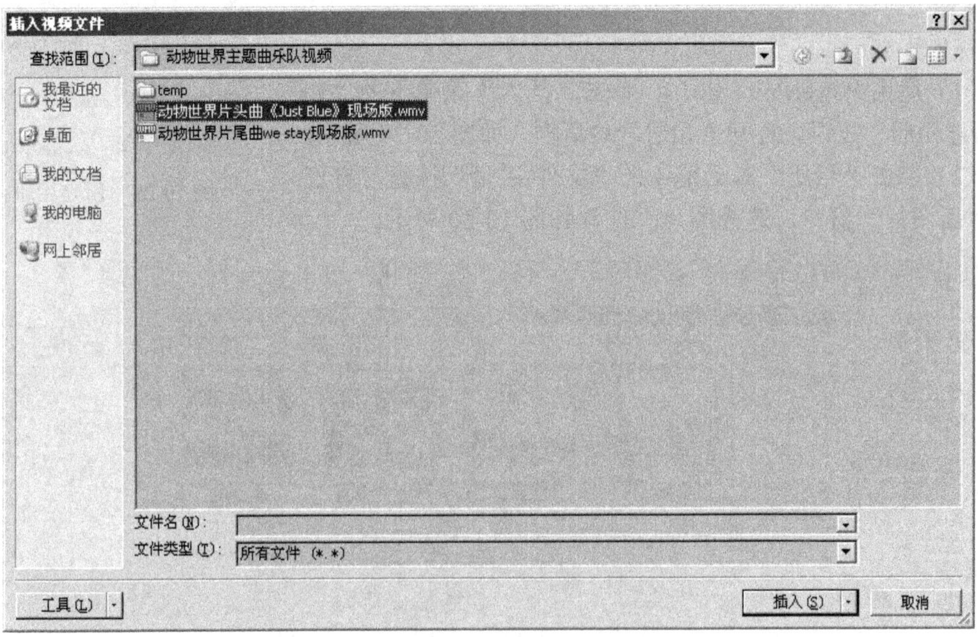

图 10-27 插入文件中的视频

2. 插入来自网站的视频

单击“插入”菜单下的“视频”按钮，选择“来自网站的视频”，这样打开了“从网站插入视频”窗口，如图 10-28 所示，插入网站视频的链接就可以了。

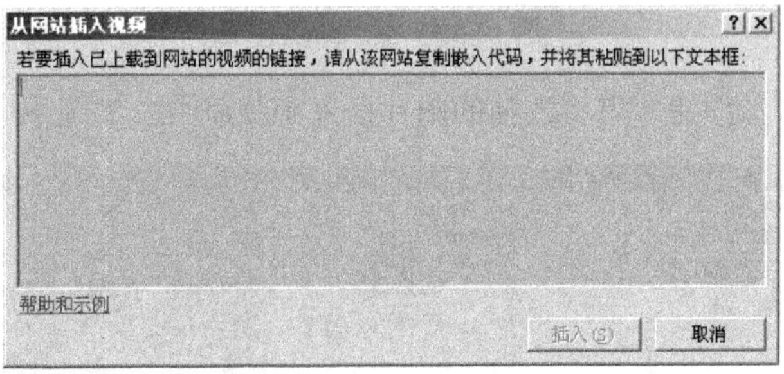

图 10-28 从网站上插入视频

3. 插入剪贴画视频

单击“插入”菜单下的“视频”按钮，选择“剪贴画视频”，在“剪贴画”窗口，选择要插入的视频文件，单击“确定”按钮后，文件中就插入了剪贴画视频文件。

10.1.7 自动创建相册

相册功能是 PowerPoint 一个非常强大的功能，通过创建相册，能够方便地制作展示型幻灯片。使用 PowerPoint 2010 可以在相册中应用丰富多彩的主题，同时还可以为图片添加相框，使相册更加美观且具有个性。

操作步骤：

（1）启用 PowerPoint 2010，单击“插入”菜单下的“相册\新建相册”按钮，打开“相册”对话框，如图 10-29 所示。

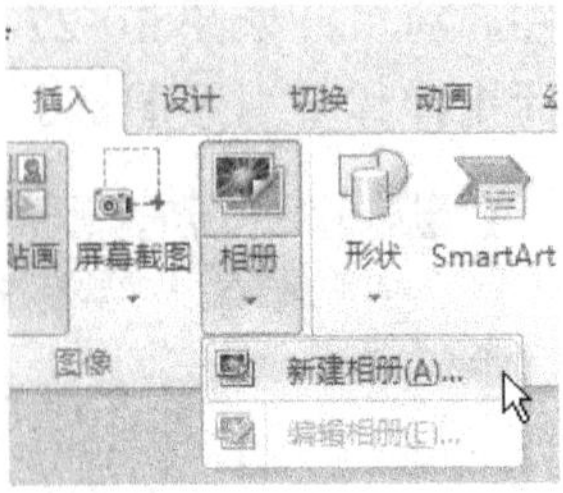

图 10-29 新建相册

（2）单击“相册”对话框中的“文件\磁盘”按钮，打开“插入新图片”窗口，选择图片文件，如图 10-30 所示。

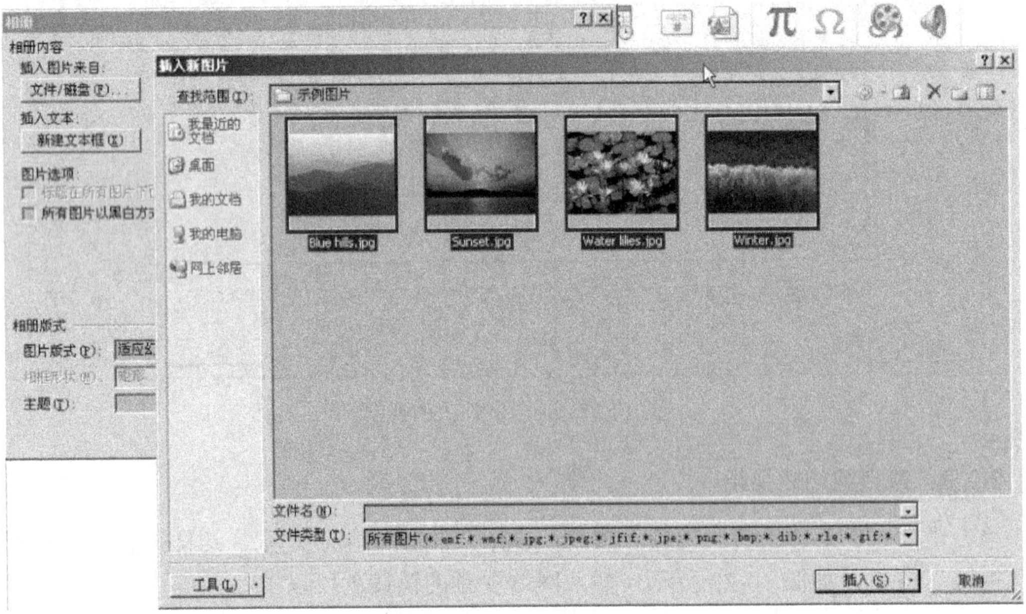

图 10-30 插入新图片

（3）单击“插入”按钮即可将选择的图片插入到相册中。如图 10-31 所示。

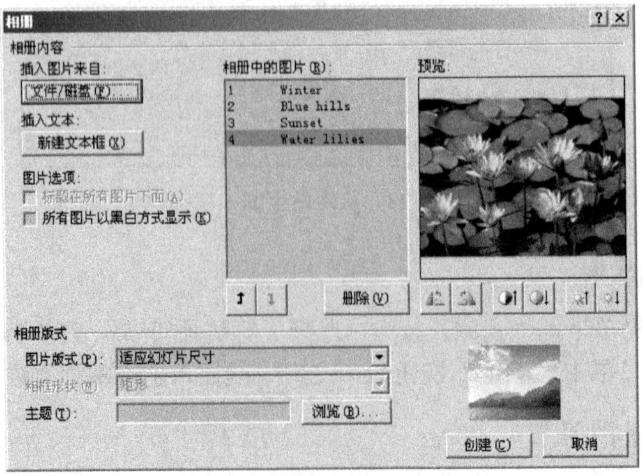

图 10-31 插入图片到相册

（4）在“图片版式”下拉列表中选择图片在相册中的版式，在这里选择“1 张图片（带标题)”，如图 10-32 所示。

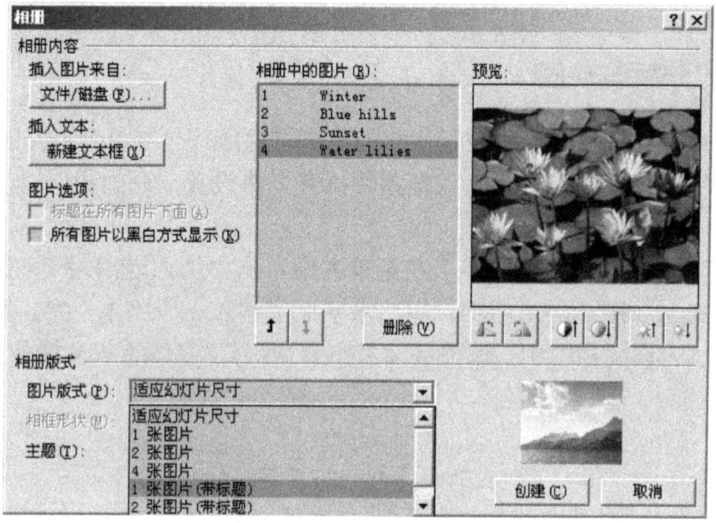

图 10-32　设置相册版式

（5）在“相框形状”下拉列表框中选择图片相框的形状样式，如选择“矩形”。单击“主题”文本框旁边的“浏览”按钮，打开“选择主题”窗口，选择需要的主题，在这里选择 Dragon.thmx，如图 10-33 所示。

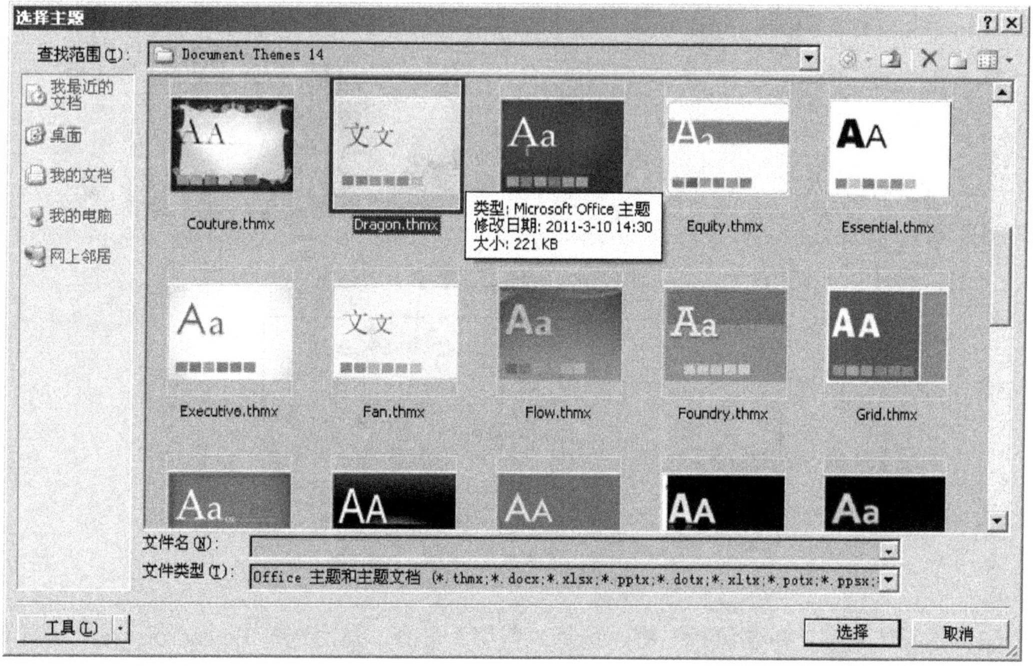

图 10-33　选择主题

（6）单击“选择”按钮返回到“相册”窗口，然后单击“创建”按钮即可创建相册。

10.2 PowerPoint 2010 教学课件制作实例

10.2.1 汉字的分解与动画

在学习汉字时，经常要向学生演示生字的笔画书写顺序。在 PowerPoint 中，可以利用选择粘贴功能，将图片改变格式，然后把图片拆开，再设置动画效果。

操作步骤：

（1）用艺术字制作需分解的文字。在菜单栏中单击“插入\艺术字”，选择第一种（左上角）艺术字样式。如图 10-34 所示。在艺术字框里输入一个“木”字，然后在艺术字上单击右键，在弹出的设置栏中中，调整字体大小为 96 号，字体为华文楷体，加粗。效果如图 10-35 所示。

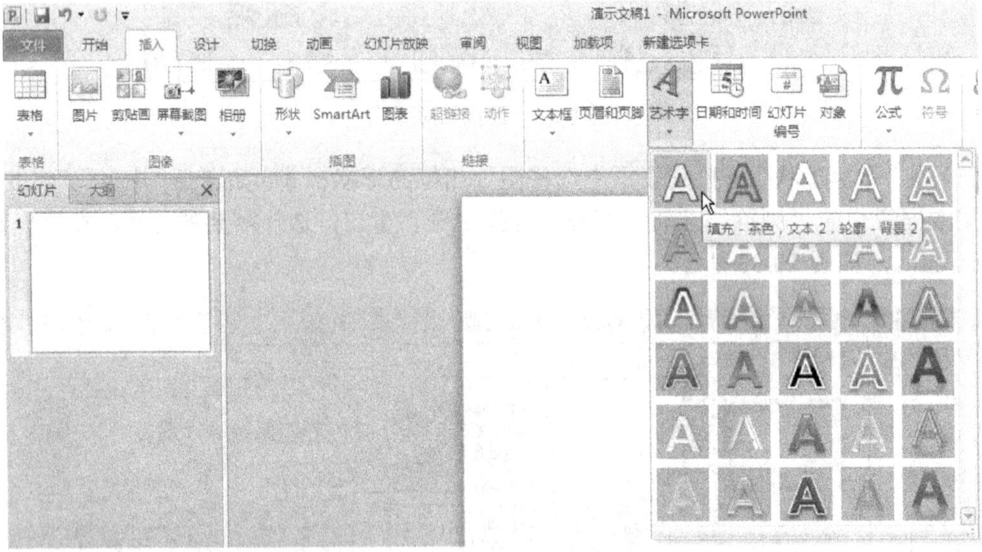

图 10-34　插入艺术字

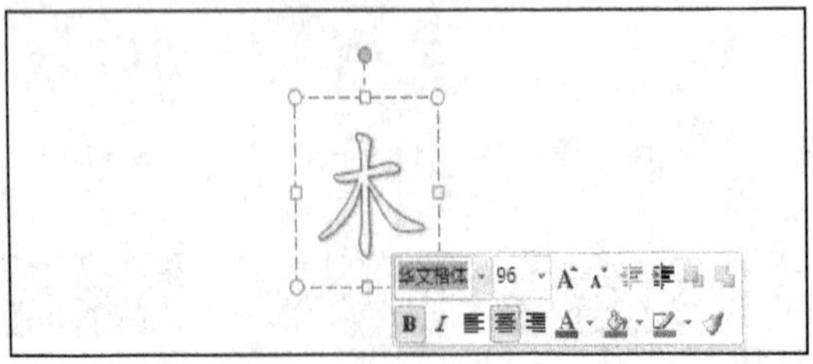

图 10-35　设置艺术字

（2）选择艺术字，单击鼠标右键，选择“剪切”命令，然后选择 PowerPoint 的“开始\选择性粘贴”菜单命令，如图 10-36 所示。在弹出的“选择性粘贴”窗口中选择“图片（Windows 元文件）”选项，单击“确定”按钮，这样艺术字就转换成了图片格式，调整图片框大小，放大图片，效果如图 10-37 所示。

图 10-36 “选择性转贴”命令

图 10-37 艺术字转换成图片格式

（3）单击“插入\形状\曲线”，如图 10-38 所示。使用“曲线”命令，先对“木”的横笔进行描图，效果如图 10-39 所示。然后对“木”的竖、撇、捺三个笔画分别进行描图，效果如图 10-40 所示。再选中四个笔画，单击“格式\形状轮廓”命令选项，形状轮廓选择“无轮廓”，如图 10-41 所示，单击“格式\形状填充”命令选项，形状填充选择“红色”，如图 10-42 所示。

图 10-38 “曲线”命令

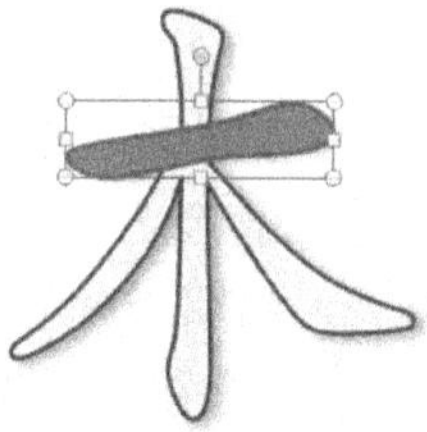

图 10-39 “木”的横笔描图

图 10-40 四笔描图

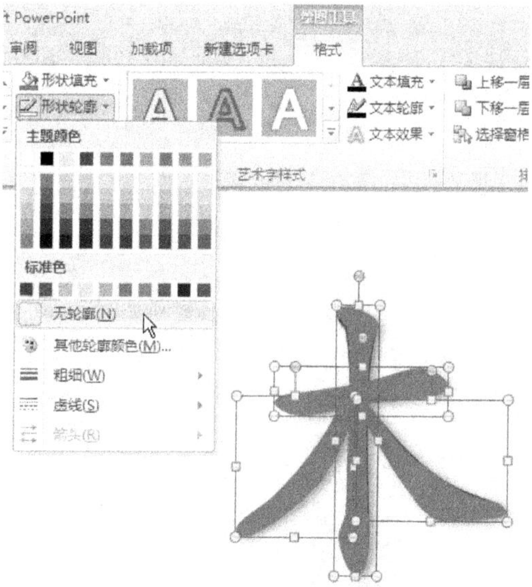

图 10-41 设置“形状轮廓”

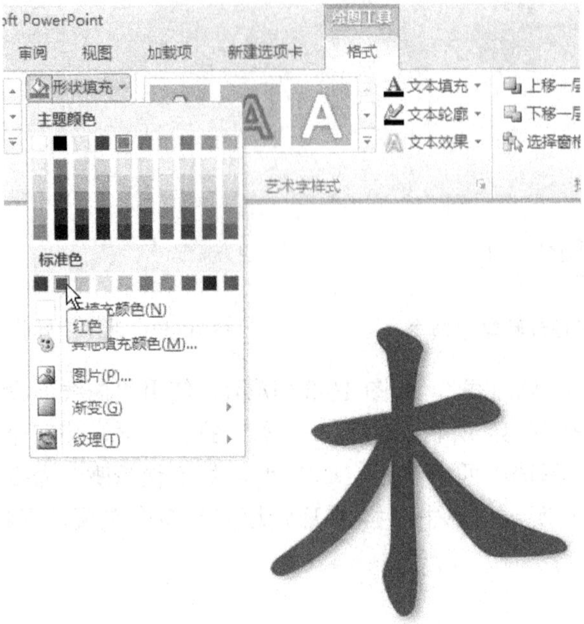

图 10-42　设置“形状填充”

（4）添加动画。选择“木”字的横笔，然后单击“动画菜单”下的“添加动画”命令，选择“进入\擦除”，如图 10-43 所示。设置“木”字的横笔的“效果选项”为“自左侧”，其他默认，如图 10-44 所示。按照此方法，对“木”的竖、撇、捺三个笔画分别添加动画，“效果选项”分别设置为“自顶部”、“自右侧“、”“自左侧”。这样“木”字的笔顺动画就完成了。

图 10-43　添加“擦除”动画

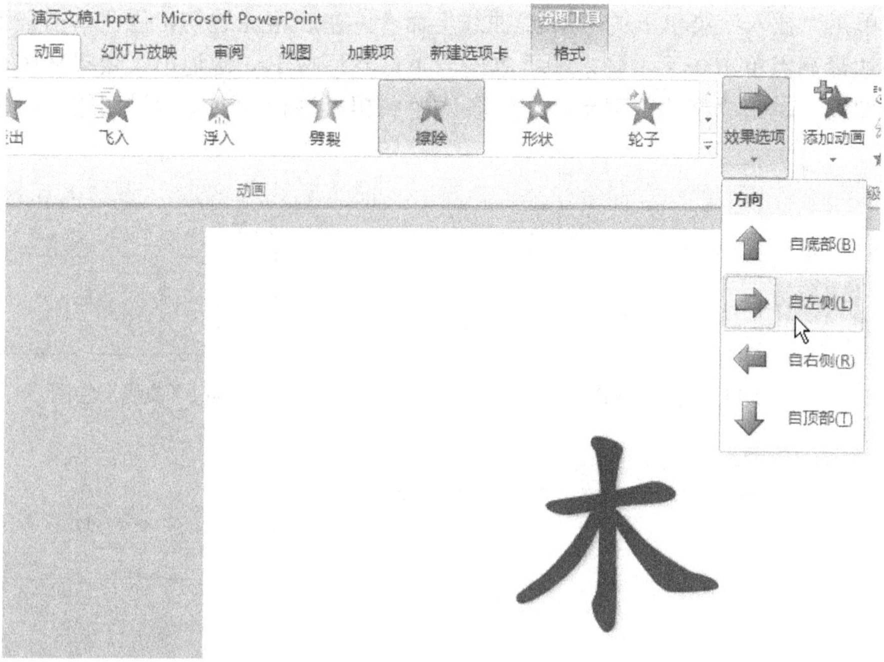

图 10-44　设置效果选项

10.2.2　正弦曲线的制作

函数曲线是数学里的重要内容，利用“曲线”功能，可以画出正弦函数曲线，使学生有直观的感受，以便于提高学习兴趣。

操作步骤：

（1）单击“插入”菜单下的“表格”命令，然后单击“插入表格”命令，如图 10-45 所示。在弹出的“插入表格”窗口中，列数输入 6，行数输入 2，如图 10-46 所示，单击“确定”按钮画出一个两行六列的表格，如图 10-47 所示。

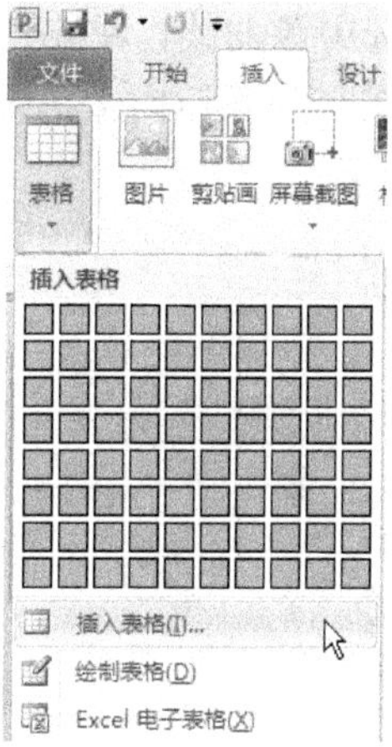

图 10-45　插入表格

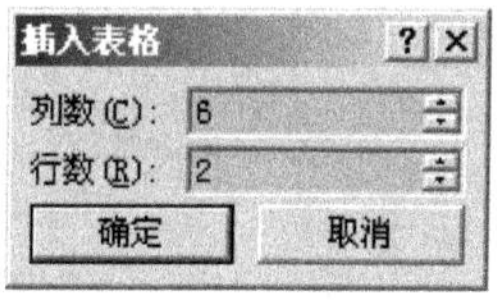

图 10-46　设置表格参数

（2）单击“插入”菜单下的“形状\曲线”命令。在表格左边初始位置单击一下，开始画线，到达最高点单击一下，到末端再单击一下，然后按 Esc 键退出，效果如图 10-48 所示。选中曲线，单击“格式”菜单，对线条颜色和粗细进行设置。效果如图 10-49 所示。

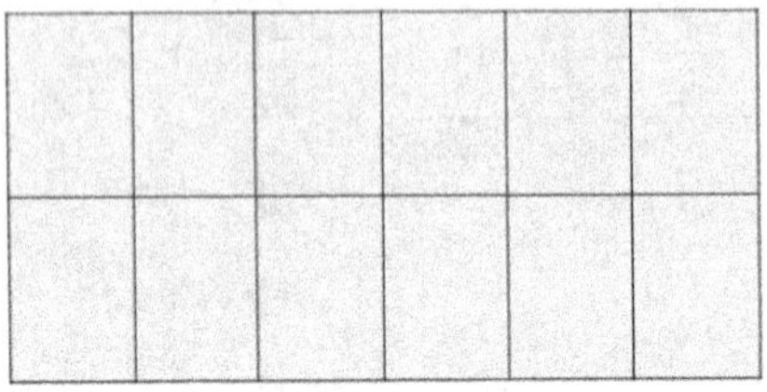

图 10-47　两行六列表格

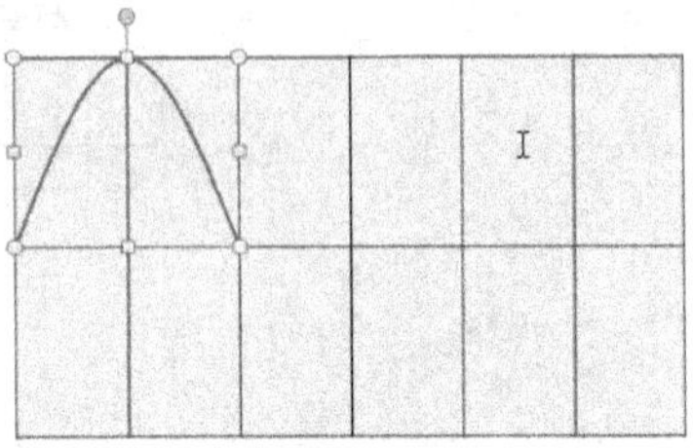

图 10-48　“曲线”绘图

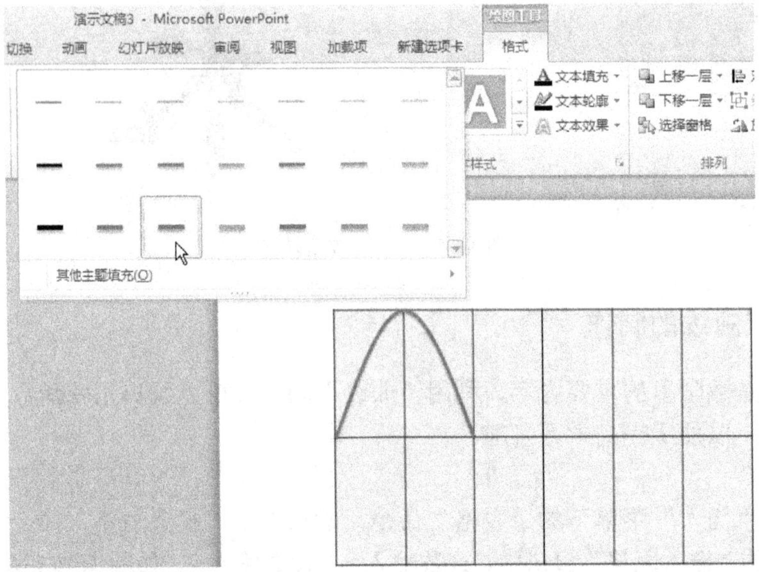

图 10-49　设置曲线格式

（3）选中曲线，复制完后粘贴，得到另一个曲线，选中该曲线，单击“格式”菜单下的“翻转”命令，选择“垂直翻转”，如图 10-50 所示。在得到开口向上的曲线后，再复制一个开口向下的曲线，调整曲线的位置后，如图 10-51 所示。

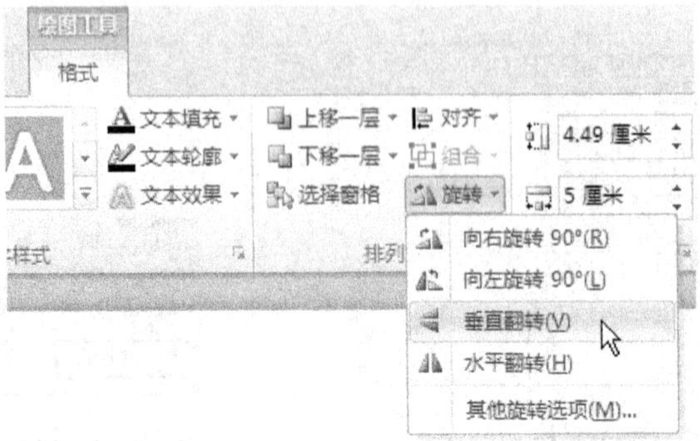

图 10-50　“垂直翻转”命令

（4）选中 3 个曲线图片，进行组合，去掉表格后，再对曲线图片进行复制，复制出多个曲线图片，然后调整位置连接组合在一起。最后再画一条坐标轴，调整格式。函数曲线图最终效果如图 10-52 所示。

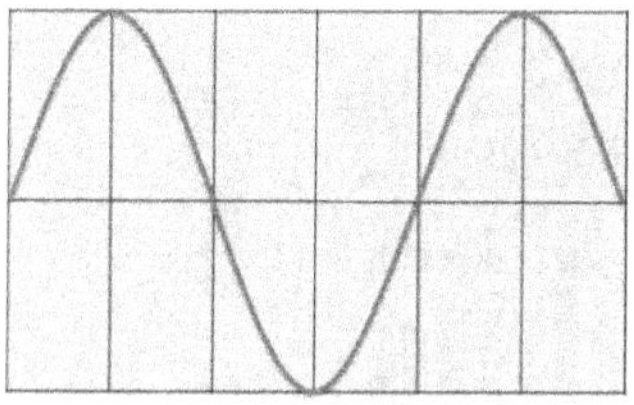

图 10-51　开口向下曲线

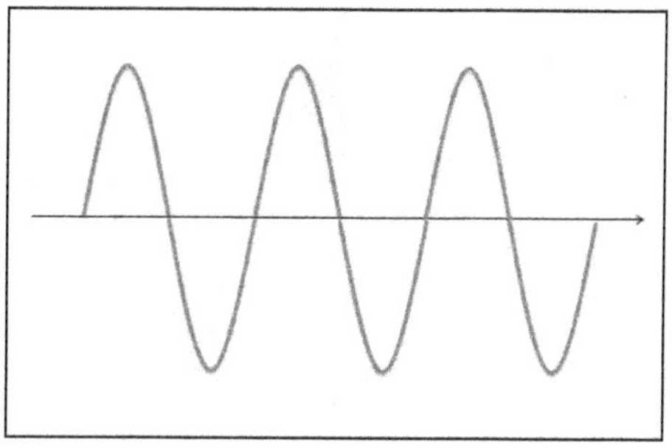

图 10-52　正弦函数图像

10.2.3　单摆的制作

单摆是物理学里面的一种常见的运动现象。用 PowerPoint 2010 可以方便地制作小球单摆的动画效果。

操作步骤：

（1）启动 PowerPoint 2010，运用“插入\形状”里的“直线工具”和“椭圆”工具，画出一个小球和横竖两条直线，如图 10-53 所示。

（2）选中小球和竖线，单击鼠标右键，在弹出框中选择“组合\组合”命令，这时小球和竖线就组合在一起了，如图 10-54 所示。

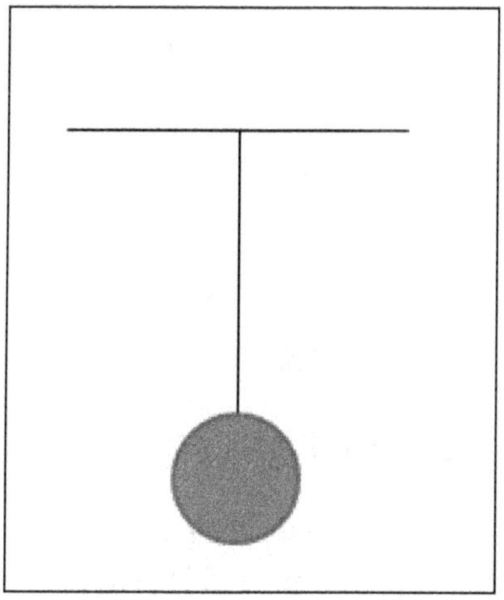

图 10-53　绘制单摆图形

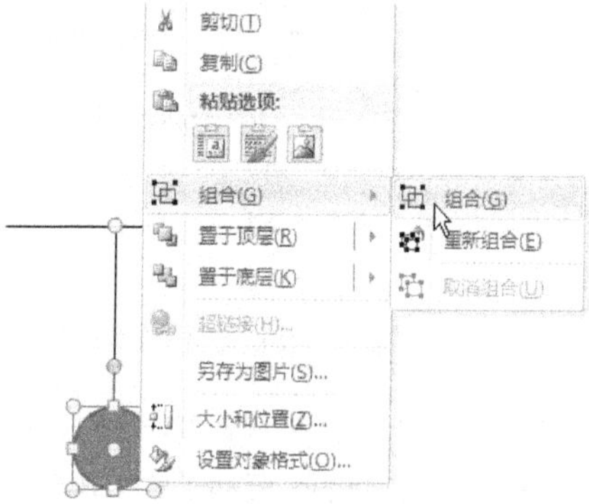

图 10-54　“组合”命令

（3）选中小球和竖线组合体，利用“复制\粘贴”的方法得到一个相同的小球和竖线组合体，选中复制体，执行“格式\旋转\垂直翻转”命令，将其向上翻转 180°，然后将其组合到一起，如图 10-55 所示。

（4）选中两个摆球组成的图片后，再分别单击上面的小球和竖线，执行“格式\形状填充\无填充颜色”命令，如图 10-56 所示。执行“格式\形状轮廓\无轮廓”命令，如图 10-57

所示。这样设置好后，上面的小球和竖线虽然存在，但表面上却看不到了，如图 10-58 所示。

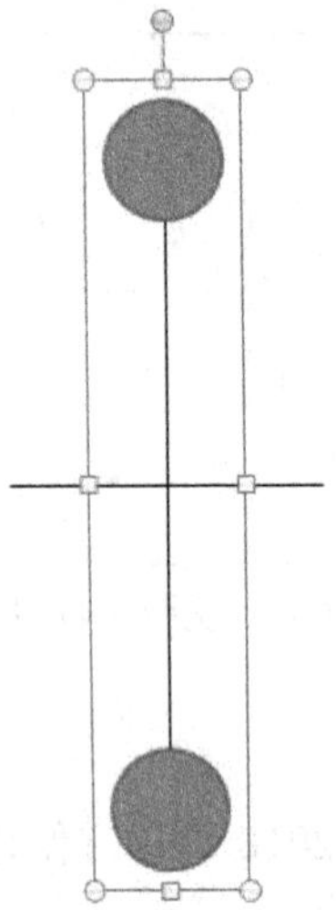

图 10-55 组合两个单摆

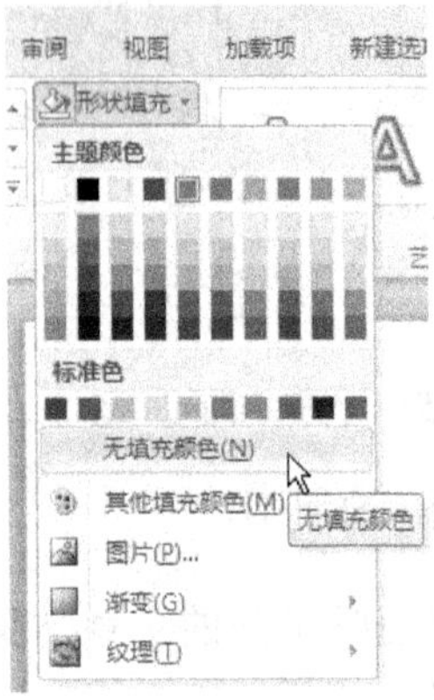

图 10-56 设置上面单摆形状填充

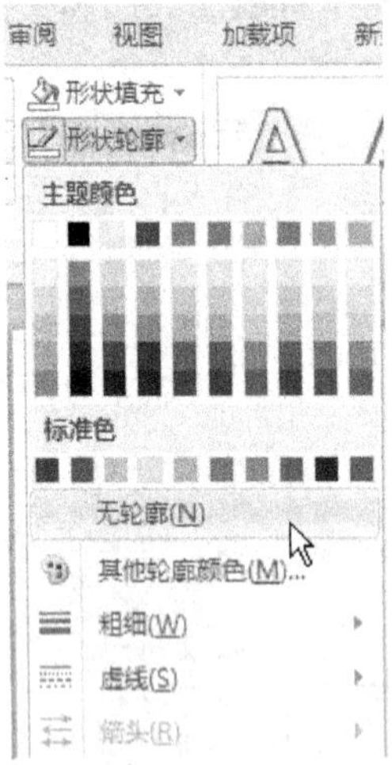

图 10-57 设置上面单摆形状轮廓

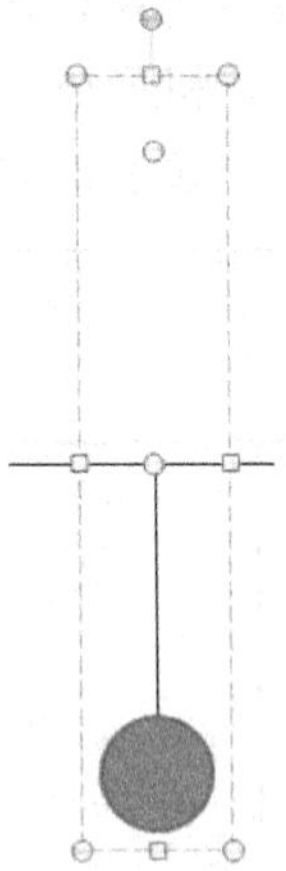

图 10-58 上面单摆形状不可见

（5）选中单摆图片，单击“动画\添加动画\陀螺旋”命令，如图 10-59 所示。

（6）单击“动画窗格”，打开“动画窗格”窗口，在“动画窗格”窗口里打开动画下拉菜单，选择“效果选项”命令，打开“陀螺旋”窗口，在“效果”选项卡内设置参数，如图 10-60 所示。在“计时”选项卡内设置参数，如图 10-61 所示。

（7）再次选中单摆图片，单击“动画\添加动画\陀螺旋”命令。单击“动画窗格”，打开“动画窗格”窗口，在“动画窗格”窗口里打开动画下拉菜单，选择“效果选项”命令，打开“陀螺旋”窗口，在“效果”选项卡内设置参数，如图 10-62 所示。在“计时”选项卡内设置参数，如图 10-63 所示。

图 10-59　添加“陀螺旋”动画

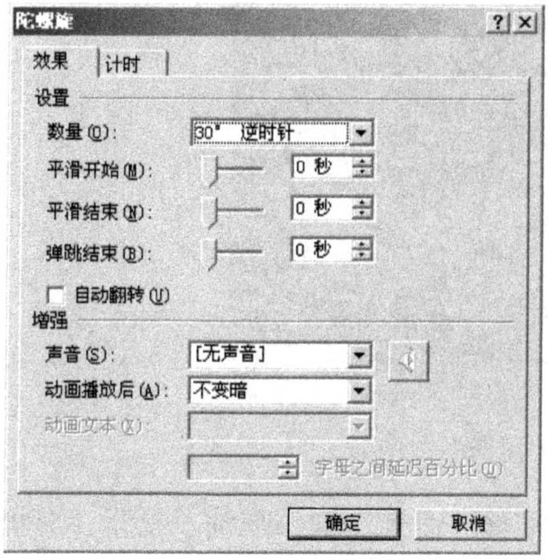

图 10-60　“陀螺旋”效果

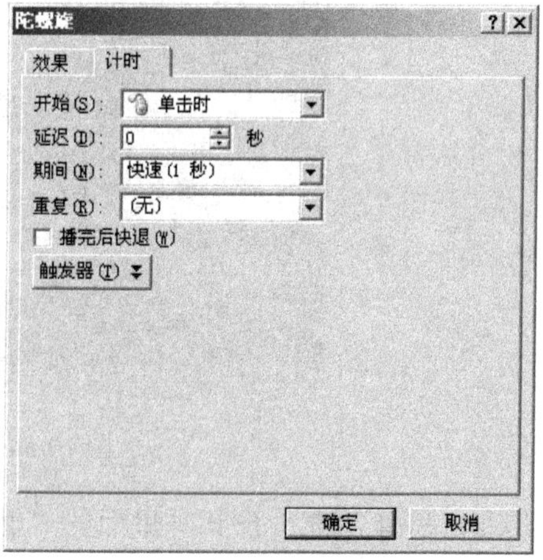

图 10-61　“陀螺旋”计时

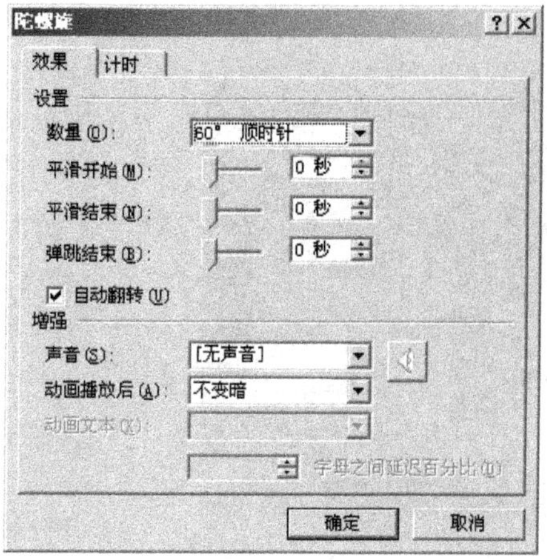

图 10-62　第二次“陀螺旋”效果

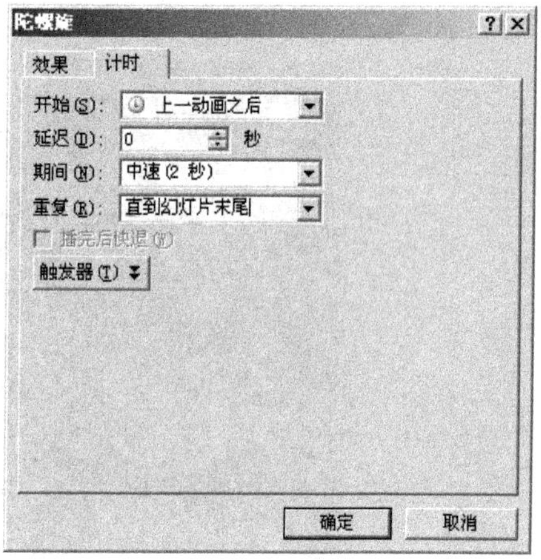

图 10-63　第二次“陀螺旋”计时

这样单摆动画就完成了，动画开始摆球逆时针转动 30° 角后，接着开始顺时针转动 60°，且自动翻转，重复摆动。

10.2.4 清明上河图

在某些教学活动中，需要在多媒体课件中展现某个历史或地理场景，如果用展开画轴的方式展现，会有身临其境的效果感。下面以“清明上河图”为例，制作动画效果。

操作步骤：

（1）采用前面章节介绍的图像素材获取方法，从网络上搜索并下载“清明上河图”图片，执行“插入\图片”命令，将图片插入到幻灯片中，并调整图片大小。利用“插入\形状”里面的“矩形”命令，设置“形状填充”和“形状轮廓”，制作上、下两个画的边框。将图片和两个画的边框组合，效果如图 10-64 所示。

图 10-64 插入“清明上河图”

（2）利用“插入\形状”里面的“椭圆”和“圆柱体”命令，制作画轴，设置“形状填充”、“形状轮廓”和“效果”，然后进行组合，再“复制”、“粘贴”出另一个画轴，将两个画轴置于图片中间，效果如图 10-65 所示。

图 10-65 添加画轴

（3）选择左边的画轴，单击“动画\添加动画\其他动作路径”，如图 10-66 所示。在弹出的“添加动作路径”窗口中单击“向左”，如图 10-67 所示，然后单击“确定”按钮。这时在幻灯片上出现一个绿色和红色的箭头，朝左边拖动红色箭头到画的左边界，如图 10-68 所示。用同样的方法为右边的画轴添加动画，“添加动作路径”\“向右”，朝右边拖动红色箭头到画的右边界。

图 10-66　添加其他动作路径

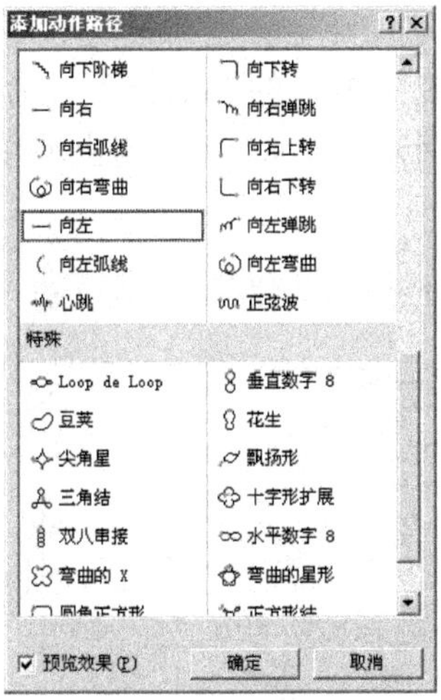

图 10-67　添加“向左”动作路径

图 10-68　拖动红色箭头到画的左边界

（4）单击“动画窗格”，分别设置左边和右边画轴的动画效果，其中，“向左”窗口中的“计时”选项卡的参数设置如图 10-69 所示，“向右”窗口中的“计时”选项卡的参数设置如图 10-70 所示。

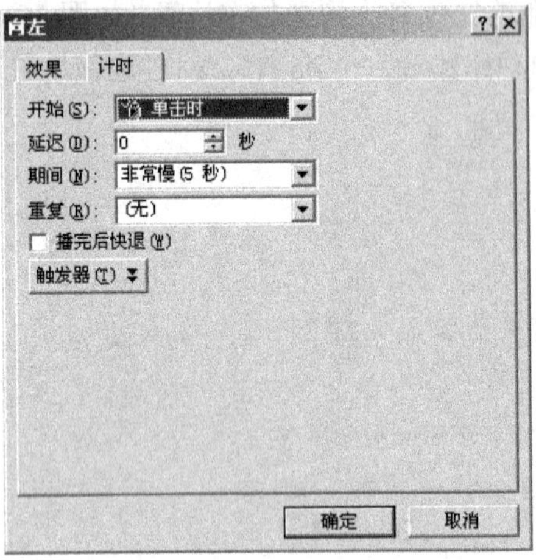

图 10-69 “向左”计时设置

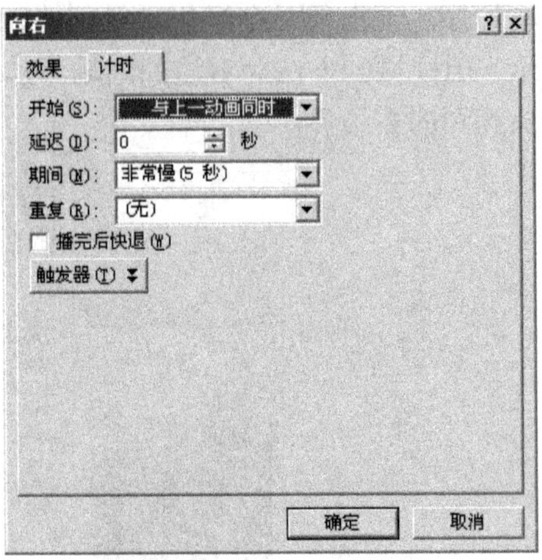

图 10-70 “向右”计时设置

（5）选中“清明上河图”图片，单击“动画\添加动画\劈裂”，如图 10-71 所示。

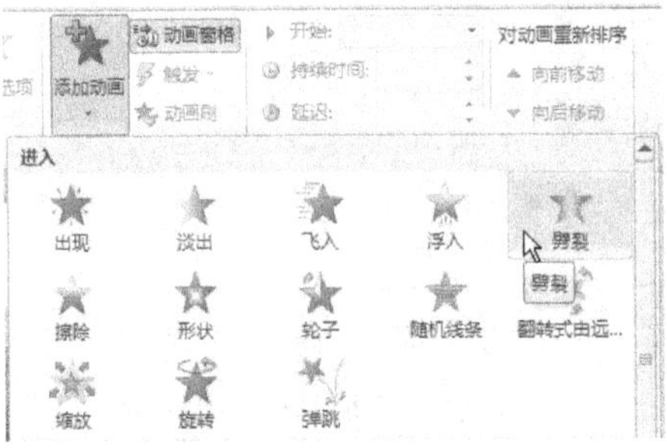

图 10-71 添加“劈裂”动画

（6）打开该“清明上河图”图片的动画窗格，设置“劈裂”窗口的“效果”内容如图 10-72 所示，设置“劈裂”窗口的“计时”内容如图 10-73 所示。至此，“清明上河图”的卷轴动画制作完毕。

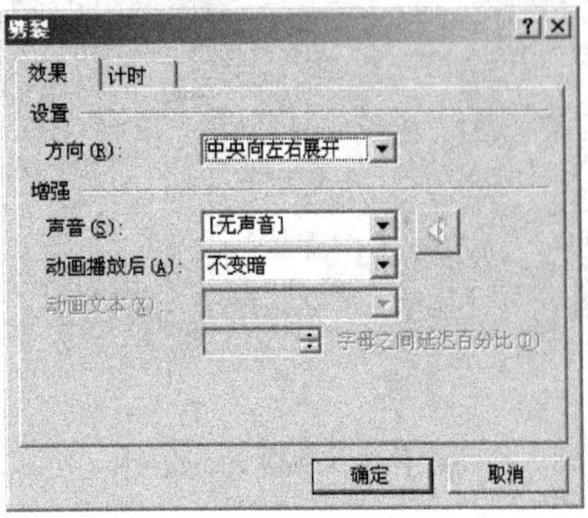

图 10-72 “劈裂”效果设置

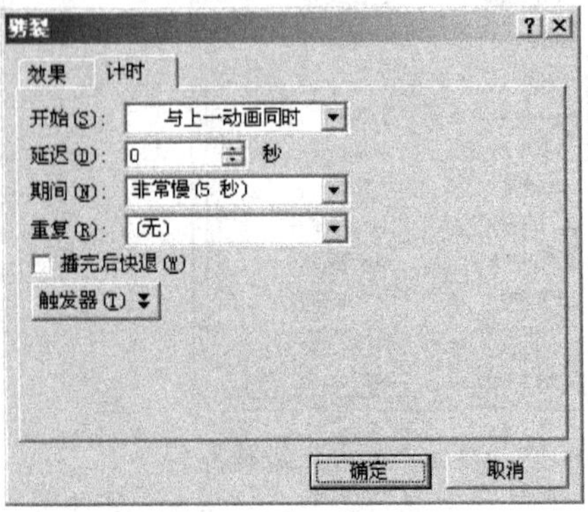

图 10-73 “劈裂”计时设置

10.3 幻灯片课件的设计原则

幻灯片课件制作的基本原则是要求内容与形式的完美统一。美的形式不仅能够激发学生的学习兴趣，而且可以更好地表现教学内容。要制作一个精美的 PPT 课件，需要考虑多方面的因素，下面从文字、图片、动画、切换几个方面来简述幻灯片课件设计需要注意的问题。

1. 文字设计

文字内容要简洁，字号尽量大。文字内容要力争简洁，突出重点，以提纲式为主。行数尽量不超过 6 行，每行字数不超过 20 个。字号的选择要尽量大。标题一般不小于 44 号，正文一般不小于 24 号。

字体要醒目清晰，样式要少。选用字体时，字体要醒目、清晰。可以让每个观众都看得清楚。标题一般用黑体。正文一般用楷体、幼圆，都要加粗显示。文字颜色要与背景颜色反差尽量大，如白底黑字、白底红字、蓝底白字等，这样文字显示更清晰、醒目，文字的显示效果也较好。

文字的动画逐步显示。为提高演示效果，整版文字不可以全部同时出现。可以采用自定义动画的形式，随着讲课的过程，逐步显示出文字的内容。一般选用“出现”、“擦除”、“切入”等几种即可。不要用过于华丽的动画。

2. 图片设计

图片画面要清晰。在选用图片时，画面模糊不清、变形的图片尽量不要选用，要选用清晰度高的图片，像素不能太低。自己可以利用绘图工具绘制出效果很好的图片。

图片的背景图案不能干扰主题内容。图片背景图案要选择与内容相配合，不能冲击内容主题的，避免加重认知负荷。只要背景统一、规范，没必要使用变化多端的动画背景。

3. 动画设计

动画形式不宜过多。各种对象的动画，主要是由“自定义动画”设置的。虽然有多种动画可供选择，但是也不宜用过多的动画形式。常用的有“擦除”、“切入”、“百叶窗”、“渐变式缩放”等少数几种动画效果，一般不宜用“飞入”的动画效果。回旋效果用来添加悬疑或奇怪的效果；从屏幕中心渐变式放大效果表示揭示谜底；缩小效果强调观点；使用切入效果用来比较数据；如果想要重点突出某些文字，就用“闪烁”的强调效果；如果是正在读的一段文字或公式，可以采用向右擦除的效果；如果想控制文字出现的节奏，可以设定为“按字母”的方式出现。

4. 幻灯片切换

幻灯片间的转换叫幻灯片的切换，主要有速度、声音、换片方式的设置。在“幻灯片切换”的窗口下面，可以设置幻灯片的切换效果，如速度、声音、换片方式，在“换片方式”中可以设置“单击鼠标时”运行，或是“每隔”一定时间让其自动切换。在设置切换方式时既要富于变化，又要减少观看者的视觉疲劳。如果两页之间的内容有演变关系，就采用“溶解”方式，放完第一张后，第二张渐渐显示出来；如果是很长的流程图，采用“向左插入”，画面连惯、流畅；在展示不重要的照片时，可以用从对角线方向“抽出”方式；如果两页内容相差不太大，标题一致，只是正文内容有些变化的，最好不要在两页之间加幻灯片切换，采用“无切换”而直接过渡。切换不可太频繁，以不影响课堂效果为好。

练习

1．从网上搜索一批“新疆风景”图像，利用 PowerPoint 2010，做一个电子相册。
2．利用 PowerPoint 2010，做一个“大”字的书写笔顺动画。
3．利用 Photoshop 制作一张模板图片，在 PowerPoint 2010 自定义模板。
4．在 PowerPoint 2010 中，制作一个余弦曲线，具有余弦曲线产生的动画。
5．在网上搜索一张“大漠胡杨”图像，制作画轴展开动画。

参 考 文 献

[1] 中小学教师教育技术能力标准（试行），中国教育和科研计算机网. http://www.edu.cn/zheng_ce_wen_jian_770/20060323/t20060323_143635.shtml.

[2] 何克抗，李文光.教育技术学[M]. 北京：北京师范大学出版社.

[3] 马九克. 常用信息化软件在教学中的深度应用[M]. 上海：华东师范大学出版社.2012.

[4] 洪波，王秀敏，等.“数字视音频技术”课程的教学改革探索[J]. 中国电力教育，2010,(33).

[5] 孙方，周本东，等. 现代教育技术[M]. 北京：科学出版社，2012.

[6] 符传谊，吴兰岸，主编. 现代教育技术[M]. 长春：东北师范大学出版社，2012.

[7] http://www.goldwave.ca/.

[8] 马振平，鲁雷. 多媒体技术与课堂教学现代化[J]. 中国电化教育,2005,(7).

[9] 王志军，主编. 数字媒体非线性编辑技术[M]. 北京：高等教育出版社,2005.

[10] 孙方，周本东，等. 现代教育技术[M]. 北京：科学出版社,2012.

[11] 符传谊，吴兰岸，主编. 现代教育技术[M]. 长春：东北师范大学出版社,2012.

[12] 王润兰，主编. 电视节目变得与制作[M]. 北京：高等教育出版社,2010.

[13] http://www.adobe.com/cn/products/premiere/features.html.

[14] 李金明，李金荣. Photoshop CS5 [M]. 北京：人民邮电出版社，2010.

[15] 叶华. Photoshop CS5 中文版基本教程[M]. 北京：人民邮电出版社，2012.

[16] 缪亮，主编. Flash 多媒体课件制作实用教程[M]. 北京：清华大学出版社, 2007.

[17] 马九克. PowerPoint2003 在教学中的深度应用[M]. 上海：华东师范大学出版社. 2011.

[18] 郑晓霞，方悦，李少勇. PowerPoint 2010 幻灯片实用设计处理完全自学教程[M]. 北京：北京希望电子出版社，2012.

参考文献